暗殺教団

「アサシン」の伝説と実像

バーナード・ルイス
加藤和秀　訳

講談社学術文庫

マイケルに捧ぐ

謝辞

私は先ず、J・A・ボイル教授、およびマンチェスター大学出版部に対し Ata-Malik Juvaini, *The history of the world-conqueror*, translated from the Persian by John Andrew Boyle, Manchester 1958. より多数の引用を許可されたことにつき、また、K・M・セットン教授およびウィスコンシン大学出版部に対し *A history of the Crusades*, editor-in-chief Kenneth M. Setton, vol. i, *The first hundred years*, ed. Marshall W. Baldwin, Philadelphia 1955. 掲載のアサシンに関する拙文の数ヵ所を本書において利用することを許可されたことにつき、感謝の意を捧げなければならない。さらに、図版を選ぶ際に忍耐強い貴重な援助を与えられた大英博物館のG・メレディス・オーエンス氏、トルコ語収集資料の鑑定および複写に御厚意を賜わったイスタンブール大学のヌルハン・アタソイ博士、所蔵の写真の使用を寛恕されたピーター・ウィリー少佐、校正に助力を与えてくれた私の妻と娘、そして、再度鋭い文学的判断と正確な編集眼をもって多大の益を与えられたA・T・ハット教授、以上の方々に対しても謝意を表わしたい。

バーナード・ルイス

＊原著掲載の図版は割愛しました。

目次

凡例

一、本書は、Bernard Lewis, *The Assassins, a Radical Sect in Islam*, London 1967. の全訳である。

一、翻訳にあたっては、原著の出版元より送付された 'Addenda' および 'Corrigenda' に従って補足・訂正したが、その箇所については特に明記していない。

一、翻訳に際しては、原文の意図を損なわないことを旨としたが、そのままでは意味の不明瞭になる箇所では字句を補った。訳者の補足箇所は〔 〕をもって示した。

一、人名・地名など固有名詞あるいは術語については、わずかの場合（例、イーラーン→イラン、クルアーン→コーラン）を除き、原音に忠実に写すよう心がけた。

一、訳註は、訳者の独断を避けるため最小限にとどめた。

一、巻末の索引は、原著の索引をもとに訳者が作成しなおしたものである。

＊本文訳文は一九六七年刊版を底本としています。巻末に二〇〇三年刊版の序文を付録として掲載しました。

暗殺教団

第一章　アサシンの発見

一三三二年、時あたかもフランス王フィリップ六世は、キリスト教徒の失なわれた聖地奪還のため、新たな聖戦《クルーセイド》を計画していた。この年、ブロカルドスというドイツ人司祭が、この事業の指揮に当る際の手引きと助言を王に提供する論文を作成した。アルメニアにおいてしばらく過したことのあるブロカルドスは、彼の論文の重要な部分を、このような東方への遠征に特有の危険と、それらから身を守るのに必要とされる予防措置とを述べるために費やした。これらの危険についての記述の中で、ブロカルドスは次のように述べている。

「私は呪うべき、且つ忌むべき『アサシン』（Assassins）の名をあげる。彼らは自らを売り、人間《ひと》と血に飢え、報賞のために罪なき人々を殺し、〔自分の〕生命や救済を何ら意に介さない。彼らは悪魔のするごとく、さまざまの民族や国民の仕草・服装・言葉・習慣・行為を模倣し、それによって自らを光明の天使に変貌させる。このように彼らは羊の〔ごとき敬虔な信徒の〕衣服に身をかくしているが、それと悟られると直ちに死を選ぶ。実際のところ、私は彼らに会ったわけではなく、彼らについてはただ世評や信頼すべき記録によって知っただけであるから、これ以上記すこともさらに多くの情報を提供することもできない。私は彼らを見分けるのにその習慣や他の何らかの特徴をもってする方法を示しえない。何故かといえば、これらの事柄に関しては他の人々と同様に私も彼らを知らないからである。また、私は名前から彼らを識る方法をも示しえない。それは彼らが、その職業が非常に忌わしく全ての人々から嫌われているため、できるだけ自分の名をかくそうとするからである。それ故、私は王の安全と保護のためにはただ一つの救済策を知るのみである。つまりそれは、宮廷内のどんな職務にも、それがいかに些細で簡単でまた卑しい勤めであろうと、生国・出身地・家柄・身分・人物が確かで充分明らかに知られている人々以外はいかなる者をも就けるべきではないということである。[原註1]」

ブロカルドスにとって、「アサシン」とはきわめて熟練した、しかも危険な類の秘密の雇われ殺人者であった。彼は東方の諸々の危険の中に彼らの名をあげてはいるが、彼らをある特定の地域や宗派《セクト》や民族に明確に結びつけてはいないし、また彼らに何の宗教的信条や政治的目的をも帰していない。彼らは単に非情且つ有能な殺人者であり、そのことだけで人々は彼らから身を守らなければならなかった。事実、ヨーロッパにおいてはすでに十三世紀までに「アサシン」の語は、種々の語形において、このような雇用された職業的殺人者という一般的な意味で使用されるようになっていた。たとえば、一三四八年に没したフィレンツェの年代記作家ジョヴァンニ・ヴィラニは、ルカの君主がピサの煩わしい敵を殺すためにいかにしてそこへ「彼のアサシンたち」(i suoi assassini) を送り込んだかを述べている。それ以前にもダンテが、〔『神曲』の〕「地獄編」の第十九章の中で偶然に「裏切者のアサシン」(lo perfido assassin) に触れている。十四世紀におけるダンテの注釈者フランチェスコ・ダ・

ブティは、当時の一部の読者にとっていまだ聞きなれなく解し難いものであったらしいこの語を説明して、「アサシンとは、金のために他人を殺す者である」(Assassino è colui che uccide altrui per danari) と注記している。[原註2] それ以来「アサシン」はヨーロッパのほとんどの言語に共通の名詞となった。つまりそれは、殺人者、とりわけ公的人物を犠牲者とし、狂信または貪欲を動機として、秘かな手段あるいは裏切りという方法によって殺人する者を意味する。

しかし、いつもそのような意味であった訳ではない。この語は最初十字軍の年代記に、「山の老人《オールド・マン・オブ・ザ・マウンテン》」として知られる神秘的な人物に率いられ、善良なるキリスト教徒にとってもイスラーム教徒にとっても同様に忌わしい信条と習慣を有する、レヴァント地方のイスラーム教徒の不思議な一集団の名として現われる。この宗派に関する最も初期の記述の一つは、〔神聖ローマ〕皇帝フリードリヒ・バルバロッサによって一一七五年にエジプトおよびシリアに派遣された一使節の報告に見出される。彼は次のように述べている。

「ダマスカスとアンティオキアとアレッポの国境の山中に、彼ら自身の言葉で *Heyssessini*、ロマンス語では『山の長老』(*segnors de montana*) と呼ばれるサラセン人のある一族が住んでいることに注目しなければならない。この人々は無法の中に生活し、サラセン人の掟に逆らって豚の肉を食う。また彼らは自分の母親や姉妹をも含め全ての女性と区別なく交わる。彼らは山中に住み、充分堅固にされた城砦に引きこもるためほとんど難攻不落である。彼らの土地はあまり肥沃ではないので、彼らは家畜によって生計をたてている。また、彼らは自ら一人の主君を戴く。彼は隣接するキリスト教君主はもとより遠方近隣の全てのサラセン人君主にも最大の脅威を浸透させている。それは彼が驚くべき手段をもって彼らを殺す習慣を持っているためである。この殺人が実行される方法は以下の通りである。この君主は山地帯に多くの非常に美しい宮殿を有しているが、非常に高い城壁によって囲まれているために、小さなそれもきわめて堅固に守られた門以外からは誰もそこへ入ることができない。これらの宮殿において、彼は支配下にある多数の農民の息子たちを幼年時代の最初期から養育し、彼らにラテン語・ギリシア語・ロマンス語・サラセン語その他多くのさまざまな言葉を教え込んだ。これらの若者たちは、その青年期の初めから成年に達するまで、教師から、彼らの国の君主の全ての言葉や命令に服従すべきこと、そして彼らがそのようにするならば全ての生ける神々を支配する彼らの君主によって楽園の歓喜が与えられることを教授される。また、彼らが何事においても彼の意志に従わないならば救済は望みえないことも教えられる。注意すべきは、子供の時に引きとられて以来、彼らは教師や師匠以外の誰にも会うことがなく、誰かを殺すために君主の前に呼び出される時まで他のことを一切教えられないということである。そして、君主の面前において彼らは楽園を授かるために彼の命令に喜んで従うかどうか尋ねられる。ここにおいて彼らは、教えられてきたように何の異存や疑問も持たずに彼の足もとに身を投げ出して、彼が命ずるあらゆることに従うことを熱意をこめて申し述べる。そこで直ちに、君主は彼らのそれぞれにひとふりの黄金の短剣を授け、彼が目星をつけていたいずれかの君主を殺すために彼らを送り出すのである。[原註3]」

その数年後、ティルの大司教ウイリアム[訳註1]は、彼の十字軍諸国史の中でこの宗派について短い説明を加え、次のように述べている。

「フェニキアとも呼ばれるティル地区およびトルトサの司教区には、十の堅固な城砦とそれに付属する村々を有する一団の人々が住む。彼らの数は、私がしばしば聞いたところによれば、ほぼ六万あるいはそれ以上である。首長を任命したり君主を選ぶのに、世襲の権利によってではなくただ美徳によってのみ行なうのが彼らの習慣である。彼らは他のいかなる権威の称号をも軽蔑して、その君主を『長老《エルダー》』と呼んだ。この人々を長老に結びつけている服従と遵奉の絆は非常に強いので、どんな骨のおれるむずかしい危険な仕事であろうと、この長老が命ずるやいなや非常な熱意をもってそれを果たすことを引き受けようとしない者はいない。たとえば、この人々によって憎まれ疑われている君主がいるとすると、長老は彼の部下の一人あるいは数人にそれぞれひとふりの短剣を与える。命令を受けた者は、その行為の結果や脱出の可能性について考えることもなく、直ちに彼の使命に着手する。そして、彼は使命完遂に熱意をもやし、長老の命令を実行する絶好の機会にめぐりあう時まで必要な期間努力し働くのである。我々もサラセン人たちも彼らを『アシシニ』(Assissini) と呼んでいるが、私はこの名の起源を知らない。[原註4]」

一一九二年、すでにその時までに多くのムスリム君主や高官を倒していたアサシンの短剣は、十字軍将士の最初のいけにえをイェルサレムのラテン王国君主モンフェラのコンラッドに見出した。この殺害は十字軍将士の間に深く印象づけられ、第三次十字軍の年代記作者のほとんどがこの恐れられた信徒および彼らの奇妙な信仰や驚異的な手段や恐るべき長老について何らかの言及を残している。ドイツの年代記作者リュベックのアーノルトは次のように述べている。

「さて、この長老に関する諸事実を語ろう。それらは一見ばかげているようではあるが、信頼しうる証人達の言によって確かめられていることである。この老人はその魔力によって彼の国の人々を眩惑させるので、人々は彼以外のいかなる神をも崇拝したり信仰したりはしない。また同様に、彼は不思議な方法で、永遠の歓喜を伴う快楽への期待と約束とをもって人々を誘惑するので、人々は生きることより死ぬことの方を選ぶに至る。彼らの多くは均しく、高い城壁の上に立つや長老のうなずきあるいは命令一つで飛び降り、その頭蓋骨をくだいて悲惨な死を遂げる。最も祝福された者とみなされるのは、人々の血を流し、その行為に対する報復において〔今度は〕自らも死を蒙る人々である。そこで、彼らのある者がこの方法による死を選ぶ時、つまり術策によって誰かを殺し、それから彼自身がその報復によって非常な祝福を受けて死ぬことを望む時、長老はいわばこの務めに捧げられるナイフを自ら彼らに手渡し、その後で、彼らを法悦と忘我の境に没せしめるために一服の薬で酔わせ、その魔力によって彼らに快楽と歓喜に満ちた、いや実際にはむしろ見せかけに過ぎないある幻想的な夢を見させる。そして、彼らにその行為の代償としてこれらの永遠の享受を約束するのである。[原註5]」

　最初ヨーロッパ人の想像力を刺激したのは、アサシンの殺人手段よりは、むしろ彼らの狂信的な献身であった。たとえば、あるプロヴァンスの叙情詩人《トルバドゥール》は愛人に対して次のごとく告げる。「我は御身の全き掌中にあり。〔山の〕老人の意のごとく彼の不倶戴天の敵の殺害に向かうアサシンよりも完璧に。」もうひとりは言う。「あたかもアサシンが、その主人に忠実に仕えるがごとく、我は変らぬ忠誠をもって愛人に仕えたり。」また、無名の恋文の筆者は彼の愛人に次のごとく確約する。「我は御身のアサシン。御身の命《めい》を果たして楽園を得んと欲する者[原註6]」と。しかしやがて、忠誠よりも殺人の方が一層強く印象づけられるようになり、それはアサシンの語に今日まで持ち続けられてきた意味を付与することとなった。

　十字軍のレヴァント滞在が長びくにつれて、アサシンに関するより多くの情報が得られるようになり、彼らと会って話したというい く人かのヨーロッパ人さえ現われた。そして、テンプル騎士団とホスピタル騎士団がアサシンの諸城制圧に成功し、彼らから貢物を徴収するに至った。ティルのウィリアムは、「山の老人」による何らかの同盟を企図してのイェルサレム王への接近が失敗したことについて記録している。さらに、彼の記述継承者は、一一九八年にアルメニアから帰還したシャンパーニュのアンリ伯爵がいかにしてかの老人にその城内で歓待されたかというい ささか疑わしい物語を記す。それによると、老人は客の啓発のために数人の部下に城壁から飛び降りて死ぬように命じ、それから伯爵の要求に応じて他の部下を提供することを丁重に申し出た。「そして、もし伯爵に害を為す者があったならば、伯爵は老人に知らせるべきである。そうすれば彼はその者を殺させよう」と。これよりはいくらかもっともらしく、イギリス人の歴史家パリのマシューは、一二三八年にいく人かのムスリム君主「および、主として山の老人からの」使節一行がヨーロッパに到着したことについて報告している。彼らは東方から新たに迫り来るモンゴル族の脅威に対しての援助をフランス人とイギリス人に求めにやって来ていたという。サン・ルイ[訳註2]が聖地へ十字軍を率いた一二五〇年までは、その頃の「山の老人」との贈物や使節の交換が可能であった。アラビア語を話した修道士ブルターニュ人イヴは、この王のアサシンへの使者に同行し、彼らの首長と宗教について議論した。彼の報告には、無知と偏見のかすみを通してではあるが、アサシンの属したイスラーム宗派の有名な教義のいくつかをかすかに認めることができる[原註7]。

十字軍将士は、アサシンについてはただシリア地方の一宗派として知っていたのみで、彼らのイスラームにおける地位、あるいはムスリム諸国の他の諸集団との関係については、ほとんどまたは全く気づいていなかった。そのペルシアとの関係についての知見を示した最初の西欧の著述家は、一一六七年東方へ赴く途中にシリアを通過した、スペインのユダヤ人旅行者ツデラのベンジャミンであった。彼はペルシアの「ムルヘトの地域」について述べ、この人々が「山の頂上に住む」異教徒であり、「アサシンの土地（すなわちシリア）の老人」と結びつけられていたことを記している。この知識はキリスト教徒の間には、少し後になって現われる。十三世紀の初め、アッカの司教ヴィトリーのジェイムズは、シリアのアサシンについて述べ、この宗派の発生の地であり、且つ彼らがシリアに来る前に住んでいた土地が東方にあった――「バグダードの国とペルシア属州の諸地域に向かう、はるか遠い東方の地にある」(in partibus est Orientalibus valde remotis versus civitatem Baldacensem et partes persidis provinciae) ――と記した。しかし、彼はそれ以上は知っていなかったと思われる。原註8 ところが、同じ十三世紀の後半になって、ペルシアの親宗派《ピアレント・セクト》に関する新しい直接の報告が現われた。最初の報告者は、一二五三―五五年にモンゴリアのカラコルムにある大ハーンの宮廷にフランス王の使節として派遣されたフランドルの司祭、ルブルクのウィリアムであった。ウィリアムはペルシアを通って旅したが、その際に、アサシンの山々がカスピ海南側のカスピの山々に隣接することを記している。また、彼はカラコルムにおける入念な警備体制に驚いているが、それは大ハーンがさまざまな変装をした少なくとも四十人のアサシンが彼を殺すために送り込まれたことを聞き及んだための処置であった。大ハーンはこの返答として、彼の弟の一人に軍隊とともにアサシンの土地に向かわせ、彼らを皆殺しにするよう命じたのである。原註9

ところで、ベンジャミンとウィリアムの両者が、ペルシアのアサシンを示すのに用いている語は「ムルヘト」(Mulhet)、あるいは、「ムリヘト」(Mulihet) ――アラビア語の *mulhid*（複数形 *malāhida*）の転訛したもの――である。この語は字義通りには逸脱者を意味するが、普通、逸脱せる宗教的分派、特にアサシンの属するイスマーイール派に対して用いられた。この用語は、はるかに有名な旅行者マルコ・ポーロの報告に再び現われる。彼は一二七三年にペルシアを通過し、イスマーイール派の城塞――おそらくはアラムート城、あるいは、より公算の強いのは、一二七〇年十二月の陥落がいまだ記憶に新しかったギルドクーフ城——について次のごとく述べている。

「〔山の〕老人は彼らの言葉でアロアディンと呼ばれた。彼は二つの山の間のある渓谷を囲い込ませ、そこを今までにはなかったほどの大きく美しい庭園に変えて、あらゆる種類の果実で満たした。そこには、全て金箔とみごとな絵をもって飾られた想像を絶するほど優雅な楼閣と宮殿が建てられた。そしてまた、ブドウ酒・ミルク・蜂蜜・水が溢れんばかりに流れるいくつかの川があり、多くの女たちや絶世の美処女たちがあらゆる楽器を奏で、非常に甘く歌い、魅惑的に踊っていた。老人は人々にこれを本当の楽園と信じさせることを望んでいた。そこで彼は、マホメットが楽園について、それがブドウ酒とミルクと蜂蜜と水が溝を伝って流れ、そこにいる者全てを喜ばせるために多くの美女が侍る美しい庭園であると述べたのに従って、それを造ったのであった。そのため、この地方のサラセン人たちはこれこそが楽園であると信じていたことは疑いない。

ところで、その庭園には彼がアシシン(Ashishin)にしようとする者以外、誰も入ることは許されなかった。庭園の入口には、全世界を相手にしても抵抗できるほど堅固な要塞があり、他に入口はなかった。彼はその宮廷に、この国の十二歳から二十歳までの武術を好む多数の青年を引き留め、マホメットがかつて語ったように楽園についていつも物語っていたので、彼らはサラセン人たちがマホメットを信ずるごとく彼を信じた。そのあと、彼は先ず彼らに深い眠りに導く一服の薬を飲ませ、一度に四人、六人あるいは十人ずつ彼らを庭園内に運び込む。目覚めた時、彼らは自分がその庭園にいることに気づくのであった。

それ故、彼らは目を覚まし、自分が非常に美しい場所にいることに気づくと、これこそ本当の楽園であると考える。そして、彼らは美女や乙女たちと心ゆくまで戯れ、青年が望む全てを果たすので、自分の意志では決してそこを離れようとはしなくなる。

さて、我々が〔山の〕老人と呼ぶこの君主は、その宮廷を荘重で崇高な形に保ち、周囲の素朴な山地住民に彼が偉大な予言者であると固く信じさせた。そして、彼が部下のアシシンの一人を何かの使命のために送ろうとする時には、彼は庭園内にいる青年のひとりに先に述べた一服の薬を与え、彼を宮殿に運び込ませる。その青年は目を覚ますと、自分がもはや楽園ではなく城にいることに気づき、そのために落胆する。そのあと彼は老人の面前に導かれるが、真の予言者の前にいると信じているため、大なる尊敬の念をもって彼の前にぬかずく。そこでその君主がどこから来たのかと尋ねると、彼は、楽園からやって来た、そしてそれがマホメットが法の中で説いたのと全く同じであると答えるのである。これは当然、その側にいて庭園に入ることを許されていなかった他の人々にも、そこへ入りたいという切なる欲求を起こさせた。

したがって、老人がいずれかの君主を殺させようとする時、彼はそのような青年のひとりに言う。『汝行きて何某を殺害せよ。汝が帰還せし時、わが天使は汝を楽園に導くであろう。また汝が死すとも、われ天使を遣りて汝を楽園に連れ戻そう』と。彼はそのように彼らに信じ込ませる。かくして、彼らは老人のものである、かの楽園に戻りたいという切なる望みのために、彼のあらゆる命令を実行すべくいかなる危険にも敢然とたち向かう。このような方法で老人は彼の部下に、彼が除きたいと望む人物を殺させたのである。それ故にまた、彼が全ての君主に同様に吹き込んだ大きな恐怖は、彼らをして彼の朝貢者となさしめ、双方の間の平和と親善関係を持続させたのであった。

また、この老人がその配下に、彼のやり方をまね、全く同じ方法で行動する特定の人物を有していたことも伝えなければなるまい。そのひとりはダマスカス領内に、もうひとりはクルディスタンに送り込まれていた。」[原註10]

マルコ・ポーロ――あるいは彼の筆記者――は、ペルシアのイスマーイール派およびその首長を語る時、それぞれにヨーロッパにおいてすでに良く知られていた、「アサシン」と「老人」の語を用いた。しかし、それらの語はいずれもシリアから出たものであって、ペルシアに由来したものではなかった。アラビア語・ペルシア語史料は、「アサシン」がただシリアのイスマーイール派にのみ用いられた地方的名称であり、ペルシアや他の国のイスマーイール派には決して用いられなかったことを明確に示す。[原註11]「山の老人」という称号も、やはりシリアのものであった。イスマーイール派信徒たちが、彼らの首長を、ムスリムの間で共通の敬語である「老人」あるいは「長老《エルダー》」――アラビア語のシャイフ *Shaykh*、ペルシア語のピール *Pīr*――をもって呼んだことは至極当然であったろう。しかし、「山の老人」という特定の名称はシリアにおいてのみ用いられたらしく、当時のどのアラビア語テキストにもその語がいまだ見出されないから、おそらく十字軍の間においてのみ用いられていたものであろう。

　これらの術語は、この宗派のシリアとペルシアの分派の両方に対して一般的に用いられるようになった。マルコ・ポーロの記述は、約半世紀後のポルデノーネのオドリックによって為された同様の説明とあいまって、かつてシリアのアサシンがヨーロッパの想像力に与えた衝撃をさらに深めた。楽園の庭園、狂信者たちの死の跳躍、アサシンの変装と殺人における無比の手腕、そして彼らの首長「山の老人」の神秘的な姿についての物語は、ヨーロッパ文学に多くの反響を引き起こし、それは歴史から詩、小説、神話へと広がっていった。

　それらはまた、政治にも影響を及ぼした。きわめて早くから、ヨーロッパにおける政治的殺人あるいはその試みにさえも「老人」の手が加えられていたのを発見した人々があった。一一五八年、フリードリヒ・バルバロッサがミラノを攻囲していた時、伝えるところによると一人のアサシンが彼の陣営において捕えられた。また一一九五年、リチャード獅子心王[訳註3]がシノンにいた時、少なくとも十五人のいわゆるアサシンが逮捕され、彼らがフランス王によって彼を殺すために派遣されたことを白状したという。やがて、そのような摘発があいつぎ、多数の支配者や指導者が、煩わしい敵を倒すために「老人」と同盟し、彼の密偵の力を借りたことについてその責を問われた。これらの告発が根拠のないものであったことはほとんど疑う余地はない。ペルシアあるいはシリアにおけるアサシンの首長たちは、西ヨーロッパの計略や陰謀には何の関心も持ち合わせていなかった。同時にヨーロッパ人の方も、種々の殺人技術について、外部からの手助けを必要としていなかった。かくして十四世紀までに、アサシンの語はただ殺人者を意味するようになり、もはや、その名を付せられていた宗派との特定の関係を示すことはなくなっていた。

　しかしながら、依然としてこの宗派は興味を喚起し続けた。西ヨーロッパにおける彼らの歴史に関する学術的研究の最初の試みは、一六〇三年にリヨンにおいて発表された、ドゥニ・ルベー・ド・バティリィのそれであろう。この年代は意義深い。ルネッサンスの異教的倫理は政治の一手段としての殺人を復活させ、宗教的紛争がそれを敬虔なる任務にまで高めていた。また、ひとりの人物が国家の政治および宗教を決定できる新しい君主政体の出現は、暗殺を効果的且つ受容しうる武器とした。君主や高位聖職者たちは、彼らの政治的あるいは宗教的な敵対者を倒すために、進んで殺人者を雇った。——そして、理論家たちは暴力のむき出しの論理に、観念論の上品な外被をまとわせようとしていた。

　ルベー・ド・バティリィの目的は穏健なものであった。つまり、それはフランスにおいて新たに流布していた一つの語について真の歴史的な意味を明らかにすることであった。彼の研究はもっぱらキリスト教史料に基づいており、そのため、十三世紀のヨーロッパにおける認識の範囲を大きく越えるものではなかった。[訳註4] しかし、新たな証言はないにしても、そこには新たな見識がありえた。ナッソーのウィレムがスペイン王の雇い人によって撃たれ、フランスのアンリ三世がドミニコ派修道士によって刺され[訳註5]、また、イングランドのエリザベス〔一世〕が、自称神聖なる殺人者の手から逃がれることを強いられた[訳註6]のを目撃した世代にとっては、それらの新しい見識は容易に持ちうるものであったにちがいない。

アサシンの起源と正体に関する秘密を解決する最初の真に重要な前進は、初期啓蒙主義の所産であった。それは、一六九七年のバルトロメ・デルベロによる大著『ビブリオテク・オリエンタル（*Bibliothèque orientale*）』の出版によって為された。この著述は、当時のヨーロッパ東洋学がイスラームの歴史・宗教・文学に関して提供しうる最大量を網羅した先駆的労作であった。ここにおいて初めて、ひとりの詮索好きで非教条的な西ヨーロッパの学者が、ムスリム史料――当時のヨーロッパで知られていた極く少数のものではあったが――を利用し、イスラーム宗教史というより広い関係の中に、ペルシアおよびシリアのアサシンを位置づけようと試みたのである。彼は、アサシンが、重要なイスラームの異宗派で且つそれ自身シーア派――スンニー派との対立によってイスラームに主要な宗教的分裂を引き起こした――の一分派であるイスマーイール派に属すること、およびイスマーイール派の首長たちが、イスマーイール・イブン・ジャーファルの子孫としてイマームであることを自ら宣し、さらにそのことによって、予言者ムハンマドの娘ファーティマと婿アリーとを介して、ムハンマドの子孫でもあると主張していたことを示した。十八世紀にも他の東洋学者や歴史学者がこのテーマをとりあげ、アサシンとその親宗派イスマーイール派の歴史、信条および関係について新たな詳細を付け加えた。また、いく人かの著述家がアサシンの名の起源――概してアラビア語起源と推測されたが、いまだどの既知のアラビア語テキストにもその証拠が見出されていなかった――について説明しようとした。いくつかの語原学的推定が提出されたが、いずれもあまり説得力のあるものではなかった。

十九世紀の開始と同時に、アサシンについての新たな関心が突如としてわき起こった。フランス革命とその余波が陰謀と殺人への一般の関心をよみがえらせていたし、また、〔ナポレオン・〕ボナパルトのエジプト・シリア遠征は、東方イスラーム世界との新しい一層緊密な接触とイスラーム研究のための新たな機会をもたらした。一般的関心を満たすために二流学者によっていくつかの試みが為された後、当時最高のアラビア語学者であったシルヴェストル・ド・サシィがこのテーマに注意を向け、一八〇九年五月十九日、フランス・アカデミーにアサシン王朝とその名の起源に関する研究論文を発表した。原註12

シルヴェストル・ド・サシィの研究報告は、アサシン研究に一時期を画するものであった。彼は、従前の学者によって利用された一握りの東方史料に加えて、パリの国立図書館が所蔵するアラビア語写本の豊富なコレクションに依拠することができた。この中には、それまで西ヨーロッパの学者には知られていなかった十字軍に関するアラビア語年代記の主要なものがいくつか含まれていた。そして彼の史料の分析は、それまでのヨーロッパの著述家による努力の成果を完全にしのいだ。彼の研究論文の最も重要な部分は、明らかに、「アサシン」の語の起源に関する大いに論議された問題の最終的な解決に見出される。彼は従来の仮説を検討したり、捨てたりした後、最終的にその語がアラビア語の *hashish* に由来することを示し、さらに、十字軍史料に現われる Assassini, Assissini, Heyssisini 等の種々の語形が、アラビア語の *hashishi* および *hashshāsh*（口語体の複数形は、*hashishiyyīn* および

hashshāshīn）のいずれかの形に基づいていることを示唆した。この確認のために、彼はいくつかのアラビア語テキストを引用しえたが、そこにおいてはこの信徒が *hashīshī* と呼ばれることはあっても、*hashshāsh* と呼ばれることは皆無であった。それ以後も、*hashīshī* の形は発見され追加されたテキストによって確認されてきた。しかし、知りうるかぎり、イスマーイール派信徒が *hashshāsh* と呼ばれているテキストはいまだ見出されていない。それ故に、シルヴェストル・ド・サシィの説明のこの部分は削除されるべきであり、ヨーロッパ的変形は全てアラビア語の *hashīshī* およびその複数形 *hashīshiyyīn* から来たと解釈されるべきであろう。

この訂正は、この術語の語原とは別個の、その意味についての疑問を再び引き起こす。アラビア語における *hashīsh* の本来の意味は、牧草、特に乾燥した牧草あるいは飼葉《かいば》である。後に、それはインド大麻（*cannabis sativa*）の意に限定された。その麻酔効果はすでに中世のイスラーム教徒には知られていた。これより新しい語である *hashshāsh* はハシーシュ吸飲者を示す一般的な言葉である。シルヴェストル・ド・サシィは、アサシンが麻薬常用者であったが故にそのように呼ばれたという、後世の多くの著述家によって支持された意見を採用せずに、その名は、この宗派の指導者が彼らの使者に、その使命が成功裡に完了した時に待ち受けている楽園の歓喜を試させるために、ひそかにハシーシュを用いたことによるものと説明する。彼はこの解釈を、マルコ・ポーロによって伝えられ、またその他の東方、西方の史料にも見出される、薬を飲まされた狂信者たちが導き入れられる秘密の「楽園の庭園」の物語と結びつけている。

しかしこの物語が、その早い出現と広い流布にもかかわらず、真実でないことはほとんど明らかである。ハシーシュの使用と効果は当時よく知られており、秘密ではなかったし、また、アサシンによる麻薬使用については、イスマーイール派および真面目なスンニー派のどちらの作家も述べていない。さらに *hashīshī* という名もシリア地方に局部的なものであり、一般に用いられた罵りの言葉であると思われる。おそらく、その名称の方がこの物語を誘発したのであって、その逆ではなかったであろう。これまで提出されたさまざまの説明の内で最も有力視されるのは、それがこの宗派の狂気じみた信仰と途方もない行動に対する軽蔑の表現——彼らの習慣の叙述ではなく、彼らの行為に対する嘲笑的な批評——であったというものである。特に、西欧の観察者にとって、このような物語はまた彼らの全く説明不可能な行動に合理的な解釈を与えるのにも役立ってきたに違いない。

シルヴェストル・ド・サシィの研究論文は、この主題に関する一連のさらに進んだ研究への道を開いた。その内で最も広く読まれたのは、明らかに、オーストリアの東洋学者ヨーゼフ・フォン・ハンマーの『アサシンの歴史（*History of the Assassins*）』であった。これは一八一八年にドイツのシュトゥットガルトで出版され、一八三三年にはフランス語に、一八三五年には英語に翻訳された。このハンマーの歴史は、東方史料に基づいているにもかかわらず、何よりも先ずその時代のための論文、つまり、「秘密結社の有害なる影響——および抑制なき野心の恐怖への宗教の恐るべき堕落」に対する警告であった。彼にとって、アサシンは「より厳格な信条と厳しい倫理の仮面のもとで、全ての宗教と道徳を侵食した詐欺師とぺてん師の一団」であり、「その短剣によって諸国の君主たちを倒した殺人者の組織」であった。そして、彼らは「非常に強力で、その暴徒の巣窟がカリフ帝国とともに崩壊するまでの三世紀の間、全世界に恐れられたが、精神的・世俗的両権力の中心であり、彼らが最初に破壊を誓っていたカリフ帝国の滅亡によって自らも崩壊するに至った。」この主眼点を見落とす読者のために、ハンマーはアサシンを、テンプル騎士団、ジェスイット会、イルーミナーティ派、フリーメイスン団、フランス国民議会の国王殺害党《ザ・レジサイズ》[訳註7]と比較する。そして次のごとく述べる。「西欧において革命的な結社がフリーメイスン団の内部から興ったごとく、東方においてアサシンがイスマーイール派から生じた。……単なる説教によって、君主の保護と現実的な宗教の導きの糸とから国民を解放しうると考えた啓蒙主義者たちの狂気は、アジアにおいてハサン二世の治世に現われたごとく、フランス革命の影響によって最も恐るべき手段となって現われた。[原註13]」

ハンマーの著書は多大の影響力を行使し、ほぼ一世紀半の間、アサシンについての西欧の一般的な概念の主要な源泉であった。この間にも学術的研究の進展が見られた。特にフランスにおいては、シリアおよびペルシアのイスマーイール派史に関連するアラビア語・ペルシア語テキストの発見、出版、翻訳、利用に多くの仕事が為された。最も重要なものにはモンゴル期の二人のペルシア人歴史家、ジュヴァイニーとラシード・ウッディーンの著作があった。この両者とも、アラムートから得られたイスマーイール派文献に近づきえたから、それらを用いてペルシア北部のイスマーイール派権力に関する初めての一貫した説明を提供できたのであった。

さらに重要な前進は新しい種類の資料の出現によって可能となった。ムスリム史料の利用は、中世ヨーロッパの著述から得られた知識に多くのものを追加していた。――しかし、これらも主としてスンニー派のものであって、それらは西欧の年代記作家や旅行者のそれよりはるかに事情に精通していたにもかかわらず、イスマーイール派の教義と目的に対しては、どちらかといえばより敵対的でさえあった。ここに初めて、イスマーイール派信徒自身の観点を直接反映している情報が明るみに出された。すでに十八世紀に、旅行者たちはシリア中部のいくつかの村にいまだイスマーイール派信徒がいることを記していた。一八一〇年、シルヴェストル・ド・サシィによって刺激された、アレッポのフランス総領事ルソーは、当時のシリアのイスマーイール派についての叙述を、地理的・歴史的・宗教的データとともに出版した。原註14 その出典については示されていないが、それらは地方的且つ口伝的なものであったらしい。シルヴェストル・ド・サシィも自ら若干の弁明的な付記を提供している。ルソーはこういう地方的な報告に拠った最初のヨーロッパ人であり、イスマーイール派自身からの数片の情報を初めてヨーロッパにもたらした。彼はまた一八一二年に、シリアにおけるイスマーイール派の中心地の一つ、マスヤーフにて得られた同派の一文献の抜粋を出版した。それは歴史的情報をほとんど含んでいないけれども、同派の教理に関していくらかの光を投げかけるものであった。シリア地方から出た他のテキストもまたパリにたどりつき、そこで後にその一部が出版された。十九世紀には、多くのヨーロッパ人、アメリカ人旅行者がシリアのイスマーイール派村落を訪れ、その廃墟と住民について簡単に報じている。

一方、アラムートの大城砦の遺跡がいまなお残るペルシアからは、情報を得ることはより一層困難であった。一八三三年、イギリス将校モンティース大佐が「王立地理学会誌（*Journal of the Royal Geographical Society*）」上に、その旅行記を発表した。しかし、彼はアラムート渓谷の入口までは到達したが、その城砦には実際に達していないし、また確認もしていない。これは同僚将校の（サー・）ジャスティン・シール中佐によって成し遂げられ、彼の報告は一八三八年、同誌上に公表された。その二、三年後に第三番目のイギリス将校ステュワートがこの城を訪れているが、それ以後ほぼ一世紀の間、アラムート探検は再開されなかった。[原註15]

しかし、廃墟よりも、ペルシアにおけるイスマーイール派の過去の偉大さを記念するものが存在していた。一八一一年、領事ルソーはアレッポよりペルシアへの旅の道々でイスマーイール派について調査し、その国にいまなお、イスマーイールの血統を継ぐイマームに忠誠を誓う人々が多数いることを知って驚いた。そのイマームは名をシャーフ・ハリールッラーフといい、テヘランとイスファハーンの中間にあるゴムの近くのカハクという村に住んでいた。ルソーは次のごとく述べている。

「私は以下のことを付け加えたい。シャーフ・ハリールッラーフはその信徒によってほとんど神として尊崇されている。彼らは奇蹟の能力を彼に付与せしめ、遺贈物をもって不断に彼を富ましめ、しばしば尊大なカリフの称号をもって彼を飾る。はるかインドほどの遠方にもイスマーイール派教徒がおり、信心深さを示す豪華な贈物をイマームにもたらす返礼として彼から祝福を受けようと、彼らが定期的にガンジスやインダスの沿岸から、カハクへやって来るのが見られる。[原註16]」

一八二五年、イギリス人旅行者フレイザーは、ペルシアにおけるイスマーイール派の残存と、彼らがもはやその首長の命令で殺人を実行することはなくなっていたにもかかわらず、引き続き彼への献身を維持していたことを確認した。すなわち、「今日でさえ、この宗派のシャイフまたは首長は、今なお残存している人々によって、ほとんど盲目的に崇敬されている。彼らの熱意は、それがかつて持っていた深い、激しい性格を失なってはいるけれど。」同派の信徒はインドにもおり、彼らは「その聖者に対して特に献身的であった。」彼らの前の首長シャーフ・ハリールッラーフは、数年前（実際には一八一七年）ヤズドにおいて、その町の知事に対する叛徒によって殺されていた。「彼はその宗教的資質を息子の一人によって継承されたが、この息子も同派の信徒から同様の尊敬をもって迎えられている。[原註17]」

その次の情報は全く異質の源から得られた。一八五〇年十二月、いささか異常な殺人事件がボンベイの刑事法廷にかけられた。四人の男が、彼らの属する宗教結社内の意見の相違の結果として、白昼公然と襲われ殺されたのである。十九人の男が審問され、その内の四人が死刑を宣告され、絞首刑に処せられた。この被害者、加害者の双方ともホジャとして知られる地方的なイスラーム宗派——インドのボンベイ地区その他の地域に存する数万人の主に商人から成る共同体――の成員であった。

この事件は二十年以上も続いて来たある論争から発している。それは、ホジャの一グループがペルシアに住むその宗派の首長に対する慣例的な貢物納付を拒否した一八二七年に始まった。時の首長はシャーフ・ハリールッラーフの息子で、一八一七年に殺された父の跡を継いでいた。訳註8 一八一八年、ペルシアのシャーフは彼をマハラートとゴムの知事に任命し、彼にアーガー・ハーンの称号を与えた。訳註9 彼および彼の子孫は普通この称号によって知られる。インドでの彼の信奉者の一グループによる宗教的貢納の突然の拒否に直面したアーガー・ハーンは、彼らをもとの鞘におさめるために、ペルシアからボンベイに特使を派遣した。この使節にはアーガー・ハーンの祖母が同行し、彼らの忠誠をとり戻そうとして、「自らボンベイのホジャたちに向かって熱弁をふるったらしい。」大部分のホジャは彼らの首長にいまだ忠実であったが、一小集団が反対の立場を固執した。彼らはアーガー・ハーンに対して何の服従の義務をも負っていないことを主張すると同時に、いかなる点においても、ホジャが彼に結びつけられることを拒絶したのである。その結果生じた紛争は共同体内部に強い興奮を引き起こし、一八五〇年の殺人において最高潮に達した。訳註10

この間、アーガー・ハーン自身はシャーフに対する蜂起に失敗してペルシアを離れ、アフガニスタンに短期間滞在した後、インドへ避難していた。彼がアフガニスタンとシンドにおいてイギリスのために為した貢献は、イギリス側に感謝の念を要求するいくばくかの権利を彼に与えた。彼は、初めシンドに、次にカルカッタにとどまったが、最終的にボンベイに住みつき、そこでホジャ共同体の事実上の首長に落ち着いた。しかし、いまだ一部に彼に抵抗し、彼の要求をくじくために法機構を利用せんとする反対者がいた。数度の予備活動の後、一八六六年四月、分離派の一団はボンベイの高等法院に提訴し、アーガー・ハーンに対する「ホジャ共同体の委託財産および諸事務の管理への干渉」についての禁止命令を請求した。

この訴訟は最高裁判所所長サー・ジョセフ・アーヌルドによって審理された。審問は二十五日間続き、ボンベイ法曹界のほとんど全体を巻き込んだ。双方とも綿密に論議され広範囲に実証された主張を提出し、法廷の審理は歴史・系図・神学・法律の諸方面に広く深く及んだ。多数の証人にまじって、アーガー・ハーン自身も法廷にて証言し、彼の家系について証拠を掲げた。一八六六年十一月十二日、サー・ジョセフ・アーヌルドは判決を申し渡した。彼は、ボンベイのホジャを、シーア派イスマーイール分派の宗教を有する、インドのより大きなホジャ共同体の一部であるとみなした。つまり、彼らは「祖先が元来ヒンドゥー教徒であったが、改宗して以来ずっとイスマーイールをイマームと認めるシーア派の信仰を持ち続け、精神的忠誠の絆によってイスマーイール派の世襲イマームに絶えず結びつけられて来た、そしていまなお結びつけられている人々の一派」であった。彼らは四百年ほど以前に、ペルシアから来たイスマーイール派宣教師によって改宗させられ、アーガー・ハーンがその末裔であるイスマーイール派イマームの血統の精神的権威に服従し続けて来ていた。これらのイマームは「アラムートの君主」の子孫であり、彼らを通じて、エジプトのファーティマ朝カリフ、および最終的には予言者ムハンマドの血統につながることを主張した。彼らの信徒は中世においてアサシンの名のもとに広く知られるようになっていた。

豊富な歴史的証拠と論証とによって裏書きされた、アーヌルドの判決は、かくして、イスマーイール派の一共同体としてのホジャの地位と、アサシンの後継者としてのイスマーイール派の地位と、そしてイスマーイール派の精神的首長として、且つアラムートのイマームの後継者としてのアーガー・ハーンの地位を、合法的に確認した。この共同体に関する詳細は、一八九九年の『ボンベイ地区地名辞典（*Gazetteer of the Bombay Presidency*）』において、初めて報告が為されている。[原註18]

アーヌルドの判決は、また、世界の他の地域におけるイスマーイール派共同体の存在に注意を向けさせることとなった。それらのあるものは実際にはアーガー・ハーンを首長として認めていなかった。これらの共同体は、普通、あらゆる点で近づき難い、そして彼らの信仰および文献についてどこまでも隠し通そうとする、へんぴで孤立した地域に存在する小規模の少数者《マイノリティ》集団であった。しかしながら、彼らの文献の一部は写本によって学者の手に入った。最初の内、これらの文献は全てシリア地方——現代においても中世におけると同様に、イスマーイール派についての西ヨーロッパの関心を引き起こした最初の地であった——からやってきたが、その後は広く各地域から集まってきた。一九〇三年、カプロッティというイタリア商人が、イエーメンのサナーから六十点ばかりのアラビア語写本のコレクションを持ちかえった。これはミラノのアンブロシアナ図書館に保管されている数束の内の第一のものに当たる。点検の際に、それらが、南アラビア地方にいまなお住むイスマーイール派住民から得られた、同派の教義に関するいくつかの著作を含んでいることが判明した。それらのあるものは秘密の暗号によって記された章句を有していた。[原註19] さらに、ヨーロッパのもう一方の端では、すでにシリアからイスマーイール派写本の一部を手に入れていたロシアの学者たちが、自分たちの帝国の領域内にもイスマーイール派が存在することを発見した。そして、一九〇二年、アレクシス・ボブリンスコイ伯爵はロシア領中央アジアにおけるイスマーイール派の組織と分布に関する記述を出版した。同じ頃、ポロヴツェフという植民地官吏が、ペルシア語で書かれたイスマーイール派宗教書のコピーを手に入れている。これはロシア帝国科学アカデミーのアジア博物館に預けられた。この博物館はこの後さらにいくつかのコピーを手に入れたが、一九一四—一八年には、東洋学者のザルービンとセミョーノフによってオクサス河上流のシュグナーンからもたらされた、イスマーイール派写本のコレクションを獲得している。これらと、その後得られた他の写本とによって、ロシアの学者たちはパミールおよびそれに隣接するバダフシャーンのアフガン地域におけるイスマーイール派の宗教文学と信仰について研究しえたのである。[原註20]

それ以来、イスマーイール派研究の進展は急速且つ顕著である。さらに多くのイスマーイール派テキストが、特に、インド亜大陸におけるこの宗派の豊富な蔵書から得られるようになり、一層詳細な研究が、自らイスマーイール派信徒である者をも含む、多くの国々の学者によって生み出されていった。しかし、このような同派の失なわれた文学の回復も、一つの点——歴史——においては、いくぶん失望的なものであった。明るみに出された文献はほとんど専ら宗教およびそれに類する問題に関連している。一方歴史的性格の著作は数量においても少なく、内容においても乏しい。――このことは地域的な、そして制度的な中心を有していなかった少数派共同体においてはおそらく必然的であったろう。その歴史については、中世の歴史家のみが表現し記述しえたのであり、アラムートの権力のみが自らの年代記を持っていたと思われる。――そして、これらの歴史著作さえイスマーイール派史家によってではなく、スンニー派史家によって保存されている。しかし、イスマーイール派文学は、歴史的内容に乏しいとしても、決して歴史的価値に欠けるものではない。確かに、諸事件の物語風歴史へのその寄与するところは少ない――ペルシアのアサシンについては多少あるが、シリアの同胞についてはむしろそれより少ない。しかしながら、それはこの運動の宗教的背景についてのより良き理解に無限に寄与し、イスラームにおけるイスマーイール派の、しかもイスマーイール派の一支派としてのアサシンの信仰と目的および宗教的・歴史的意義についての新たな評価を可能にした。その結果形成されたアサシンの像は、中世の旅行者によって東方から持ち帰られた恐ろしい評判や幻想とも、また、理解し説明するのではなく、論破し非難することに主たる関心を有して正統的なムスリム神学者、歴史家による写本文献から、十九世紀の東洋学者によって抽出された敵意のあるゆがめられたイメージとも、根本的に異なっている。アサシンはもはや、狡猾な詐欺師に率いられ麻薬を飲まされた間ぬけの一団としても、ニヒルなテロリストたちの陰謀としても、また、職業的殺人者の組合《シンジケート》としても登場しない。それにもかかわらず、彼らはいまだ興味深い存在である。

第二章　イスマーイール派

イスラームにおける最初の危機は、六三二年の予言者〔ムハンマド〕の死とともにやって来た。ムハンマドは自らについて、死ぬべき運命のひとりの人間以上のものであるとは決して主張していなかった。――彼は神の使徒であり、神の啓示の運び手であるとして自らを他の人々と区別はしたが、しかし、自らに神性も不死性をも帰してはいなかった。それにもかかわらず、彼は、イスラーム共同体の指導者として、また未成熟のイスラーム国家の支配者として、誰が彼のあとを継ぐべきかについては、何ら明確に指示を残さなかった。そして、イスラーム教徒はイスラーム以前のアラビアにおける政治的経験のみによって導かれねばならなかった。いくらかの議論と危険な緊張の一瞬の後に、彼らは最初の、そして最も尊敬すべき改宗者のひとりであるアブー・バクルを、予言者のハリーファ（*khalīfa*）すなわち代理として指命することに同意した。――このようにして、ほとんど偶発的に、カリフ国家（the Caliphate）という偉大なる歴史的制度の創設がなされた。

カリフ国家の最初期から、予言者のいとこであり女婿でもあったアリーこそが、アブー・バクルやその跡を継いだカリフたちよりも、予言者の後継者としてより大きな資格を有すると感じた人々の一団があった。彼らのアリー支持は、一つには、疑いもなく、彼の個人的資質が彼をこの任務の最適任者にしているという信念に——また一つにはおそらく、予言者の家系のもつ諸権限に対する正統主義的信仰に——拠るものであった。このグループは、アリーの党派（*Shī'atu'Alī*）として、後には単に、シーア派（*Shī'a*）として知られるようになった。時とともに、それはイスラームにおける最も重大な宗教的対立を引き起こした。最初、シーア派は本質的に政治的党派——何ら特有の宗教的原理も持たず、また、イスラームの政治的権威の性格そのものが本来備えていた宗教的内容以上のものをも持たない、単なる権力志望者の支持者——であった。しかし、やがてその成員の構成およびその教義の性格の両方に重大な変化が起こった。多くのイスラーム教徒にとって、イスラーム共同体と国家は誤った転換をなしていたように思われた。すなわち、予言者と彼の最初の敬虔なる友人《コンパニオン》たちによって考えられた理想社会の代りに、貪欲で無節操な貴族階級によって支配される「帝国」が出現していた。そこには、公正と平等に代って、不平等と特権と支配とがあった。このような眼でなりゆきを見まもる多くの人々にとっては、予言者の血統への回帰がイスラームの真の、そして本来の啓示の復活をもたらすように思われた。

六五六年、ムスリム反徒による第三代カリフ、ウスマーン殺害の後、ついにアリーがカリフとなった。——がしかし、彼の治世はほんのつかの間にして、不和と内乱によって打ち砕かれた。六六一年に、今度は彼が殺された時、カリフ国家は彼の競争者ムアーウィヤの手に移り、その一族のウマイヤ家がほぼ一世紀の間それを保持した。

アリーの党派は彼の死とともに消滅しはしなかった。ムスリムの重要なグループが予言者の一族に対する忠節を持ち続けた。彼らはその一族の中にムスリム共同体の正統なる指導者を見出していた。彼らの要求とそれが喚起した支持とは、徐々に宗教的な、しかも救世主的な性格さえ帯びるに至った。理想的に考えられたムスリム国家とは、神の法のもとに確立され維持される一つの宗教的政治組織である。その主権は神に由来し、その主権者カリフは、イスラームを擁護し、且つイスラーム教徒に健全なるイスラーム教徒の生活を送らせるという任務をゆだねられている。この社会においては、世俗と宗教の区別は——法律においても、司法権においても、また権威においても——知られていない。教会と国家は、首長としてカリフを戴く同一体である。社会における同一性と凝集力の基礎、つまり国家における忠誠と義務の絆が、全て宗教用語をもって理解され表現されるところでは、宗教と政治の——宗教的な態度および行動と、政治的なそれらとの——周知の西ヨーロッパ流の区別は見当違いの、非現実的なものとなる。そこにおいては、政治的不満——それ自体はおそらく社会的に決定されるが——は宗教的表現を見出し、宗教的不和は政治的意味あいをもつに至る。ムスリムの一グループが権力者に対して、純粋に地域的なあるいは個人的な反対以上のものを示した時には——すなわち、彼らが既成の秩序に対する挑戦を公式化し、それに代る組織を形成した時には、——彼らの挑戦は一つの神学であり、彼らの組織は一つの宗派であった。神政として理解されるイスラーム的秩序であるカリフ国家においては、彼らが個人的な行動や身近な志向の範囲を越えて、一つの手段を案出したり、あるいは一つの主義を公式化するためには、こうするより他に方法はなかった。

イスラームの発展の第一世紀には、不平の因を引き起こした多くの緊張と、宗派的な不和や反抗に表現を見出した多くの苦情と渇望とがあった。改宗によるイスラームの普及はイスラーム共同体の中に多数の新しい信徒を加えた。彼らは、初期のアラブ・ムスリムには知られていなかった宗教的概念と姿勢とを、キリスト教的・ユダヤ的・イラン的なそれぞれの背景から持ち込んだ。これら新改宗者はムスリムではあるけれども、アラブではなく、ましてや貴族ではなかった。したがって、支配者としてのアラブ貴族階級によって彼らにあてがわれた社会的・経済的な劣位は、不公平の感覚を生み、彼らを既成秩序の合法性を疑う種々の運動へ自発的に新たに参加させていった。アラブの征服者自身もこれらの不満から免れえたわけではなかった。敬虔なアラブ人たちは、カリフと支配グループの世俗的欲望を嘆じ、アラブ遊牧民は権力の侵害を憤った。――そして、征服や富とともに現われたより著しい経済的・社会的差別を蒙った他の多くの人々は、新改宗者たちと悲嘆や希望を共に分ち始めた。これらの人々の多くは、政治的・宗教的正統主義の伝統――油注がれたる救世主を通じてのダヴィデ王家の尊厳と究極の勝利へのユダヤ的・キリスト教的信仰、あるいは、時代の終末にゾロアスターの聖なる子孫から現われる救済者サオシュヤントたちへのゾロアスター教的期待――を有していた。いったんイスラームに改宗すると、彼らは、既成秩序の不公正を終らせ、イスラームの契約を成就させてくれそうな、予言者一族の要求に容易に引きつけられた。

シーア派の一党派から一宗派への変質には、二つの事件が特別の意義を有している。それはいずれも、ウマイヤ朝カリフ国家の転覆を主張したシーア派信徒による、不成功に終った試みから起こった。その最初のものは、六八〇年に、アリーと彼の妻で予言者の娘であるファーティマとの子フサインによって率いられた。ムハッラム月の十日、イラークのカルバラーと呼ばれる地において、フサインとその一族および信徒はウマイヤ朝軍と遭遇し、残酷に殺害された。およそ七十人が虐殺されたが、唯ひとりテントに残って伏せていた病気の少年アリー・イブン・フサインだけが生き残った。この予言者一族の劇的な殉教と、それに続いて起こった苦悶と後悔の波とは、今や苦痛と激情と贖罪という強力なテーマによって鼓舞される新たな宗教的情熱をシーア派に注入した。

第二の転機は七世紀末と八世紀初頭にやって来た。六八五年、クーファのアラブ人ムフタールがムハンマド・イブン・アル・ハナフィーヤとして知られるアリーの息子の名で反乱を起こした。彼はこのムハンマドこそムスリムの真の、そして正当な首長すなわちイマームであると主張した。ムフタールは結局、打ち破られ、六八七年に殺されたが、彼の運動は続行された。七〇〇年頃にムハンマド・イブン・アル・ハナフィーヤ自身が没すると、ある人々はイマームの地位はその息子に受け継がれたと主張した。他の人々は、彼は実際には死んだのではなく、メッカの近くのラドワー山中に姿を隠したのであり、神の良き時代にそこから戻って敵に勝利すると主張した。このような救世主的イマームはマフディー（*Mahdī*）〝正しく導かれる者〟と呼ばれる。

これらの事件は長い一連の宗教的革命運動のためにその原型を提示した。このような運動には二人の中心人物が存在する。すなわち、専制を廃し、正義を確立するために現われる正当なる指導者、時にはマフディーともなるイマームと、彼の声明を伝え――そして時にはまたそれを案出し――、彼の門弟を募って、遂には彼らを勝利か殉教に導くことになるダーイー（dāʿī）〝召喚者〟とである。八世紀中葉には、この運動の一つは一時的な成功すら勝ちとり、ウマイヤ朝の打倒と、予言者とアリーの双方が属していた一族の中の彼らとは別の系統であるアッバース家によるその置換とを成し遂げた。――しかし、勝利するや、アッバース朝カリフは彼らを権力の座に押し上げたその宗派とダーイーたちを見棄て、宗教と政治の両面における安定と持続の道を選んだ。この革命への期待の結果的な挫折は、新たな激しい不満と、過激な救世主運動の新しい波を引き起こした。

初めの内、シーア派の教義も組織も頻繁な変化を蒙った。多数の詐称者が現われて、予言者一族の成員あるいは代理人であると種々まことしやかに主張し、待望されるあがない主に関する神話的叙述をいくらかの新しい詳細によって豊かにしては、人々の眼界から消えていった。彼らの綱領は穏健で多少王朝的な対立から過激的な宗教的異端へと変化し、一般に受け入れられているイスラームの教義とははるかに隔たったものとなった。そこにおいてくり返される一つの特色は、聖者つまりイマームやダーイーの崇拝である。彼らは奇蹟的能力を有すると信じられていた。そして、その教義は、グノーシス派やマニ教や種々のイラン的およびユダヤ・キリスト教的異端から引き出された、神秘主義的・啓蒙主義的思想を反映している。彼らに帰される信仰の中には、復活の信仰や、イマームの、時にはダーイーの神格化や、自由思想——全ての戒律と抑制の放棄——が含まれる。ある地域においては——たとえばペルシアやシリアの一部地域の農民や遊牧民の間におけるがごとく——、シーア派の教義とそれ以前の地方的崇拝や信条との相互作用の結果、独特の地方的宗教が出現した。

これら諸宗派の政治的綱領は明白であった。すなわちそれは既成秩序を打ち倒し、彼らの選ばれたイマームを擁立することであった。しかし、彼らの行動が明らかに社会的・経済的な不満と志向に関連していたにもかかわらず、何らかの社会的あるいは経済的綱領を確認することはきわめて困難である。これらの志向についての概念のいくつかは、当時一般に流布していた救世主伝説から推定されるであろう。それらはマフディーがいかなる要望に応えることを期待されていたかを示す。彼の任務の一つは、広い意味において、イスラーム的なもの——真のイスラームを回復し、その信仰を地球のすみずみまで広めること——であった。より特定的には、彼は正義をもたらすこと——「今や専制と圧制が満ちているこの世を正義と公正をもって満たし」、弱者と強者の間に平等を確立し、平和と豊かさをもたらすこと——を義務づけられていた。

最初、シーア派信徒が忠誠を捧げた指導者たちは、彼らの要求する権利の根拠を、予言者の娘ファーティマを通じてのその直系の子孫であることよりも、むしろ予言者の血縁であることに置いていた。二、三の最も積極的な者をも含めて、彼らのある者はファーティマの子孫ではなく——ある者はアリーの子孫ですらなく——、予言者の一族の他の系統に属していた。しかし、アッバース朝の勝利と裏切りの後、シーア派は彼らの期待を、アリーの子孫、その中でもとりわけ、彼と予言者の娘との結婚を通じて生じた血統の子孫に集中した。予言者の直系子孫の重要性がますます強調されるようになり、予言者の死以降、正統なるイマームの血統は事実上ただ一つしか存在しなかった。そして彼らのみがひとりイスラーム共同体の正当なる首長であるという見解が地歩を得た。これら〔正統的イマーム〕とは、アリーと彼の息子のハサンおよびフサイン、そして、フサインの子でカルバラーの悲劇のただひとりの生存者アリー・ザイン・アル・アービディーンおよびその子孫であった。これらのイマームは、フサインを除いて、概して政治的活動から遠のいていた。他の権利要求者たちが自ら力によってカリフ国家を倒そうと無駄な試みをくりかえしている間、これら正統的イマームは権力者としてのカリフに対する一種の合法的な反対者としての機能の方を選んだ。彼らは政治的中心地から遠く隔たったメッカあるいはメディナに住み、彼らの要求を維持しながらも、ほとんどそれらを推し進めようとはしなかった。それどころか、時には、彼らは帝国の支配者たるウマイヤ朝および後にはアッバース朝君主を承認し、援助や助言すら与えている。敬虔なるシーア派の伝承においては、このような正統イマームの態度は宗教的な粉飾を施されている。すなわち、彼らの受動的な態度はその敬虔さと超俗性の表現であり、彼らの黙従はタキーヤ（*Taqiyya*）の原理の適用を示すものであった。

タキーヤ（注意、用心）という語は、イスラームの義務免除についての教義――強制あるいは脅迫のもとでは、信徒は宗教上の一定の義務遂行を免除されうるという概念――を示す。この原理は種々定義され解釈されており、決してシーア派に固有のものではない。しかし、最もしばしば迫害や抑圧の危険にさらされたのは、彼らシーア派信徒であり、それ故に、最も頻繁にこの原理に訴えたのも彼らであった。それは、当局あるいは一般大衆の敵意を引き起こすと思われる信仰の隠蔽を正当化するために用いられた。また、それは、全く見込みのない反乱において非常に多くの人々を死へと導いていった、自暴自棄的な闘争精神に対する一つの答えとして引用された。

八世紀前半は、過激的なシーア派の激しい活動の一時期であった。無数の宗派や分派が特に南イラークおよびペルシア湾沿岸の混成的住民の間に現われた。彼らの教義は種々さまざまで折衷的であり、一宗派あるいは一指導者から他への移行は容易且つ頻繁であった。イスラーム史料は、反乱を指導し殺されるに至った、賤しい生れの者をも含む多数の宗教的伝道者をあげ、彼らのある者に後にイスマーイール派の特色となった教義を帰している。あるグループは縄による絞殺を宗教的義務として実行した——これはインドのサギー団に明らかに類似するものであり、後世の「暗殺」の前兆である。教義上穏健な人々の間にさえも、力によって権力を奪取せんとして、ウマイヤ朝やアッバース朝の軍隊に打ち破られ崩壊した闘争的なグループが存在した。

八世紀後半までに、初期の過激的・闘争的な運動はほとんど失敗に終り、消滅するかあるいは微々たる勢力へと衰えていた。シーア派の信仰を保持し高め、そして、イスラーム世界の支配を勝ちとるための新たなより大きな努力への道を準備したのは、他ならぬ——穏健で、柔軟な、しかし決然たる——正統的イマームたちであった。

初期におけるこれらの失敗と、イマーム自身の意気阻喪とにもかかわらず、過激的・闘争的な分子は正統的イマームの極く近辺にさえ現われ続けた。過激派と穏健派との決定的な分裂は、七六五年における、アリーから数えて第六代目のイマーム、ジャーファル・アル・サーディクの死の後に起こった。ジャーファルの長子はイスマーイールであった。しかし、イスマーイールは、不明確な理由で、おそらくはその過激派分子との交際の故に、廃嫡され、シーア派の大部分は彼の弟ムーサー・アル・カーズィムを第七代イマームとして認めた。ムーサーの系統は八七三年頃に姿を隠した第十二代イマームまで続き、現在もなお、大多数のシーア派信徒の「待望されるイマーム」あるいはマフディーである。この十二人のイマームの信徒は十二イマーム派（Ithnāʻasharī）として知られ、シーア派のより穏健な分派を代表する。彼らと主要なスンニー派イスラームとの相違は教義上の数点に限られ、近年あまり重要ではなくなりつつある。この十二イマーム派は、十六世紀以来、イランの公式の宗教となっている。

一方、イスマーイールおよびその子孫に従った他のグループはイスマーイール派（Ismāʻīlīs）として知られる。彼らは長い間秘密裡に活動を続け、凝集力と組織において、また、知的・感情的両面の魅力において、全ての競争者をしのぐ一宗派を形成した。一連の著名な神学者たちが、従前の諸宗派の混乱した理論と幼稚な迷信にとって代る、高度の哲学的レヴェルにおける宗教的教義の一体系を練りあげ、数世紀間の潜伏の後、現在再びその真の価値についての認識を獲得し始めつつある文学を生み出した。敬虔なる人々に対して、イスマーイール派は、スンニー派以上にコーラン（Qur'ān）と伝承と法とへの敬意を表明した。知識人に対しては、彼らは、古代思想、特に新プラトン主義思想を典拠とする宇宙の哲学的解釈を提示した。聖職者に対しては、彼らは、イマームの苦悩とその信徒の自己犠牲——受難の体験と真理の成就——の実例によって支えられた、熱烈な、個人的な、感情的な信仰を提起した。最後に、不満な人々に対しては、彼らは、組織立った広範な、そして強力な反対運動という魅力を提供した。それは、既成の秩序を打倒し、それに代って、イマーム——予言者の後継者、神により選ばれた者、人類の唯一の正当なる指導者——に率いられた新しい公正な社会を確立する真の可能性を与えるように思われた。

イマームは、イスマーイール派組織の——教理と機構の、忠誠と活動の——中心である。宇宙の霊魂に宿る宇宙的精神の活動による世界創造の後、人類の歴史はひとりの「物を言う」イマームあるいは予言者によって始められ、一連の「沈黙の」イマームによって受け継がれるという一定の周期をとる。信仰の秘密の時期と成功の時期とに対応して、隠れたイマームと現われたイマームの周期があった。イマーム——現周期においては、イスマーイールを介するアリーとファーティマの子孫——は、神霊に感じた不可謬の存在であり、イマームとは小宇宙すなわち宇宙の形而上的霊魂の体現であるが故に、ある意味では、それ自身まさに神であった。かくして、彼は知識と権威の——無知の人々には隠されている秘教的真理の、そして、全面的な且つ無条件の服従を求める命令の——源泉であった。

新入会者には、秘密の知識と秘密の行動というドラマと興奮とが存在した。前者は、

Bāṭinī——時には、それはこの語によって知られた——という語を生み出した、この宗派独特の教義 *Ta'wīl al-Bāṭin*（秘教的解釈）を通じて知らされた。コーランと伝承の規定は、その字義通りの明白な意味のほかに、第二の意味、つまり、イマームによって啓示され、新入会者に教授される寓意的且つ秘教的な解釈を有していた。同派の中には、さらに進んで、イスラームの過激的異端や神秘主義に再現する道徳律廃棄論的教義を採用する支派さえ現われている。その究極の宗教上の義務は真のイマームについての認識——神秘的直観《グノーシス》——である。したがって、信心深い人々には法の字義通りの意味は廃棄されるのであり、もしそれが残されるとすれば冒瀆者に対する罰としてである。イスマーイール派の宗教的著述の共通のテーマは、真理の探究——最初は虚しく、そして目をくらます啓発の瞬間に絶頂に達する——である。同派の組織と活動、およびその教義の管理と布教は、イマームの直接の助力者である首席ダーイーの下に格づけられた、ダーイー階級組織《ヒエラルヒー》の手中にあった。

　イスマーイールの死後の最初の一世紀半の間、イスマーイール派イマームは隠れたままであり、ダーイーの活動あるいはその教義についてさえもほとんど知られていない。新たな局面は、とみに明白となったバグダードのアッバース朝カリフの弱体化が、イスラーム帝国の崩壊とイスラーム社会の分裂の前兆となるように思われた、九世紀の後半に開始された。各地に地方的王朝が出現した。——その起源は大体において軍事的であったが、時には部族的なものもあった。それらのほとんどは短命であり、ある地域では強奪的、圧制的であった。首都においてすら、カリフたちはその権力を失ない、自分自身の軍隊の手中で無力な傀儡《かいらい》と化しつつあった。イスラームの世界的政治組織における信頼と同意の基礎は崩れつつあり、人々は慰安と安心とを他に求め始めた。このような不安定な時期に、シーア派の――イスラーム共同体は誤った道をたどって来たのであり、正しい道に戻されねばならないという――声明は新たな注意をもって傾聴された。シーア派の両分派、十二イマーム派とイスマーイール派はいずれもこの機会を利用し、最初は十二イマーム派が勝利するかに見えた。十二イマーム派の王朝が数ヵ所に現われ、九四六年には、ペルシアのシーア派王朝ブワイ朝がバグダードを占領し、カリフをシーア派の監督下において、スンニー派イスラームに決定的な屈辱を与えた。しかし、最後の第十二代イマームが七十年ほど前に姿を隠していたため、十二イマーム派はこの時までイマームを戴いていなかった。重大な選択を迫られたブワイ朝は、他のいかなるアリー系の要求者をも認めず、アッバース朝カリフを名目的なカリフとして自らの支配と保護のもとにとどめておくことを決意した。このようにして、彼らはすでに色褪せていたスンニー派カリフ国家の信用をなお一層失墜させた。しかし同時に、彼らは、結局それに代る重大な選択の道としての穏健なシーア主義をも除き去ることとなった。

人々に選択を求めさせる多くのものが存在した。八、九世紀の大きな社会的・経済的変化は、一部のものには富と権力をもたらしたが、他の者には困窮と挫折をもたらしていた。地方においては、大規模な、そしてしばしば財政的な特権を与えられた土地所有の発達に伴い、小作人や小土地所有者の貧困化と隷属が生み出された。都市においては、商工業の発達が職人労働者階級を創出し、居所の定まらない貧困な移住者よりなる不安定で流動的な人口を引きつけた。大なる繁栄の只中には、また大なる困窮があった。正統的信仰のひからびた律法主義と疎遠な超越論、あるいはその信任された代表者の慎重な慣習尊重主義は、剝奪された人々に対する慰安も、追いたてられた不幸な人々に対する精神的熱望のはけ口をも、ほとんど提供することはなかった。また、知的な不安も存在した。多くの源泉によって豊かにされていたイスラームの思想と学問は、いまや、より難解に、より詭弁的に、より多様になりつつあった。イスラームの啓示と、ギリシアの科学および哲学と、ペルシアの叡智と、そして、歴史の厳格なる事実との対比から生じた、大きな且つ困難な諸問題が存在し、それらについて考究がなされなければならなかった。多くの人々の間には、伝統的なイスラームの回答に対する信頼の喪失と、新たな回答への急速に高まる渇望とが存在した。偉大なるイスラームの一致——宗教的・哲学的・政治的・社会的な——は崩壊しつつあるように見えた。そして、イスラームを崩壊から救うためには、正当にして有効な、統一と権威の新たな原理が必要とされた。

イスマーイール派の大きな強みは、まさにこのような原理——イマームのもとでの新たな世界秩序樹立の構想——を提示しえたことである。ダーイーの声明と奉仕は、信心深い人々にも、不満な人々にも、慰安と期待とをもたらした。また、イスマーイール派の統合性は、哲学者や神学者、詩人や学者に対して、魅力的な訴えを提示した。後のイスマーイール派に対する強い反動の故に、彼らの文学のほとんどはイスラームの中心地域から消え、ただその宗派内部にのみ保存された。しかし、イスマーイール派の霊感に関するいくつかの著作が、長い間、広く知られてきており、アラビア語・ペルシア語の偉大な古典的著述家の多くはイスマーイール派からの影響の跡を多少ともとどめている。たとえば、十世紀に編纂された有名な宗教的・世俗的知識の百科全書、『誠実同胞団の書簡《エピストルズ・オブ・ザ・シンシア・ブレズリン》』[訳註1]は、イスマーイール派思想によって浸されており、ペルシアからスペインに至るムスリムの知的生活に深い影響を及ぼした。

ダーイーたちが南イラークやペルシア湾岸やペルシアの一部地域のごとき地方において、特に成功を勝ちえたことは驚くにはあたらない。これらの地方では、初期的形態の闘争的・過激的なシーア主義がすでに追随者を得ていたり、あるいは、地方的諸宗派が恵まれた地盤を提供していた。九世紀の末、カルマト派として知られる同派の一支派——彼らとイスマーイール派主力との関係は不明確である——は東アラビアにおいて支配権を獲得し、一種の共和国を樹立することができた。それは、一世紀以上もの間、彼らのカリフ国家に対する軍事・布教作戦の拠点として働いた。カルマト派の一信徒による、十世紀初頭のシリアでの権力奪取の試みは失敗に帰した。しかし、この事件は重要である。つまりそれは、このような早い時期にさえ、イスマーイール派への地方的な支持がある程度存在していたことを示している。

イスマーイール派運動の最大の勝利は他の地域において得られた。イエーメン地方への伝道は、九世紀末までに、多数の改宗者と政治権力の基礎とを勝ちとっていた。そこからさらに、布教者が他の国々に派遣され、特にインドと北アフリカにおいて、彼らは最もめざましい成功を成し遂げた。そして、彼らは九〇九年には、隠れイマームが姿を現わし、アル・マフディーの称号のもと、自らカリフを宣して北アフリカに新しい国家と王朝を樹立しえたほど強力になっていた。彼らは、予言者の娘ファーティマの血統にちなんで、ファーティマ朝として知られた。

最初の半世紀、ファーティマ朝カリフは西方の北アフリカとシシリーを支配したにとどまった。しかし、彼らはイスラームの心臓部である東方地域に眼をすえていた。その地においてこそ、彼らはスンニー派アッバース朝カリフを駆逐して全イスラームの唯一の首長として自らを確立するという、その目的の達成を望み得た。イスマーイール派の運動員や布教者はあらゆるスンニー派地域において活動中であった。そして、ファーティマ朝の軍隊は、チュニジアにおいて、エジプト征服——東方の帝国への進攻の第一歩——を準備した。

九六九年、この第一歩は滞りなく完了した。ファーティマ朝軍はナイル渓谷を征服し、直ちに、シナイ半島を経て、パレスティナおよび南シリアへと前進していった。ファーティマ朝の指導者たちは、もとの政庁の所在地であったフスタートの近くに、帝国の首都としてカイロと呼ばれる新都市を建設し、また、彼らの信仰の拠り所として、アル・アズハルと呼ばれる新しいモスクおよび学院を建てた。カリフ、アル・ムイッズはチュニジアからこの新しい居所に移り、彼の子孫はそこで以後二百年間統治した。

古い秩序に対するイスマーイール派の挑戦はいまや一層充実し強力となり、大きな力——しばらくの間、イスラーム世界最大であった——によって維持された。ファーティマ帝国は、最盛期には、エジプト、シリア、北アフリカ、シシリー、アフリカの紅海沿岸、イエーメン、そして聖都メッカおよびメディナを含むアラビアのヒジャーズ地方を包括した。加うるに、ファーティマ朝カリフはダーイーの巨大な組織網を統御し、東方のスンニー派君主にいまだ従う地域に住む無数の信徒の忠誠を統率した。カイロの偉大なる学院においては、学者や教師たちがイスマーイール派信仰の教義を練りあげ、それらを内外の未改宗者に広める伝道師を養成した。彼らの主たる活動地域の一つはペルシアと中央アジアであり、そこからは真理を熱望する多くの人々がカイロに集まり、そして、当然の順序を追って、彼らはイスマーイール派の声明の熟練した解説者としてそこへ戻った。そのなかでも有名なのは、哲学者で詩人のナースィル・イ・ホスロー訳註2であった。彼は一〇四六年のエジプト訪問中に改宗したのであるが、イスマーイール主義を説くために東方地域に帰り、そこで強い影響力を行使した。

これに対するスンニー側の反応は、初めの内は、限定された、効果のないもの——ダーイーに対する防衛措置と、一〇一一年にバグダードで出された宣言における、ファーティマ朝をファーティマの一族では決してなく悪評高い詐欺師の子孫であるとする、いささか説得力に欠ける告発のごとき、ファーティマ朝に対する政治闘争——であった。

このような堂々とした強さと、アッバース朝カリフ国家に対する政治的・宗教的・経済的闘争の大きな努力とにもかかわらず、しかもなお、ファーティマ朝の挑戦は失敗に終った。——アッバース朝カリフ国家は生きながらえ、スンニー派イスラームが復興し、勝利した。

そして、ファーティマ朝カリフはその帝国と権威と信徒をあいついで失なった。

この失敗の理由の一つは大きな変化が起こりつつあった東方地域の諸事件に求められなければなるまい。トルコ族の到来は西南アジアにおける政治的分裂をさえぎり、スンニー派カリフ国家の諸地域に失なわれていた統一と安定とをしばらくの間回復させた。トルコ族の征服者たちは熱心で忠実で正統的な、新しい改宗者であった。彼らはイスラームに対する自らの義務と、カリフの新しい保護者およびイスラーム世界の新しい主人として、内外の危険からそれを守り支える自らの責任とを強く意識していた。この義務を彼らは十分に果たした。トルコ族の君主と兵士たちはスンニー派イスラームをおびやかした二つの大きな危険――イスマーイール派カリフの挑戦、ならびに、その後のヨーロッパからの十字軍の侵入――に抵抗し、それらを牽制し撃退するための政治的・軍事的な力と技術を供給した。

同じこれらの危険――宗教的分裂のそれと、外敵侵入のそれ――が、勢いを増し始めつつあったスンニー派の大いなる復興を鼓舞するのに役立った。スンニー派の世界には、宗教的な力の大きな貯えが――教師の神学や、神秘主義者の精神性や、信徒の敬虔なる献身に――いまなお存在していた。そして、この危機と復興の時に、新たな総合が、イスマーイール派思想の知的挑戦およびイスマーイール派信仰の情緒的な訴えの両方に対する解答として、成し遂げられた。

このように対抗者であるスンニー派が政治的・軍事的・宗教的勢力を増しつつあったのに対して、ファーティマ朝のイスマーイール派運動は宗教的不和と政治的衰退とによって弱められた。イスマーイール主義における最初の重大な内争はファーティマ朝の成功そのものから起こった。王朝および帝国の必要性と負担とは、初期の教義の部分的修正と、現代のイスマーイール派学者の言によれば、「当時のイスラームの既成の体制に対する、より落ちついた、より保守的な姿勢」[原註1]の採用とを強いた。最初から、イスマーイール派の過激派と保守派、秘教的奥義の保存派と表示派との間には論争があった。ファーティマ朝カリフが、信徒の一団が同意と支持を撤回したために、分裂やさらに武装的対立にさえ直面しなければならなかったこともしばしばあった。北アフリカにおける最初のファーティマ朝カリフの時代にも、すでに見解を異にするダーイー間の論争があったし、ファーティマ陣営からの脱退者も一部には存在した。第四代カリフ、アル・ムイッズも同様の困難に直面した。すなわち、彼は、エジプト征服における勝利のその瞬間から、東アラビアのカルマト派信徒と戦わなければならなかった。彼らは初めファーティマ朝を支持していたが、その後敵対するに至り、ファーティマ朝軍をシリアとエジプトにおいて攻撃した。後に、カルマト派はファーティマ朝への忠誠を回復し、別派的存在として消滅していったらしい。次の分裂は、一〇二一年、混沌とした状況下での第六代カリフ、アル・ハーキムの失踪後に起こった。忠実な信徒の一グループは、アル・ハーキムが神であり、死んだのではなく隠れたのだと信じた。彼らは彼の後継者たちがファーティマ朝の王位に就くことを認めず、同派の主力から離れた。そして、彼らはシリアのイスマーイール派の間に一部の支持を勝ちとることに成功した。現在のシリア、レバノン、イスラエル諸国には彼らのグループがいまだ残存している。ムハンマド・イブン・イスマーイール・アル・ダラズィーと呼ばれる中央アジア出身のダーイーがこの宗派の創始者のひとりであった。彼らは、彼の名にちなんで、いまなおドゥルーズ派として知られる。

　第八代カリフ、アル・ムスタンスィル（一〇三六―九四）の長い治世の間に、ファーティマ帝国は絶頂をきわめ、そして急速に衰退し始めた。彼の死とともに、イスマーイール派伝道組織は最大の内部分裂によって引き裂かれた。

　ファーティマ朝権力の最初期には、カリフは統治機関の三大部門――官僚機構、宗教階層、軍隊――を等しい権限をもって統轄し、国事の完全な直接管理権を保持した。文民官僚機構の長官であり、且つカリフ政府の事実上の長であったのは、文民出身の宰相《ワジール》である。また、宗教階層の長は、ダーイーすなわち布教者の首長（*dāʿī al-duʿāt*）であり、彼は帝国内のイスマーイール派体制を管理する以外にも、国外のイスマーイール派運動員や布教者の大軍団を指揮した。そして、本来は文民制度に含まれた軍隊の司令官が、第三の部門を率いた。しかし、アル・ハーキムの死後、軍部が文民そしてカリフ自身をさえ抑えて、その勢力を着々と伸ばしていった。十二世紀中葉の退歩と不運と動乱がこの過程を促進した。そして、それは、一〇七四年、カリフの要請によって、アッカの軍事司令官バドル・アル・ジャマーリーが国事を管理するために彼の軍隊とともにエジプトに入った時に完了した。間もなく、彼は〝軍事長官〟[訳註3]と〝布教者の指導者〟と宰相の三つの称号をカリフから授与されて、国家の支配者となった。彼は、普通、この第一の称号によって知られた。

以後、エジプトの真の支配者は軍隊をもって統治する軍事的独裁者たる軍事長官であった。その地位は終身制となり、バドル・アル・ジャマーリーに続いて、彼の息子に、その後は孫に、そして他の一連の軍事独裁者にと引き継がれた。ちょうど、バグダードのアッバース朝カリフが自らの近衛兵の無力な傀儡と化していたごとく、ファーティマ朝は今や軍事独裁者の継承権に対する単なる名目的な首長にすぎなくなった。それは全イスラームの宗教的・政治的首長権を要求してきた一王朝にとってみじめな衰退――イスマーイール派信仰の信念と希望とは著しく矛盾する衰退――であった。

このような変化は、必然的に同派のより戦闘的な、そしてより徹底的な信徒の間に、不満と反対を呼び起こした。この状況は、ペルシアのイスマーイール派の新たな活動と時期を同じくしたため、一層助長されることになった。一〇九四年におけるバドル・アル・ジャマーリーと彼の息子アル・アフダルとの交代も、諸般の状況にほとんど変化をもたらさなかった。この軍事長官は、その二、三ヵ月後のアル・ムスタンスィルの死に際して、新しいカリフを選ぶ必要に迫られたが、その選択もむずかしいことではなかった。一方には、すでにアル・ムスタンスィルによって後継者に指命され、且つイスマーイール派指導層によって承認されていた、彼〔アル・ムスタンスィル〕の長子で成年に達したニザールがいた。他方には、その弟で、同盟者も支持者もなく、結果的に強力な後援者に全く依拠せざるをえない青年アル・ムスターリーがいた。アル・アフダルが自分の妹とアル・ムスターリーとの結婚を取り決め、アル・ムスタンスィルの死と同時に彼の義弟をカリフとして宣言したのは、まさにこのことを考慮に入れていたからに相違ない。ニザールはアレクサンドリアに逃がれ、そこで地方の支持を受けて反乱を起こした。彼は緒戦においてはいくらか成功を収めたが、結局、敗北して捕えられ、後に殺された。

アル・ムスターリーを選んだことによって、アル・アフダルはイスマーイール派を完全に分裂させ、そして、おそらく意識的に、イスラームの東方地域のほとんど全ての同派信徒を遠ざけた。ファーティマ朝領内にさえも反対運動が起こった。東方のイスマーイール派は新しいカリフの承認を拒否し、ニザールとその系統への忠誠を表明して、カイロの衰退したファーティマ朝体制との関係を全て断ち切った。この国家が初めて確立された時にすでに現われ始めていた、国家と革命家との分岐は今や決定的となった。

やがて、アル・ムスターリーを認めていたイスマーイール派信徒さえも、カイロの政府との絆を断った。一一三〇年のニザール派支持者たちによるアル・ムスターリーの子でその後継者であるアル・アーミルの殺害後、残余のイスマーイール派信徒はカイロの新カリフの承認を拒み、そして、アル・アーミルの物故した幼児タイイブが隠れた待望されるイマームであるという信仰を採用した。彼の後には、もはやひとりのイマームもありえなかった。

さらに四人のファーティマ朝カリフがカイロにて統治した。しかし、彼らはすでに権力も影響力も希望もないエジプトの一地方王朝的存在にすぎなかった。一一七一年、最後のカリフが宮廷の死の床にあった時、いつかエジプトの真の支配者になっていたクルド系軍人サラディンが、一説教師に対して説教前の祈りを、バグダードのアッバース朝カリフの名において朗吟することを許した。宗教的・政治的勢力としての機能をすでに失なっていたファーティマ朝カリフ国家は、住民のほとんどが全くの無関心の中で、今や正式に廃されるに至った。イスマーイール派の異端の書物はたき火の中に積み上げられた。二世紀以上を経て、エジプトは再びスンニー派のもとに復帰したのである。

この時までに、確固たるイスマーイール派信徒のほとんどはエジプトにとどまっていることができなかった。しかし、この宗派は、他の地域において、アル・ムスタンスィルの死の際に分裂した二つの主要な分派の中に生き残った。アル・ムスターリーの信徒は主としてイエーメンとインドに見出されることとなった——そして、いまなお見出される。彼らはインドではボホラーとして知られている。彼らのイスマーイール主義の形式は、ファーティマ朝時代の教義の主要な伝統を維持したが故に、時に〝旧教説《オールド・プリーチング》〟と呼ばれる。

このムスターリー派がイスラーム世界の遠方の前哨地において沈滞したのに対して、彼らの対抗者であるニザールの支持者すなわちニザール派は、教義および政治的活動の両面において集中的発展の時期に突入し、イスラームの諸般の状勢において、しばらくの間、重要でしかも劇的な役割を演ずることとなった。

十一世紀には、増大しつつあったイスラーム世界の内部的衰弱が一連の侵入によってあばかれた。その最も重要なものは、中央アジアから地中海に至る新しい軍事帝国を創設した、セルジューク・トルコ族のそれであった。これらの侵入にはイスラーム史に大きな意義を有する重要な経済的・社会的・文化的変化が伴った。征服の余波の通例として、巨大な土地と財源とが勝利を得たトルコ軍の将士に割り当てられた。彼らは自らの官吏を伴って新しい支配階層を形成し、従前のアラブ人・ペルシア人貴族や紳士階級《ジェントリー》にとって代るか、あるいは彼らを圧倒した。権力と富と地位は新しい人々――イスラーム中東の都市文明になお完全には同化していないことの多かった外部からの新来者――のものとなった。旧中枢の立場は他の諸要素――遊牧民の移動、交易路の変換、ヨーロッパの台頭に導く大きな変化の開始、そしてイスラームの相対的な衰退――によってさらに弱められた。混乱と危機の時代に、新来のトルコ人支配者は力と秩序の規準をもたらした。――しかし、それは、より大きな軍事支出と、より堅固な公共生活の管理と、より厳格な思想の一致という代価の上になされたのであった。

トルコ人の軍事力はゆるぎないものであった――正統的諸派はもはや手ごわい挑戦にはさらされなかった。しかし、他の攻撃方法が存在した。新しい形態をとったイスマーイール主義が、再び、魅力的な正統派批判を、今度は新たなそして効果的な反乱戦術とともに、セルジューク帝国内の多くの不満分子に対して提示したのである。イスマーイール主義の旧教説は失敗し、ファーティマ帝国は滅びんとしていた。〝新教説《ニュー・プリーチング》〟と新たな方法が必要とされた。それらは、ハサン・イ・サッバーフと呼ばれる天才的な革命家によって案出されることになった。

第三章　新教説

ハサン・イ・サッバーフは、ペルシアにおけるアラブ人居住の最初の中心地の一つであり、十二イマーム派シーア主義の根拠地であった、ゴム市に生れた。[原註1] 十二イマーム派信徒であった彼の父はイラークのクーファ出身であったが、その祖先はイェーメン人であるといわれた。もっと奇抜な説によれば、彼は南アラビアの古代ヒムヤル王の子孫であったという。[訳註1] ハサンの出生年代は知られていないが、おそらく十一世紀中頃であったろう。彼がまだ子供の頃、彼の父はレイ――現在のテヘラン市の近く――に移り住んだが、まさにこの地で、ハサンは彼の宗教的教育を受けることになった。レイは九世紀以来ダーイーの活動の中心地であったから、ハサンが彼らの影響を受け始めるのにそれほど時間はかからなかった。後代の歴史家たちによって保存された自伝の断片において、彼は彼自身のことを次のように物語る。

「私は、少年時代からすなわち七歳の年から、さまざまな分野の学問を好み、宗教学者になりたいと思った。十七歳まで、私は知識の追求者であり探究者であったが、私の父祖の十二イマーム派信仰を堅持した。

ある日、私はアミーラ・ザッラーブという一人の〝同志《コムラド》〟(*Rafīq*、イスマーイール派信徒が自らを呼ぶ時にしばしば用いた語）に会った。彼は、時々、エジプトのカリフの教義について……ナースィル・イ・ホスロー……が〔かつて〕彼の面前で行なったごとく……説明した。

〔それまで〕私のイスラーム信仰には、つまり生きており且つ永遠であり、そして全能にして全てを聞き、全てを見る唯一の神と、ひとりの予言者とひとりのイマーム、許された事と禁じられた事、天国と地獄、戒律と禁令とが存在するという私の信念には、疑念や不確実さは全くなかった。私は、宗教や教義は一般の人々、特にシーア派が保持したものから成り立つと信じていたので、真理がイスラームの外に求められるべきであるという考えなど思いもよらなかった。私は、イスマーイール派の教義は哲学《フィロソフィ》（敬虔な信徒間の嘲弄の語）であり、エジプトの支配者は哲学者ぶっている者であると考えた。

アミーラ・ザッラーブは立派な人格の持ち主であった。初めて私と話を交わした時、彼は言った。『イスマーイール派はかくかくしかじか言う』と。私は言った。『友よ、彼らの言葉を口走らないで下さい。彼らは追放者《アウトカースト》であり、彼らが言うことは宗教に反するものですから』と。我々の間に議論と論争が起こり、そして、彼は私の信念を論破しうちこわした。私は彼に対してこのことを認めなかったが、これらの言葉は私の心の中に大きな影響を及ぼした。……アミーラは私に言った。『あなたが夜にベッドの中で考える時、あなたは私の言葉を納得することになる』と。」

その後、ハサンと彼の教師とは別れたが、若き弟子は自ら探究を続け、イスマーイール派の書物を読みあさった。その結果、彼はそこに納得できる部分と満たされない部分の双方を見出した。ある重い、恐ろしい病気が、彼の転向を完成させた。
「私は思った。確かにこれが真の信仰であり、私は大きな恐怖感のために、それを認めなかったのだ。今や私の定められた時がやってきた。そして私は、真理を成就することなく、死ぬであろう。」
ハサンは死ななかった。彼は回復すると直ぐ、もうひとりのイスマーイール派教師をさがし出し、彼の指導によって自分の教育を仕上げた。彼の次の段階は、ファーティマ朝イマームに対して忠誠を誓うことであった。その宣誓は、ペルシア西部およびイラークのイスマーイール派のダーワ（*da'wa*、布教組織）の管区長であったアブドゥル・マリク・イブン・アッターシュから認可を受けたひとりの伝道師によって執り行なわれた。その直後の一〇七二年五―六月、この管区長自身がレイを訪れ、新会員のハサンに会った。彼は認められ、ダーワにおける一つの任務を与えられた。また、彼はカイロへ赴き、カリフの宮廷に伺候すること、すなわち本部に出頭することを命ぜられた。[原註2]
実際にハサンがエジプトへ向かったのはその数年後であった。彼の出発の原因となった事件を明らかにするものとして、いく人かのペルシア人著述家によって語られ、またエドワード・フィッツジェラルドによる『ルバイヤート』の翻訳の序文の中でヨーロッパの読者に紹介された一つの物語[訳註2]がよくあげられる。この物語によると、ハサン・イ・サッバーフと詩人のオマル・ハイヤームと宰相のニザーム・アル・ムルクとは、いずれも同じ教師についた同門の生徒であった。三人は、彼らの内の最初に成功と富を手に入れた者は必ずや他の二人を助けること、という約束を結んだ。ニザーム・アル・ムルクはやがてスルターンの宰相となり、彼の学友たちは彼らの要求をさし出した。彼らは二人とも知事の職を提供されたが、それぞれひじょうに異なった理由によってこれを拒否した。オマル・ハイヤームは官職の責任をきらい、年金と安逸の享受の方を取った。それに対して、ハサンは地方のポストでごまかされることを拒み、宮廷における高位の職を求めた。望みがかなえられた彼は、やがて宰相の地位をねらう地位に達し、ニザーム・アル・ムルク自身の危険な競争相手となった。そこで、この宰相は彼に対して陰謀を企て、策略によって、スルターンの面前で彼に面目を失なわせることに成功した。恥辱を受け、憤ったハサン・イ・サッバーフはエジプトに逃がれ、そこで復讐を準備した。

この物語にはいくつかの難点がある。ニザーム・アル・ムルクは遅くとも一〇二〇年に生れ、一〇九二年に殺されている。ハサン・イ・サッバーフとオマル・ハイヤームの出生年代は知られていないが、前者は一一二四年に、後者は最も早くて一一二三年に、それぞれ没している。これらの年代からして、彼らが三人とも学生時代を同じにしたとは到底考えられない。そこで、現代の学者のほとんどはこの興味深い物語を作り話として退けてきた。原註3 ハサンの出発についてのより信頼しうる説明が他の歴史家たちによって与えられている。それによると、彼はエジプトの運動員をかくまった者として、また、危険な煽動者であるとして告発され、レイの当局と衝突した。彼は逮捕を避けてその町から逃がれ、彼をエジプトまで導く

ことになった一連の旅に出発したのであった。原註4

自伝の断片によると、彼は一〇七六年にレイを発ちイスファハーンに行った。そこから彼は北上してアゼルバイジャンへ向かい、さらにマイヤーファーリキーンに達した。その地で彼はイマームが宗教解釈における唯一の権利を有すると主張して、スンニー派の神学者《ウラマー》の権威を否定し、法官《カーディ》によって町を追放された。彼はメソポタミアとシリアを通って旅を続け、ダマスカスに到着した。そこで彼は軍事騒乱によってエジプトへの陸路が封鎖されているのを見出した。そのため彼は西行して海岸に出、ベイルートから南下して、パレスティナより海路エジプトへ向かった。彼は一〇七八年八月三十日、カイロに到着し、ファーティマ朝宮廷の高官たちの出迎えを受けた。

ハサン・イ・サッバーフはエジプトに約三年間、最初はカイロに、それからアレクサンドリアに滞在した。ある記事によれば、彼は、そのニザール支持の故に、軍事長官のバドル・アル・ジャマーリーと衝突して投獄され、次いで国外に追放されたという。ここにあげられた衝突の理由は、王位継承をめぐる抗争が当時まだ起こっていなかったから、後に潤色されたものに違いない。しかし、熱烈な革命家と軍事独裁者との衝突はいかにもありそうなことである。原註5

エジプトから彼は北アフリカへ追放された。しかし、彼が乗っていたフランク人の船が難破し、彼は救われてシリアに連れていかれた。そして、アレッポとバグダードを通って、一〇八一年六月十日、彼はイスファハーンに到着した。それから九年間、彼は、布教《ダーワ》の任務によって、広くペルシア中を旅した。断片的な自伝において、彼はこのような数次の旅行について語っている。「そこから（すなわちイスファハーンから）私はケルマーンとヤズドへ向かい、そこでしばらくの間宣伝活動を指揮した。[原註6]」中部イランから、彼はイスファハーンに戻り、その後、南へ向かって、すでにエジプトからの帰途しばらくいたことのあったフージスターンにおいて三ヵ月間過した。

　徐々に彼は、ペルシアのずっと北部——ギーラーンおよびマーザンダラーンというカスピ海地方、特にダイラムとして知られる高地地方——に、その注意を集中し始めた。イラン大高原の境界をなす連山の北に位置しているこの地方は、地勢においてこの国の他の地方とは著しく異なり、そこには、長い間高原のイラン人たちからは相容れない危険な者とみなされた、強壮で好戦的で自立的な人々が住んでいた。古代イランのいかなる支配者も彼らを効果的に従えることはできなかった。サーサーン朝さえ、彼らの侵入に対する防御稜堡となる辺境要塞の維持を必要としていた。イランを征服したアラブ人たちも同様であった。次のようなことが伝えられている。アラブの指導者アル・ハッジャージュがダイラムを攻めようとした時、彼は山や谷や峠を描いたその土地の地図を用意させた。彼はそれをダイラム人使節団に見せ、彼が侵入して彼らの土地を荒す前に降伏するよう彼らに求めた。彼らはその地図をながめ、そして言った。「あなたは我々の国について正確に知らされた。そしてこれがその図である。ただ、これらの峠や山を守る戦士たちが示されていない。もし試してみるなら、あなたは彼らについて知ることになろう[原註7]」と。やがてダイラムは——征服によってというよりは、むしろ平和的浸透によって――イスラーム化された。

イスラームに最後に従った人々の中で、ダイラム人はまたその内部で彼らの個性を――政治的には、独立王朝の出現によって、宗教的には、非正統的な信仰の採用を通して――再主張した最初の人々にも属した。八世紀の末にアッバース朝の迫害から逃がれたアリー家の一族がそこに避難所と支持とを見出して以来、ダイラムはシーア派の活動の一中心地となり、バグダードのカリフやその他のスンニー派君主に対してその独立を注意深く守り通した。十世紀には、ダイラム人はブワイ朝の下でペルシアとイラークの大部分にわたる支配を確立することにさえ成功し、一時カリフの後見人として自らふるまった。しかし、セルジューク族の到来はダイラム人およびシーア派のイスラーム帝国支配を終らせ、ダイラム地方そのものにも厳しく迫った。

ハサン・イ・サッバーフが最大の努力を払ったのは、まさに、これら北部の人々――シーア派が優勢で、すでにイスマーイール派の宣伝が強く浸透していた――の間においてであった。彼の闘争的な信条は、ダイラムとマーザンダラーンの山地の好戦的で不満な住民に対して強力に訴えかけた。都市を避けつつ、彼はフージスターンから砂漠を通って東マーザンダラーンに向かい、結局ダームガーンに落ち着いて、そこに三年間滞在した。この基地から、彼はダーイーを派遣して山地住民に働きかけ、さらに彼らの努力を指揮し援助するため、疲れも見せず自らも旅立った。彼の活動はすぐに宰相〔ニザーム・アル・ムルク〕の注意を引きつけ、レイの当局に彼の逮捕が命じられた。しかしそれは成功しなかった。彼はレイを避けて、山道によって、ダイラムにおける遊説に最も都合の良い基地ガズヴィーンに達した。果てしない旅行の間、ハサンはその運動への転向者を獲得することだけに従事していた訳ではない。彼はまた新しい形の基地――常に発見と崩壊の危険にさらされる都市の密会所のようなものではなく、セルジューク帝国に対する闘いを容易に指揮できるような、人里離れた接近困難な要塞――を見出すことに努めていた。彼はついにアラムートの城を選んだ。この城はエルブルズ山脈の中心部にある高い岩山の頂上の狭い峰に建てられており、まわりを囲まれ耕作された長さ約三十マイル、幅は最も広い地点で三マイルの渓谷を見下ろしている。海抜にして六千フィート以上、岩山の基底からは数百フィートの高さにあるその城には、狭く険しい曲りくねった道によってのみ達しえた。その岩山に近づくには、切りたった、そして時には頭上に突き出している絶壁にはさまれたアラムート河の峡谷を通らなければならなかった。

この城はダイラム地方の王のひとりによって建てられたと言われている。ある日、狩りに出かけた王は一羽の慣らした鷲を放った。するとこの鷲はその岩の上にとまった。王はその場所の戦略的価値を悟り、直ちにその上に城を建てた。「そして彼はそれを、鷲の教えという意味のダイラム語である、アールフ・アームート（Aluh Amut）の名をもって呼んだ。」[原註8] これほど説得力はないが、その名称を鷲の巣と訳す者もある。この城は、八六〇年に、アリー家君主のひとりによって再建され、ハサンが到着した時には、セルジューク・スルターンからその所有権を得ていたアリー家のミフディーと呼ばれる人物の手中にあった。

アラムートの奪取は注意深く準備された。すでにダームガーンから、ハサンはアラムートの周囲の村々に働きかけるためにいく人かのダーイーを送り出していた。その後、「私は、ガズヴィーンから、再びひとりのダーイーをアラムート城に派遣した。……アラムート城内の一部の者がそのダーイーによって改宗させられ、彼らはアリー家君主にも改宗するよう求めた。彼はいったん味方に引き入れられたように見せながら、その後全ての改宗者をうまく城から追い出し、城はスルターンのものであると称して城門を閉じた。大いに論議がなされた結果、その君主は彼らを再び許したが、彼らはその後、彼の命令によって〔城から〕降りるのを拒否した。[原註9]」

今や城内に自分の信徒を居すわらせたハサンは、ガズヴィーンを離れ、アラムートの近辺にしばらく潜伏していた。それから、一〇九〇年九月四日水曜日に、彼はひそかに城内に導かれた。しばらくの間、彼は変装したまま城内にいたが、やがて彼の正体は知られるに至った。旧城主は何が起こったのかを悟ったが、しかし、それを止めることも変えることもできなかった。ハサンは彼がそこを立ち去ることを許し、そして、ペルシア人年代記作家たちによって述べられた物語によれば、彼にその城の代金として金三千ディナールの手形を与えたという。[原註10]

ハサン・イ・サッバーフは今や、アラムートの主人として確固たる地位に着いた。彼は入城の時から三十五年後の死に至るまで、一度もその岩山から降りなかった。ただ二度ばかり住居としていた建物から出たことがあったが、いずれの場合も、その屋根の上にのぼっただけであった。ラシード・ウッディーンは次のように述べる。「彼は、死に至るまでの残りの時間を、住んでいた建物の内部で過した。彼は書物を読み、布教活動についての言葉を書きとめ、彼の支配下の諸業務を管理することに専念した。そして、彼は禁欲的で節制ある敬虔な生活を送った。[原註11]」

最初、彼の仕事は二つ、すなわち改宗者を獲得することと、さらに多くの城を手に入れることであった。彼はアラムートから、この二つの目的を達成するために、布教者や運動員を各地に派遣した。一つの明確な目標は、彼の本拠地に直接隣接する地域、すなわちシャーフ・ルード河がそこを流れていることから、ルードバール（〝河岸〟）と呼ばれた地域の支配であった。この隔絶した、しかし肥沃な山間の渓谷地帯には、より古い生活の様式がはるか南方の地域で起こっていた諸変化に影響されずに存続していた。ルードバールには、いわゆる町というべきものがなかったし、また、町に本拠を置く軍事的あるいは政治的な権力も存在しなかった。人々は村に住み、城に住む地方貴族に臣従していた。村民の間にはもちろんのこと、これらの城においても、イスマーイール派は支持者を見出した。ジュヴァイニーは記している。「ハサンはアラムートに隣接する地域あるいはその近傍を奪うためにあらゆる努力を払った。可能な所では、彼は巧みな宣伝によって人々を味方に引き入れ、一方、彼の甘言にも動かされないような土地は、虐殺、強奪、掠奪、流血、戦争という手段をもって手に入れた。彼は取りうるだけ城を取り、適した岩を見つけてはその上に城を建てた。[原註12]」重要な成功は、一〇九六年または一一〇二年に、ラマサル城を攻撃して奪ったことである。[原註13]その襲撃者たちはキヤー・ブズルグウミードによって率いられ、彼は以来二十年間司令官としてそこにとどまった。戦略上シャーフ・ルード河を見渡す丸い岩の上に置かれたこの城は、ルードバール全域におけるイスマーイール派の力を強固なものとした。

その南東はるか遠くの、現在のペルシアとアフガニスタンとの国境近くに、不毛の、山の多いクヒスターンの地があった。その住民は高原中央の大塩砂漠に四方を囲まれて、分散し孤立した一群のオアシスに住んでいた。イスラーム時代の初期に、この地域はゾロアスター教の最後の避難所の一つであった。イスラームに改宗してからは、そこはシーア派およびその他の宗教的異端の、そして後にはイスマーイール派の一拠点となった。一〇九一—九二年、ハサン・イ・サッバーフは、イスマーイール派支持を喚起し広めるために、一宣教師をクヒスターンに派遣した。彼は、その任にあたる者として、アラムートの改宗に相当の役割を果たしていたクヒスターン出身の有能なダーイー、フサイン・ガーイニーに白羽の矢を立てた。彼の布教は即座に成功した。クヒスターンの住民は、セルジューク支配のもとでいらだっていた。ひとりの暴虐なセルジューク将校がひじょうな尊敬を受けていた地方領主の妹を要求して、その領主をイスマーイール派に走らせたことにより、事態を危機におとし入れたと言われる。こうしてクヒスターンに起こったことは、秘密裡の転覆とか、諸城の占領とかいうこと以上のものであった。それはほとんど、民衆蜂起および外民族による軍事支配からの独立運動の性格をとった。この地方の大部分において、イスマーイール派は公然と反乱を起こし、いくつかの主要都市——ズーザン、ガーイン、タバス、トゥーンその他——の支配権を掌握した。クヒスターン東部において、彼らは、ルードバールにおけると同様に、事実上領域国家といえるものを創りあげることに成功した。[原註14]

　山の多い地域はイスマーイール派の戦略にとって明らかな利点を有した。もう一つこのような地域がペルシア南西のフージスターンとファールスの間の地方に存した。そこにもまた、成功するために必要な条件——厳しい土地、荒々しく不満な住民、シーア派およびイスマーイール派に対する忠誠心の強い地方的な伝統——が見出された。この地域のイスマーイール派指導者は、アラジャーン出身の靴工で、エジプトに赴きファーティマ朝のダーイーとして戻ってきたアブー・ハムザであった。彼はアラジャーンから二、三マイル離れた二つの城を奪い、それらをさらにその後の活動の基地として用いた。[原註15]

　一方では、一部のイスマーイール派布教者が遠方の前哨地で確固たる地位を獲得し強化しつつあった時、他方では、別のイスマーイール派布教者が正統的スンニー派およびセルジューク権力の主たる中心地に、その宗教的宣伝を推し進めつつあった。イスマーイール派の運動員とセルジューク権力とを巻き込む最初の流血事件を引き起こしたのは、まさに彼らであった。最初の事件は、高原北部のレイとゴムよりそう遠くない、サーヴェと呼ばれる小さな町に起こった。それはおそらく、アラムート占領よりも以前のことであったと思われる。十八人のイスマーイール派信徒のグループが、集って独自の礼拝を行なったことで、警察署長に逮捕された。これが彼らの初めての集会であったので、尋問の後、彼らは放免された。彼らはそれから、イスファハーンに住んでいたサーヴェ出身のひとりの礼拝招集係《ムアッズィン》を改宗させようと試みた。しかし、彼は彼らの訴えに応えることを拒否した。そこで、イスマーイール派信徒たちは、彼が彼らのことを密告するのを恐れて、彼を殺害した。アラブの歴史家イブヌル・アスィールによると、彼は彼らの最初の犠牲者であり、彼の血は彼らが流した最初の血であったという。この殺人の知らせは宰相のニザーム・アル・ムルクに届き、彼は自らその張本人の処刑を命じた。告発された男はターヒルと呼ばれる大工であり、彼の父は種々の宗教的職務を占めていた説教師であったが、イスマーイール派容疑者としてケルマーンにおいて群衆の私刑に処されていた。ターヒルは処刑され、見せしめのために彼の遺体は市場を引きずりまわされた。イブヌル・アスィールによれば、彼は処刑された最初のイスマーイール派信徒であったという。[原註16]

一〇九二年、セルジューク朝はイスマーイール派の脅威を軍事力によって除く努力を開始した。大スルターン、すなわちセルジューク族の諸王および皇族の上にたつ最高君主であった、マリクシャーフは、二つの討伐隊を、一つはアラムートに、一つはクヒスターンに向けて送り出した。しかし、両隊とも撃退された。前者はルードバールおよびガズヴィーンそれ自体からの支持者や同調者の援助の故に撃退されている。ジュヴァイニーは、次のごときその勝利についてのイスマーイール派の一報告を引用している。

「四八五年（西暦一〇九二年）の初頭、スルターン・マリクシャーフは、ハサン・イ・サッバーフおよび彼の全ての信徒を駆逐し撲滅するため、アルスランタシュという一将軍を派遣した。この将軍は、上述の年のジュマーダ月一日（西暦一〇九二年六―七月）に、アラムートの前面に陣取った。その時、ハサン・イ・サッバーフとともにアラムート山上にいたのは、わずか六十名か七十名の部下だけであり、その上、彼らはほんのわずかの貯えしか持っていなかった。彼らは手持ちの少量のもので乏しい暮しを維持し、包囲軍との戦いを続けた。ところで、ハサンのダーイーのひとりで、ズヴァーレとアルディスターンの地方から来たディフダール・ブー・アリーという男がガズヴィーンに住んでおり、そこの住民の一部は彼によって改宗させられていた。同様に、ターラカーンとクーフ・イ・バーレの地方ならびにレイの地方において、多数の人々がサッバーフ派の宣伝を信じていた。そして彼らは全て、ガズヴィーンに住みついていたその男に従っていた。ハサン・イ・サッバーフは今やブー・アリーに助力を求めた。そこで、彼はクーフ・イ・バーレとターラカーンの多数の人々を奮起させ、さらにガズヴィーンから武器と戦闘用具を送った。およそ三百人のこれらの人々がハサン・イ・サッバーフの援助にやってきた。彼らはアラムート城に身を投じ、それから、守備隊の援助と城外で彼らと結んでいたルードバールの一部の人々の支持とを得て、その年のシャッバーン月（西暦一〇九二年九―十月）も末のある夜に、アルスランタシュの軍に奇襲をしかけた。神の定めにより、〔アルスランタシュの〕軍は敗走し、アラムートを去ってマリクシャーフのもとへ戻った。」[原註17]

一方、クヒスターンのイスマーイール派中心地の包囲は、一〇九二年十一月、スルターンの死の知らせが届いた時に解かれた。

この間に、イスマーイール派は、彼らからその名を取ることになった戦術――暗殺の戦術

——において初めて大きな成功を収めていた。彼らの選ばれた生贄《いけにえ》は全能の宰相その人であった。彼の「動乱のうみを食い止め、無為の汚名を除去」しようとする努力は、彼を彼らの最も危険な敵にしていた。ハサン・イ・サッバーフは注意深くその計画を立てた。ラシード・ウッディーンはイスマーイール派史料に従って——そしておそらくそれを整理して——次のように述べる。

「我が主人は、先ず第一にニザーム・アル・ムルクのごとき見事な獲物を死と破滅の網に捕えるため、わなと落とし穴をしかけた。この行為によって彼の名声と令名は大なるものとなった。欺瞞的な策略と虚偽の計略とをもって、また狡猾なる準備と見せかけの瞞着とをもって、彼はフィダーイー組織の基礎を据えた。そしてこう言った。『汝らの誰がこの国からニザーム・アル・ムルク・トゥースィーという悪を取り除くであろうか』と。ブー・ターヒル・アルラーニーというひとりの男が彼の胸に受諾の手を置いた。そして、来るべき世界の至福を得るために望んだ誤りの道をたどって、四八五年ラマザーン月十二日(西暦一〇九二年十月十六日)金曜日の夜、彼は、ネハーヴァンド地方のサフネの駅にて、謁見所から婦人たちのテントへ運ばれつつあったニザーム・アル・ムルクの輿《こし》に、スーフィー僧の身なりで近づき、ナイフで彼を突き刺した。この一撃によって彼は殉死を遂げた。ニザーム・アル・ムルクはフィダーイー組織が殺した最初の人物であった。我が主人——彼の上に彼にふさわしきものを賜わらんことを!——は言った。『この悪魔の殺害は至福の始めなり』と。[原註18]」

それは、君主や王族や将軍や知事に対して、さらに、イスマーイール派の教義を非難し且つその表明者の迫害を容認していた聖職者に対してさえ、計画的な恐怖戦において突然の死をもたらした長い一連の攻撃の最初のものであった。ある敬虔なる反対者は言った。「彼らを殺すことは雨水よりも合法的である。彼らを征服し殺すことと、彼らのけがれから地球の表面を清めることがスルターンや王の義務である。彼らと交わったり友情を結んだりすること、彼らによって屠殺された肉を食うこと、また彼らとの婚姻関係に入ることなどは正しい行為ではない。ひとりの異端者の血を流すことは七十人のギリシア人異教徒を殺すことより讃えられるべきである」[原註19]と。

彼らの犠牲者にとって、アサシンとは宗教と社会に対する殺人的陰謀に従事した犯罪的な狂信者であった。イスマーイール派信徒にとっては、彼らはイマームの敵に対する戦いにおける精鋭部隊であった。彼らは、迫害者や侵害者を打ち倒すことによって、彼らの信仰と忠誠が真実であることを究極的に示し、且つ即時の、そして永遠の至福を得たのであった。イスマーイール派信徒自身は、この殺人者について、献身者というような意味のフィダーイー(*fidā'ī*)の語を用いた。イスマーイール派のある興味深い詩は、彼らの勇気と忠誠と、そして無私の献身に対する称賛の言葉を留めている。[原註20]また、ラシード・ウッディーンとカーシャーニーによって引用されたアラムートのイスマーイール派の地方年代記には、犠牲者と彼らの敬虔なる死刑執行人の名を記した暗殺名誉録が含まれる。

形式的には、イスマーイール派は、宣誓と伝授の組織、および身分と知識により格づけされた位階組織を有する秘密結社であった。そして、その秘密が良く維持されていたため、彼らについての情報は断片的で且つ混乱している。正統的な論客たちはイスマーイール派を、間抜けな人々を堕落の連続的な段階を通して誤り導き、最後には彼らの不信に対して極度の恐怖を表わすことになる、欺瞞的な虚無主義者《ニヒリスト》の一団として叙述する。イスマーイール派著述家たちは、同派を、漸進的な伝授によって区切られた準備と教授の長い過程の後に初めて信者が達しえた、聖なる奥義の保管者として見る。同派の組織を示すのに最も普通に用いられる語は、伝道あるいは説教を意味するダーワ（*daʻwa*）、ペルシア語ではダーヴァト（*daʻvat*）である。そして、その運動員がダーイーつまり〝伝道師〟――字義通りには〝召喚者〟――であり、彼らは一定の聖職層のごときものを構成する。後のイスマーイール派の記述では、彼らは、説教師、教師、有資格者という高低の身分にさまざまに分けられている。彼らの下には、もっとも低い身分として、新入会者であるムスタジーブ（*mustajīb*）――字義通りには〝応答者〟――が来る。また、彼らの上には、首席ダーイーであるフッジャ（*hujja*）、ペルシア語ではフッジャト（*hujjat*）――〝証拠〟という意味――がいる。ジャズィーラ（*jazīra*、〝島〟）の語は、ひとりのダーイーが統轄する領域的な、あるいは民族的な管轄区域を示すのに用いられる。他のイスラームの宗派や組織と同様に、イスマーイール派もその宗教的指導者をしばしば〝長老〟――アラビア語のシャイフ（*Shaykh*）、ペルシア語のピール（*Pīr*）――と呼ぶ。そして、同派のメンバーを示すのに普通用いられる語は、ラフィーク（*rafīq*）、つまり〝同志〟である。[原註21]

一〇九四年、イスマーイール派は大きな危機に直面した。その時のイマームであり、イスマーイール派信仰の首長であった、ファーティマ朝カリフ、アル・ムスタンスィルが、後継者争いを後に残してカイロにて没した。ペルシアのイスマーイール派はエジプトの王位についた彼の後任者の承認を拒否し、正統なる後継者は追い出された彼の長子ニザールであるという所信を表明した（上記の箇所五八―五九ページを見よ）。この分裂に至るまで、ペルシアにおける同派の組織は、少なくとも名目的には、カイロのイマームと首席ダーイーの最高権威の下にあった。ハサン・イ・サッバーフは、最初はアブドゥル・マリク・イブン・アッターシュの代理として、次にその後任者として、彼らの代行者であった。今や両者の関係は完全に決裂し、以後ペルシアのイスマーイール派はカイロの旧主人の支持を受けることもなく、また、その支配を蒙ることもなかった。

重大な問題は、イマーム――イスマーイール派の神学的・政治的な全組織の中心人物――の確定であった。ニザールがアル・ムスタンスィルの後の正統なるイマームであったが、彼はアレクサンドリアの監獄で殺され、彼の息子たちも彼とともに殺されたと言われていた。ニザール派の一部の者は、ニザールは実は死んだのではなく隠れたのであって、マフディーとして戻るであろう――言いかえれば、イマームの血統は絶えた――と主張した。この分派は生き残らなかった。ハサン・イ・サッバーフがこの点について彼の信徒にどう教えたかは知られていないが、しかし後には、イマームの地位はアラムートにおいてひそかに育てられたニザールのひとりの孫に伝えられたという教義が採用された。ある説によると、エジプトからペルシアへひそかに連行されたのはひとりの幼児であった。他の説では、アラムートに連れて来られたのはニザールの息子の妊娠していた妾婦であり、彼女はそこで新しいイマームを産んだ。ニザール派の信仰によれば、これらのことはその時、厳重に秘密として保持され、何年もの後まで知らされなかったという。

明白なイマームの欠如、およびカイロとの断交によって必要とされた調整が、ペルシアにおけるイスマーイール派の活動を止めたり妨げたりしたようには見えない。逆に、十一世紀の末年から十二世紀の初年にかけてのセルジューク国家の一時的な混乱に乗じて、彼らはその活動を新たな地域に拡大した。

これらの活動の一つ、すなわち、一〇九六年の東部エルブルズにおける一つの城の奪取は、彼らのそれ以前からの努力の方向に沿っていた。かつてハサンがダイラムへ赴く前に運動していたダームガーンの地域に、アラムートから密使が派遣された。彼らはダームガーンの知事であったムザッファルという将校から大いに援助を受けた。彼は、ほかならぬアブドゥル・マリク・イブン・アッターシュその人によって引き入れられた、イスマーイール主義への秘密の改宗者であった。ダームガーンの南には、その強度と位置からして同派の目的にきわめて適したギルドクーフの要塞があったが[訳註3]、ムザッファルは彼らのためにそれを手に入れようと動き始めた。いまだ忠実な将校としての姿勢をとりながら、彼はスルターンにギルドクーフを要求して彼をそこの司令官に任ずるよう彼の上官であるセルジュークの将軍を説得した。将軍とスルターンは双方とも同意し、ムザッファルは正式にギルドクーフを手に入れることとなった。彼は、その将軍の権威をもって、そしておそらくはその将軍の費用負担によって、この城を改修し強化し、さらに、そこに備品と財貨を貯えた。かくして準備が完了した時、彼は自らをイスマーイール派信徒であり、ハサン・イ・サッバーフの信奉者であると宣言した。彼はその城を四十年間統治した。ホラーサーンとイラン西部とを結ぶ幹線路を見下ろし、また都合が良いことには東マーザンダラーンにおけるイスマーイール派根拠地に近かったこのギルドクーフ城は、伸張しつつあるイスマーイール派勢力の戦略的立場をひじょうに強固なものとしたのである。[原註22]

ほぼ同じ頃、彼らははるかに大胆な成功――セルジューク・スルターンの居所、大イスファハーン市の近傍の丘の上にある、シャーフディズと呼ばれる要塞の奪取――を成し遂げた。[原註23][訳註4]すでにこの都市では、イスマーイール派の密使が長い間活動していた。アブドゥル・マリク・イブン・アッターシュもかつてそこに住んでいたが、シーア主義者として告発されて逃げ出していた。新スルターン、バルキヤールクと、彼の異母兄弟たちや継母との争いは、彼らに新たな機会を与え、彼らはイスファハーンに一種の恐怖政治を確立した。それは、民衆が彼らに反抗して起ち上がり彼らを虐殺するに至って、初めて終りを告げた。同様のイスマーイール派に対する群衆暴力の突発が、ペルシアの他の都市においても記録されている。

新たなスタートは、イスファハーンにおいてアブドゥル・マリク・イブン・アッターシュの息子アフマドによって切られた。彼の父の逃亡の時には、彼はその父と宗教的意見を同じくしない者と信じられて、そこにとどまることを認められていた。しかし、彼はイスマーイール主義のためにひそかに活動を続けていた。あるペルシア人歴史家によると、彼はシャーフディズ守備兵の子供たちのための教師としての地位を獲得した。意味深長なことに、その守備隊はダイラム人の傭兵から成っていた。この方法によって、彼は彼らにとり入り、彼らをイスマーイール主義に引き入れた。かくして彼はその要塞を手に入れることに成功したという。他のもっと平凡な説によれば、彼は巧妙にとり入ってそこの司令官の信頼を得、彼の片腕となり、彼の死後その跡を継いだのであるという。その少し後、イスマーイール派はイスファハーンの近くに、ハーリンジャーンと呼ばれる第二の城を獲得した——ただし、奪取によるものかあるいは譲渡によるものかは明らかでない。年代記作家たちがイスマーイール派について喜んで語る類の話の一つは、ひとりの大工がそこの指揮官と親しくなり、宴会を催して守備兵全員を泥酔させたというものである。

一〇九二年にマリクシャーフを継いでいたスルターン・バルキヤールクは、実弟サンジャルの支持を受けた異母兄弟のムハンマド・タパルとの紛争に精一杯であった。いくら良く見てもスルターンは、イスマーイール派に対して向けるべき注意も力もほとんど持ち合わせていなかった。また最悪の場合でも、彼あるいは彼の代理者たちの一部は、彼の敵対者に対するイスマーイール派の行動を大目にみがちであったし、また時には、おそらく慎重に彼らの援助を求めたことさえあったと思われる。かくして、ホラーサーンにおけるバルキヤールク派の代表者たちは、敵対党派に対して、クヒスターンのイスマーイール派の支持を得た。アラムートの年代記に含まれる暗殺者名誉録には、ニザーム・アル・ムルクに始まる約五十の暗殺が、ハサン・イ・サッバーフの治世の間に記録されているが、その半数以上がこの時期のものである。――そして、その犠牲者のいく人かは、ムハンマド・タパルの支持者ならびにバルキヤールクの反対者であると言われた。

一一〇〇年の夏、バルキヤールクはムハンマド・タパルに敗北を与え、タパルはホラーサーンに退かなければならなかった。この勝利に伴い、イスマーイール派はより大胆に、そしてより一層自己主張するようになり、バルキヤールクの宮廷や軍部にも浸透するようにすらなった。彼らは軍隊の多くの者を味方に引き入れ、彼らに反対する者を暗殺によって脅迫した。アラブの年代記作家〔イブヌル・アスィール〕によると、「いかなる指揮官も役人も無防備では敢えて家を出ようとはしなかった。彼らは衣服の下によろいを着用し、宰相のアブル・ハサンさえ衣服の下に鎖かたびらを着けていた。スルターン・バルキヤールクの高官たちは、攻撃を恐れて、彼の面前に武装して現われる許可を彼に求め、彼は彼らに許可を与えた」[原註24]という。

増大するイスマーイール派の脅威や傲慢さと、バルキヤールクの自己満足の一層の悪化に対する彼の支持者たちの高まる怒りとは、遂に彼に行動を強いた。一一〇一年、彼は、ホラーサーンにて今なお統治していたサンジャルと、両者を脅かす敵に対して協力して行動することに関し、合意に達したようである。サンジャルは、彼の高位の将軍によって率いられた十分に武装した大遠征軍を、クヒスターンのイスマーイール派地域に向けて派遣した。彼らは田園地域を荒し、それからイスマーイール派の主城タバスを包囲した。投石機を用いて彼らが城壁の大部分を破壊し、まさに城を占領するばかりになった時、イスマーイール派信徒たちはその将軍にわいろを用い、包囲を解いて立ち去らせた。そこで彼らは、次の攻撃に備えて、タバス城を修理し再強化し補強することができた。次の攻撃は三年後にやってきた。この時には、かの将軍は彼の正規兵の他に多数の志願兵をも含む新たな軍隊をクヒスターンに導いた。この時には、彼らの遠征は成功したが、しかし、妙に要領をえないものであった。セルジューク軍はタバスと他のイスマーイール派諸城を征服、破壊し、さらに、イスマーイール派の居住地を掠奪し、住民の一部を捕虜にした。そして、彼らはイスマーイール派信徒から「彼らが一城も建てず、武器も買わず、彼らの信仰のもとにひとりも呼び集めない」[原註25]という誓約を取り付けた後、撤退した。多くの人々がこの条件をあまりに寛大過ぎると考え、それを承認したサンジャルを非難した。はたして、イスマーイール派がクヒスターンに再び確固たる地歩を築くのに、それほど長くはかからなかった。

ペルシア西部とイラークでは、バルキヤールクはイスマーイール派勢力の中心地を攻撃する実際の努力をしなかった。その代りに、彼はイスファハーンにおけるイスマーイール派共鳴者の虐殺を認め奨励することによって、彼の将校と民衆の怒りを鎮めようと努めた。兵士と市民とはともに容疑者狩りに加わり、彼らを追い立てて大広場に連行し殺した。単純な告発だけで十分であった。そして、イブヌル・アスィールによれば、その日多数の無実の人々が個人的な復讐によって死んだという。反イスマーイール派行動は、イスファハーンからイラークにまで広がり、バグダードの幕営においてはイスマーイール派信徒が殺され、イスマーイール派文献が焼かれた。すぐれたイスマーイール派信徒、アブー・イブラーヒーム・アル・アサダーバーディーは、スルターンによって公務のためバグダードに派遣されていた。今やスルターンは彼を拘留するよう命令を送った。獄吏が彼を殺しにやってきた時、彼は言った。「よろしい。あなたは私を殺す。しかし、城にいる人々を殺すことができるだろうか[原註26]」と。

　アサダーバーディーの冷笑は適切であった。イスマーイール派は後退を経験していた。彼らはもはやバルキヤールクの黙認をあてにすることはできなかった。しばらくの間、フィダーイー組織の活動は比較的不活発であった。――しかし、彼らの城はいまだ侵されずに残っており、彼らの恐怖政治は抑制されたとはいえ、決して終ったわけではなかった。一一〇一年と一一〇三年の間に、その名誉録は、イスファハーンの古いモスクでのその町の治安判事《ムフティー》の、また、バイハクの知事の、そして、ニーシャープールのモスクでの闘争的な反イスマーイール派宗教団体カッラーム派の長の殺害を記録している。セルジューク将校や官吏の殺害はさしあたり困難になっていたらしい。――しかし、イスマーイール派に敢えて反対した文民高官や宗教的顕職者たちに懲罰を加える仕事は今なお存していたのであった。ちょうどこの時期に、アラムートの支配者はもう一つの重要な手段――シリアへの伝道師の派遣――を講じた。

　セルジューク帝国に対するイスマーイール派の脅威は、抑えられてはいたが砕かれてはいなかった。一一〇五年のバルキヤールクの死後、その後継者ムハンマド・タパルは彼らを征服する新たな、そして決然たる努力を開始した。「スルターンの地位がムハンマドの手中にしっかりと収まり、彼とそれを争ういかなる競争者もいなくなった時、彼にとって、イスマーイール派信徒をさがし出して彼らと戦い、彼らの暴虐と悪事に対してイスラーム教徒のあだを討つことが最も緊急の任務であった。彼は先ず、彼らの手中にあって最も厄介な存在であり、且つ彼の首都を威圧していたイスファハーンの城から着手した。かくして彼は自ら彼らに対して軍を率い、五〇〇年シャッバーン月六日（一一〇七年四月二日）彼らを包囲した。」[原註27]

この城の包囲と征服は、イスマーイール派とその支持者によって仕組まれた一連の計略や策動のために、手間取った。そもそも当初から、スルターンの陣営内のイスマーイール派共鳴者によって他所の危険についての偽りの情報が言いふらされた結果として、遠征隊の出発が五週間も延期されていた。この地方のイスマーイール派指導者アフマド・イブン・アッターシュは、厳しく迫られると判るや、宗教的論争を開始することによって息つくひまを得た。スルターンへの声明において、イスマーイール派信徒たちは次のように主張した。彼らは善良なイスラーム教徒であり、神と予言者の信奉者、聖なる法の厳守者である。そして、彼らはスンニー派とはイマームの地位に関してのみ異なるのであるから、スルターンが彼らに休戦と協定を認め、彼らの忠誠を受け入れることは正当である、と。これは宗教論争を――攻撃者と防衛者との間に、および攻撃陣営内の異なる思想諸派の間に――引き起こした。スルターンの神学顧問の多くは、このイスマーイール派の議論を進んで容認しようとした。しかし、二、三のものがより厳しい態度に固執した。彼らのひとりが言った。「彼らをしてこの質問に答えさせよ。『もし、汝のイマームが、聖なる法の禁ずることを汝に許し、聖なる法が許すことを汝に禁ずるなら、汝は彼に従うであろうか。』もし、彼らがイエスと答えるなら、彼らの血は合法的である」と。これら厳格主義者の主張のために、その論争は無為に終り、包囲は続行された。

イスマーイール派は今度は他の方針を試みた。彼らは、「彼らの生命と財産を暴徒から守るために」彼らがその近隣に別の要塞を与えられるべきであるという妥協案を提出した。交渉がだらだらと進み、その間、スルターンの宰相自らがその要塞に送り込まれる食料の備えを準備した。

しかし、ひとりのイスマーイール派暗殺者が、彼らに対して特に率直に反対を述べていたスルターンの将軍のひとりを傷つけはしたが殺すことに失敗した時に、この状態は終りを告げた。スルターンは今や再び包囲を強化した。そして、防衛者に残されたただ一つの望みは交渉による降服のみであった。

やがて、協定が結ばれた。守備兵の一部はそこを離れて、スルターンの保護のもとに、タバスやアラジャーン近辺のイスマーイール派中心地へ行くことを認められることとなった。残りの者は要塞の一翼に移り、他の部分を放棄してスルターンに引き渡さなければならなかった。そして、同志たちの無事到着の知らせが伝えられたなら、彼らもまた降りて来てアラムートへ行くことを許されることになった。その内に、そこを去った人々の到着の知らせが伝えられた。しかし、イブン・アッターシュ自身はその取引きに従うことを拒んだ。この間の猶予を利用して、彼は要塞の残りの一翼に武器と部下――彼らの中の八十人ほど――を集め、最後まで戦う準備をしていた。彼らは、ひとりの裏切者が一方の城壁には人間のごとく――しかし人間ではなかった――見えるように配置された一列の武器とよろいしかないと指摘した時、ようやく打ち負かされた。最後の攻撃で防衛者のほとんどが倒れた。イブン・アッターシュの妻は宝石で飾りたてたその身を塁壁から投げて死んだ。イブン・アッターシュは捕えられ、イスファハーンの街路を引きまわされた。それから彼は生きたまま皮をはがれ、その皮には麦わらが詰め込まれた。そして、彼の首はバグダードに送られた。

この勝利を祝って発表された勝利声明の中で、スルターンの秘書官は、この種の文書に通例のいくらかもったいぶった文体をもって、打ち負かした敵についてのセルジューク側の一見解を次のごとく述べる。

「このシャーフディズの城では……虚偽の卵が産み出され孵化した。――そこには、理性を誤りの道に放って堕落したイブン・アッターシュがいた。彼は人々に〝正しい導きの道〟を偽りの道であると説き、虚言の詰め込まれた書物を自らの指針として、イスラーム教徒の血を流すことを許し、その財産を奪うことを認めた。……たとえ彼らが最初にイスファハーンへやって来た時に行なったこと以上の事をしなかったとしても、彼らがその獲物を油断なく追跡して巧妙に捕え、恐ろしい拷問にかけて残酷に殺したこと、宮廷の貴人や秀れた神学者を初めとする多数の人々を殺害したこと、計り知れないほど多くの神聖な血を流したこと、そして、その他のイスラームにとって腹だたしい罪の数々〔をおかしたこと」に関しては……宗教を守るために戦い、彼らに対する聖戦において中国のごとき遠方までも従順にして且つ強情なる駿馬《しゅんめ》を駆ることが我々の義務であったろう。[原註28]……」

もちろん、中国というのは単なる文飾――暗に予言者の有名な言葉を指している――に過ぎない。しかし、イスマーイール派へのスルターンの攻撃はセルジューク帝国の東西の両端に達した。イラークにおいては、イスマーイール派が十二年間維持していたタクリートに対する遠征軍が、その地を奪うことには失敗したが、イスマーイール派司令官をして地方的なアラブ系シーア派信徒にそれを引き渡すことを余儀なくさせた。東方においては、サンジャルがクヒスターンにおけるイスマーイール派根拠地に対する行動にかり立てられた。ただし、その結果については明らかではない。これと同じ頃、あるいは少し後に、アラジャーン近くのイスマーイール派要塞が陥され、それ以後、フージスターンとファールスの地において、彼らのことを聞くことはほとんどなくなる。

しかし、イスマーイール派勢力の主たる中心はこれらのいずれの地域にもなかった。それは北部に――ルードバールとギルドクーフの諸城、なかんずく、ハサン・イ・サッバーフの居城であったアラムートの大要塞に――あった。一一〇七―〇八年、スルターンは、宰相アフマド・イブン・ニザーム・アル・ムルクの指揮のもとに、軍事遠征軍をルードバールに送った。この宰相自身、イスマーイール派を憎む十分の理由を有していた。彼の父、有名なニザーム・アル・ムルクは彼らの最初の大きな犠牲者であったし、彼の兄、ファフル・アル・ムルクも、前年、ニーシャープールにて一アサシンの短剣に倒れていた。

この遠征はある程度の成功を収め、イスマーイール派に大きな辛苦を負わせた。しかし、その目的――アラムートの占領あるいは破壊――を達成しえなかった。「彼（アフマド・イブン・ニザーム・アル・ムルク）はアラムートと、その近くのアンディジュ河岸にあるウスタヴァンドとを包囲した。彼らはいく度か戦闘を行ない、作物を全滅させた。その後、これ以上果たしえずして、その軍隊はルードバールを離れた。彼らの城では、大飢饉が起こり、人々は草で飢えをしのいだ。彼らが妻子を他へ移し、彼（ハサン・イ・サッバーフ）自身も自分の妻と娘たちをギルドクーフへ送ったのは、まさしくこのためであった。[原註29]」

スルターンは、彼自身の正規軍を派遣する以外にも、また、イスマーイール派信徒の直接の隣人たちを彼らに対してふるい立たせようと努め、ギーラーンの一地方君主をその攻撃に加わるよう説得したが、結局は全く無駄に終った。後にこの地方君主は、伝えるところによれば、スルターンの傲慢な態度に反感をもち、援助を差し控えたという。彼は他にも理由を有していたに違いない。恐ろしい近くの隣人と強力な、しかし遠方にいる大君主との間にはさまれたダイラムの地方君主たちの苦境が、ジュヴァイニーによってなまなましく述べられている。「このため、その全域にわたり、地方君主たちは、彼らの友人であろうが彼らの敵であろうが、危険にさらされ、破滅の渦に巻き込まれたであろう。――彼らの友人であったならば、イスラームの諸王が彼らを征服し根絶したであろうし、彼らは『現世と来世の損失』（コーラン、第二十二章第十一節）を蒙るであろうから。一方、彼らの敵ならば、自分の偽りと裏切りを恐れて防御と警戒の鳥かごに逃げ込んだとしてもたいてい殺された。[原註30]」

直接の攻撃によるアラムートの奪取は明らかに不可能であった。そこでスルターンは他の方法——もはや攻撃に抵抗しえなくなるまでイスマーイール派を弱めるであろうと期待された持久戦——を試みた。ジュヴァイニーは次のごとく述べる。

「八年の間連続して軍隊がルードバールへやって来ては作物を全滅させ、双方とも戦闘に余念がなかった。ハサンと彼の部下たちのもとに抵抗力も食料も残されていないと知って、五一一年の初め（西暦一一一七—一一八年）、（スルターン・ムハンマドは）アタベグ（*atabeg*）のヌシュテギン・シールギールを軍の指揮官に任じ、彼にその時以降城を攻囲するよう命じた。彼らはサファル月一日（西暦一一一七年六月四日）にラマサルを、そしてラビー第一月十一日（七月十三日）にアラムートをそれぞれ包囲した。投石機をすえ付けて彼らは激しく戦い、その年のズール・ヒッジャ月（西暦一一一八年三—四月）に至り、まさに城を占領して人類を彼らの陰謀から解放しようとするところまでいった。その時、彼らは、スルターン・ムハンマドがイスファハーンで没したという知らせを受け取った。そこで軍隊が散ったので、異端者たちは生きながらえ、スルターンの軍によって集められた貯えや武器や戦闘器具を全て彼らの城に運び上げた。[原註31]」

勝利を目前にしてのシールギール軍の撤退は大きな期待はずれであった。単にスルターン死去の知らせのみが彼らのあわただしい出発の理由ではなかったという指摘が一部に存在する。不吉な役割がキワーム・ウッディーン・ナースィル・イブン・アリー・アル・ダルガズィーニーなる人物にあてがわれる。彼はセルジューク朝に仕えた一宰相であり、秘密のイスマーイール派信徒であったともっぱら言われる。彼はスルターン・ムハンマドの息子でスルターンとしてイスファハーンにて彼の後を継いだマフムードに対して大きな影響力を有しており、彼の宮廷においてある重要な役割を演じた。彼はアラムートからシールギール軍を撤退させるようにしむけてイスマーイール派を救い、さらに、新スルターンの心にシールギールに対する敵意を抱かせて彼が投獄され処刑されるようにしたと言う。後に、アル・ダルガズィーニーはいくつかの別の殺人事件について共犯者として告発された[原註32]。

攻撃にさらされている間でさえも、アサシンたちは活動を怠ってはいなかった。一一〇八―〇九年、彼らは、イスファハーンの法官で、イスマーイール派の心底からの敵手であったウバイド・アッラーフ・アル・ハティーブを殺害した。その法官は身の危険を悟っていた。彼はよろいを着用し、一人の護衛をつけ、警戒した――しかしそのかいもなかった。ハマダーンのモスクでの金曜日の礼拝の時、ひとりのアサシンが彼とその護衛との間にわけ入り、彼を殺したのであった。同じ年に、ニーシャープールの法官がラマザーン月明けの祭礼の最中に殺された。バグダードでは、一アサシンが、明らかにアラムートへの遠征軍を率いたことに対する懲罰として、アフマド・イブン・ニザーム・アル・ムルクに襲いかかった。この宰相は傷ついたが、命は助かった。まだ他にも――スンニー派の聖職者や法学者、そして、スルターンの乳兄弟であったクルド人将軍アフマディールのごとき大物の高官にも――犠牲者が出た。

一一一八年のスルターン・ムハンマドの死後、しばらくの間、セルジューク朝内部に血みどろの戦いがくりひろげられた。この間に、アサシンは蒙った打撃から立ち直り、クヒスターンと北部地域の両方にその地位を回復することができた。やがて、兄弟のバルキヤールクおよびムハンマド・タパルの下で東部地域を統治していたサンジャルが、セルジューク諸君主の間に不安定ながらどうにか第一の地位を確立した。この時期に、イスマーイール派とスンニー派諸国との関係の性格が変化し始める。イスマーイール派運動の究極の目的は捨て去られてはいなかったが、しかし、中央部において破壊と恐怖のイスマーイール派遊説活動は鳴りをひそめた。かわって、彼らは支配領域の防衛と強化に意を注ぎ、政治的承認の何らかの措置すらとった。大セルジューク征服者たちによって一時中断されていた中東の分裂が再開されつつあったのと時を同じくして、イスマーイール派の諸権力と諸領は小独立国家の形態をとり、地方的な同盟および対立関係の中に加わるようにさえなった。

ジュヴァイニーによって語られる以下の物語は、イスマーイール派の独立に対するサンジャルの寛大さの理由を明らかにする。

「ハサン・イ・サッバーフはしばしば講和を求める使節を送った。しかし、彼の申し出は受け入れられなかった。そこで次に彼はあらゆる手を用いてスルターンの廷臣を買収し、スルターンの前で彼〔ハサン〕を弁護するようにさせた。そして、彼は彼〔スルターン〕の宦官のひとりに大金を与えてそそのかし、彼に一本の短剣を送った。この短剣はある夜酔って眠っていたスルターンのベッドの横の地面につき刺された。スルターンは眼を覚ましその短剣を見た時、ひじょうに驚いたが、誰を疑うべきか判断できず、そのことを秘密にしておくように命じた。そこでハサン・イ・サッバーフは、次のような伝言を携えた使者を送った。『もし私がスルターンのために良かれと望まなかったなら、固い地面に打ち込まれたその短剣は彼の柔かい胸に突き刺されていたであろう。』スルターンは恐怖に襲われ、それ以降彼らとの講和に傾いた。つまり、このぺてんのために、スルターンは彼らを攻撃することを止め、彼の治世の間、彼らの運動は栄えた。彼は、クーミシュ〔クーミス〕地方の彼らに属する土地に課された税金の内から三千ディナールを年金として彼らに与え、また、ギルドクーフの真下を通過する旅行者に少額の税を課すことを彼らに許した。この習慣は今日まで残存している。私は、彼らの図書館に保存されていたサンジャルの勅令のいくつかを見たが、その中で彼は彼らをなだめ、彼らにこびへつらっている。これらから、私は、スルターンがいかに彼らの行為を黙認し、彼らとの平和的関係の維持に努めたかを推論することができた。要するに、彼の治世の間、彼らは安逸と静穏を享受したのであった。[原註33]」

アラムートのニザール派は、アッバース朝カリフとセルジューク・スルターンの他に、もう一つの敵を持っていた。カイロには今なおファーティマ朝カリフがおり、その信徒とペルシアのニザール派との間には、同一宗教内の対立分派間に存在するあの特有の深い憎しみがあった。一一二一年に、宰相にして軍事長官であった恐るべき人物アル・アフダルがカイロで殺された。必然的にアサシンの仕業だとする噂が立った。――しかし、当時のあるダマスカス出身の年代記作家は、これが「無意味な主張であり、偽りの中傷である[原註34]」と記す。彼は、この殺人の真の理由はアル・アフダルと、一一〇一年にアル・ムスターリーの後を継いでいたファーティマ朝カリフ、アル・アーミルとの仲たがいにあったと述べている。アル・アーミルは彼の強力なる宰相の後見をうらんでいたし、彼の死を聞いて公然と喜んだという。このことは本当かも知れない。しかし、このたびは噂が正しかった。ラシード・ウッディーンならびにカーシャーニーによって引用されているイスマーイール派の記述は、その殺人を「アレッポから来た三人の同志」に帰している。アフダルの死の知らせが届いた時、「我らが主人は、七日七晩の間祝典を挙行するように人々に命じた。そこで、人々は同志を歓待し、宴を張って祝った。[原註35]」

アラムートの城塞とカイロの宮殿の双方にこのような喜びを引き起こしたアル・アフダルの除去は、両派の和解を試みる良い機会であるように思われた。一一二二年、カイロにおいて公会が開催され、そこでムスターリー支持および反ニザールの主張が唱えられ明示された。ほぼ同じ頃、カリフは、主として分離した同胞に宛てられた一教書において、彼の合法性を弁護したし、また、カイロの新任の宰相アル・マームーンは、ハサン・イ・サッバーフに真理に復帰し、ニザールをイマームとする彼の信仰を捨てるように促す長い手紙を大法院の書記に書くよう指示した。ここまでは、アル・マームーン――彼自身はシーア派信徒ではあっても十二イマーム派に属しており、イスマーイール派信徒ではなかった――もカリフとダーイーたちの要請に従った。しかし、この宰相にはハサン・イ・サッバーフとのこのような交渉がさらに推し進められることを許すつもりは明らかになかった。アラムートからの指示と融資によるアル・アーミルとアル・マームーン両者の暗殺を企てる陰謀の発覚が申し立てられるや、直ちに、国境およびカイロにはアサシンの運動員の侵入を防ぐために入念な防衛措置が施された。アル・マームーンが権力を握った時、イブン・アル・サッバーフ（すなわちハサン・イ・サッバーフ）とバーティニーたちがアル・アフダルの死を喜んだこと、彼らがその期待をアル・アーミルとアル・マームーン自身の殺害に拡大したこと、そして、彼らがエジプトに住む彼らの同志たちに彼らの間に分配する資金を持たせた使者を送っていたことが、彼に報告された。アル・マームーンはアスカラーンの知事のもとへやって来て、彼を免職し、代りに他の者を任命した。彼は新知事に、アスカラーンの官職保有者全員を検閲、視察し、その地方の住民に知られている者以外の全ての者を解任するように命じた。また、彼は、この知事にその地に到着した全ての商人や他の人々を徹底的に検査し、彼らが自ら彼らの名や姓や出身国について述べることを信用せずに……彼らに相互に質問し、且つ、彼らを別々に取り扱い、そして、これら全てに最大の注意を払うように指示した。もし、来るべき習慣になかった者がやって来たならば、彼はその者を国境にとどめ、その事情や携えている品物を取り調べなければならなかった。彼はラクダ追いも同様に扱わねばならず、よく知られた定期的な訪問者以外の全ての者に、入国を拒否しなければならなかった。彼は、ビルバイスの町の門に到着すると調べられる、商人の数や彼らの姓名およびその従者の姓名、ラクダ追いの姓名、そして彼らの商品の目録を、ディーワーン宛ての書面にて報告するまで、いかなる隊商の進行をも認めてはならなかった。同時に、彼はそれらの商人たちに敬意を示し、彼らを怒らせないようにしなければならなかった。

次に、アル・マームーンから新旧カイロの知事たちに対して、全ての住民の名を街路ごと地区ごとに登録し、彼の特別の許可なくしてはいかなる者にも家を移すことを認めないようにという命令が達した。

「彼は、それらの登録簿および新旧カイロの住民の名前・姓・環境・生計、そして各地区のそれぞれの住民のもとへどんな客がやって来たかに注意した後、これらの家々に入ってイスマーイール派のことについて質問を行なう女性たちを送り出した。かくして、新旧カイロの住民のことについて彼が知らないことは無くなった。……そこである日、彼はいくらかの兵士を送り出し、彼らを分散させて、彼が指示した人々を逮捕するように命じた……。[原註36]」カリフの子供たちの教師を含む多数の運動員が逮捕された。彼らのある者は、ハサン・イ・サッバーフがエジプトでの使用のために与えた金銭を所持していた。このエジプトの年代記作家〔イブン・ムヤッサル〕によれば、宰相の警官と密偵はひじょうな成功を収め、あるアサシンの行動は彼がアラムートを出発したその瞬間から知られており、報告されていたほどであったという。ニザール派指導者ひとりひとりに名ざしで処罰を恐れずに教会に復帰するよう勧めた特赦の書簡なるものは、おそらく送られはしなかったであろう。かくして、カイロとアラムートとの関係は急速に悪化した。

一一二四年五月、ハサン・イ・サッバーフは病いに倒れた。彼は自分の最期が近いのを悟って、彼の後継者の準備を整えた。彼が選んだ後継者は二十年間ラマサルの司令官を務めたブズルグウミードであった。「彼はラマサルにひとを遣ってブズルグウミードを呼び出し、彼を自分の後継者に任じた。次いで彼はアルディスターンのディフダール・アブー・アリーをその右に配し、彼に特に伝道庁をゆだねた。さらに彼はカスラーンのアーダムの子のハサンをその左に、彼の軍隊の指揮者であったキヤー・バー・ジャーファルをその前面に配した。そして彼は、イマームが彼の王国を支配するようになる時まで、彼ら四人が全て協調・提携して行動するように命じた。そして、五一八年ラビー第二月六日水曜日（西暦一一二四年五月二十三日金曜日）の夜に、彼は神と地獄の業火へ向って急いで去って行った。」[原註37]

これが一つの非凡な生涯の終局であった。決して好意的ではないあるアラブの伝記作家は、彼を「明敏で有能で幾何学・数学・天文学・魔術その他に精通した」人物と評する。[原註38] ペルシアの年代記作家たちによって引用されているイスマーイール派の伝記は、「彼がアラムートに住んでいた三十五年の間、誰ひとり公然と酒を飲んだり、それをびんに注いだりはしなかった」[原註39]というごとく、彼の禁欲主義と節制を強調する。彼の厳格さは彼の反対者に対してだけではなかった。彼の息子のひとりは酒を飲んだために処刑されたし、もうひとりは、後に誤解と判ったが、ダーイーのフサイン・ガーイニー殺害を招来した罪で死に追いやられた。「そして彼は、常々、彼の二人の息子の処刑を、彼が彼ら〔二人〕のために伝道を指揮し、それを目的として考えていたと想像する人々に反論するための根拠として指摘していた。」[原註40]

ハサン・イ・サッバーフは行動の人であったばかりでなく、思想家・著述家でもあった。

スンニー派作家たちは彼の著作の内から、自伝の断片と神学論文の要約との二種の引用文を保持してきた。原註41 後世のイスマーイール派信徒の間では、彼は、ダーワ・ジャディーダ（*da'wa jadīda*、〝新教説〟）、つまりカイロとの断交後に広められ、ニザール・イスマーイール派の間で維持され練りあげられて改革されたイスマーイール派教義の主導者として崇拝された。後のニザール派著作は、彼自身による教えの引用あるいは概要であると思われる多くの文章を含んでいる。ハサンは、決してイマームであるとは主張せず、単にイマームの代理と称した。イマームの消失後は、彼は〝フッジャ〟（*hujja*〝証拠〟）、すなわち、彼の時代の隠れイマームについての認識の源であり、過去および未来の現われたイマームの系統をつなぐ生きた絆であり、ダーワ（*da'wa*）の指導者であった。イスマーイール派の教義は、根本的に権威主義である。その信者は何ら選択の権利を持たず、ターリーム（*ta'līm*）、つまり権威づけられた教えに従わなければならない。指導の究極的な拠り所はイマームであったが、直接の拠り所は信任された彼の代理人であった。スンニー派が言うように、人々は自らのイマームを選ぶこともできなかったし、また、神学や法学上の諸問題の真理決定に関して判断も下しえなかった。神がイマームを任命したのであり、イマームは真理の貯蔵庫であった。ひとりイマームのみが啓示と道理を確認できた。そして、その職務と教義の性格により、イスマーイール派イマームのみが事実上これを為しえたのであり、それ故に、ただ彼のみが真のイマームであった。彼の敵対者たちは横領者であり、彼らの信徒は罪人、彼らの教義は虚偽であった。

忠誠と服従を強調し、既成の世界を拒絶するこの教義は、身をひそめた革命的な反対勢力の掌中において強力な武器となった。エジプトのファーティマ朝カリフ国家という厄介な存在は、イスマーイール派の主張の一つの難点となっていた。カイロとの断交、そして、神秘的な隠れイマームへの忠誠の転換は、イスマーイール派の情熱と献身の鬱積した力を解き放った。そして、ハサン・イ・サッバーフの業績は、それらを喚起し指導したことにあった。

第四章　ペルシアにおける布教

ひとりのセルジューク・スルターンの死は、全ての明確な活動の即座の休止と、この国家の内外の敵がその好機を見出し捕えることのできる闘争と混乱の一時期を意味した。ハサン・イ・サッバーフによって創建されたイスマーイール派権力が、彼の死とともに、当時のムスリム支配のこのような惨めな典型に従うであろうと予想した者も多かったに違いない。ブズルグウミードがその地位を継承した二年後の一一二六年、スルターン・サンジャルはこの問題を試すべく攻撃を加えた。一一〇三年のタバス遠征以来、サンジャルはイスマーイール派に対して何ら反対行動をとっておらず、それどころか彼らとある種の協約を結んでさえいたらしい。一一二六年における反イスマーイール派攻勢の直接の動機は全く知られていない。このスルターンの自信の増大と、新しい君主のもとで予想されるイスマーイール派の弱体化とが、彼の帝国の辺境およびその内部にさえ存在する、この危険な自立勢力をそれ以上黙認しない決意を彼に促した最大の理由であろう。この攻勢には、スルターンの宰相で強硬論者のムーイーン・ウッディーン・カーシーが重要な役割を演じた。

その最初の攻撃は東部のイスマーイール派に加えられたようである。「この年、宰相は……イスマーイール派に対して戦争をしかけるように命令し、彼らがいた所ではどこでも、そして彼らが征服された所ではどこでも彼らを殺し、彼らの財産を掠奪し、彼らの女を奴隷にするよう指示した。彼は一軍を、彼らの手中にあった（クヒスターンの）トゥライシース〔トゥルシーズ〕およびニーシャープールのバイハク……に向けて送り出した。彼は彼らの所有下にある全ての地域に向けて部隊を派遣し、遭遇した全てのイスマーイール派教徒を殺すように命じた。原註1」その意味するところは、イスマーイール派教徒はムスリム相互の戦争における捕虜や一般民にイスラーム法によって認められている権利を否定され、死あるいは奴隷状態を蒙らなければならない異教徒として扱われるべきであるということらしい。このアラブの年代記作者は二つの成功を伝える。一つはバイハクの近くのイスマーイール派教徒の村タルズの征服で、そこの住民は切り殺され、彼らの指導者は自らモスクの尖塔《ミナレット》から飛び下りて死んだ。もう一つはトゥライシースへの侵入で、その地において軍隊は「多数を殺し、多くの戦利品を獲得して引き返した。」この遠征の結果が限られたものであり、決定的なものではなかったことは明白である。北部への攻撃は一層うまくいかなかった。シールギールの甥によって率いられたルードバール遠征軍は撃退され、多くの戦利品を奪われた。地方の支援を受けて送り出された他の部隊も打ち破られ、その指揮官のひとりが捕虜となった。

イスマーイール派の報復は遅れをとらなかった。二人のフィダーイーが宰相の家に馬丁を装って入りこみ、彼らの熟練と敬神の表明は彼の信用を獲得した。彼らは、ペルシア暦の新年にスルターンへ贈呈する二頭のアラブ馬を選ぶために、宰相が彼らを面前に呼び出した時に好機を見出した。この殺害は一一二七年三月十六日に行なわれた。「彼は良き行ないを為し、彼らとの闘いに立派な意志を示した。それ故に神は彼に殉教をお許しになった」[原註2]とイブヌル・アスィールは述べた。この同じ歴史家は、一万人以上のイスマーイール派教徒が殺されたというサンジャルによるアラムートへの報復遠征について記録している。この事件は、イスマーイール派やその他の史料には述べられていないから、おそらく彼の捏造であろう。

　この交戦が終了した時、イスマーイール派は以前よりもむしろ強力になっていた。ルードバールにおいては、彼らはマイムンディズ[訳註1]と呼ばれる新しい強力な要塞を建てることによってその立場を補強し[原註3]、ターラカーンを得ることによって明らかにその領域を拡大していた。東部においては、一一二九年、イスマーイール派部隊が、多分クヒスターンから、シースターンに侵入した[原註4]。同じ年に、イスファハーンのセルジューク・スルターン、マフムードは、和睦を論議した方が賢明と考え、アラムートからひとりの使節を招いた。不幸にも、この使節は、スルターンの面前を離れた時、イスファハーンの群衆の私刑によってもうひとりの同僚とともに殺された。スルターンは陳謝し責任を否認したが、しかしその殺害者たちを罰するようにというブズルグウミードの要求を拒否したのは無理からぬことであった。イスマーイール派はガズヴィーン攻撃によってそれに応えた。彼ら自身の年代記によれば、その地で彼らは四百人を殺し、莫大な戦利品を奪ったという。ガズヴィーン側はくい止めようと試みたが、ひとりのトルコ人将軍が同志たちによって殺された時、他は逃げ去った、とイスマーイール派年代記は述べる[原註5]。この時のマフムード自身によるアラムート攻撃は何ら成果をあげえなかった。

一一三一年にスルターン・マフムードが没すると、通例のごとく彼の兄弟と息子の間に争いが起こった。一部の将軍たちがバグダードのカリフ・アル・ムスタルシドを反スルターン・マスウード同盟に巻き込むことに成功したが、一一三九年、カリフは彼の宰相や多数の高官とともにマスウードによってハマダーンの近くで捕えられた。スルターンは彼の高貴なる捕虜をマラーガに連れて行き、そこで敬意をもって彼を処遇したと言われる——が、彼はイスマーイール派の一大集団が陣営に入り込んでカリフを殺害するのを妨げはしなかった。スンニー派イスラームの名義的な首長であるアッバース朝カリフは、機会がありさえすればアサシンの短剣にとっては一つの明らかな目標であった。ところが、世間の風評はマスウードの共犯あるいは故意の怠慢の罪を問い、さらに、今なおセルジューク諸君主の名目上の大君主であるサンジャルをもその犯罪の煽動者として告発した。ジュヴァイニーは、これらの告発から両者を免がれさせようと努めている。

「一部のより短見な、そしてサンジャル家に悪意を持つ者たちはこの行為の責任を彼らに問うた。だが、『占星術者たちはカアバの主によってうそをついた!』このような虚偽に満ちた中傷的な告発が、彼スルターン・サンジャルの人となりに対して申し立てられるには、そのハナフィー派信仰およびシャリーア（聖なる法）の遵奉と強化、そのカリフ国家に関連した全ての事への敬意、その慈悲と憐れみなどに示される彼の立派な人格と純粋な性格はあまりにも明白・明瞭に過ぎる。彼は仁慈の源泉であり憐憫の根源であった。」原註6

アラムートでは、このカリフの死の知らせは歓喜をもって迎えられた。彼らは七日七晩の間祝典を挙行してその同志をほめたたえ、アッバース朝の名と象徴とをののしった。

ブズルグウミードの治世におけるペルシアの暗殺名簿は、平凡ではないが比較的簡潔である。このカリフの他にも、犠牲者にはイスファハーンの知事、マラーガの長官――彼は町にカリフが到着する直前に殺された――、タブリーズの知事、そして、ガズヴィーンの治安判事《ムフティー》が含まれる。

暗殺のペースの減退のみが、イスマーイール派権力の性格に生じた唯一の変化ではない。ハサン・イ・サッバーフとは違って、ブズルグウミードはルードバール土着の人であり、よそ者ではなかった。彼はハサンの秘密の煽動者としての経験にあずかっておらず、その活動的な生涯のほとんどを統治者として管理者として過していた。彼が地方的君主としての役割を採用したこと、およびそのようなものとして他から容認されていたことは、イスマーイール派のかつての恐るべき敵であったエミール・ヤランクシュが、新興のホラズムシャーフ権力によってその地位を追われて、いく人かのイスマーイール派教徒とともにアラムートに逃亡した事件によって明白に証拠づけられている。シャーフは、自分がイスマーイール派の盟友であったこと、一方ヤランクシュが彼らの敵であったことを主張して、ヤランクシュ以下を引き渡すよう要求した。しかし、ブズルグウミードはそれを拒否して言った。「私は私の保護下に自ら身を置く者はいかなる者でも敵と見なすことはできない」[原註7]と。ブズルグウミードの治世について書いたイスマーイール派年代記作者は、彼の革命的な指導者よりはむしろ寛大な君主の役割を表わす、このような雅量についての物語をあげることに明らかに楽しみを見出している。

　このイスマーイール派支配者は、異端を抑圧してまでもその役割を果たした。イスマーイール派年代記によれば、一一三一年にアブー・ハーシムと呼ばれる一シーア教徒がダイラムに現われ、遠くホラーサーンにまで書状を送った。「ブズルグウミードは彼に忠告の手紙を送って、彼の注意を神の証言に向けさせようとした。」アブー・ハーシムは答えた。「あなたの言は不信心であり異端である。もしあなたがここへやって来てそれについて議論をするなら、あなたの信仰の虚偽が明らかになるであろう」と。イスマーイール派は彼に一軍を差し向け、彼を屈服させた。「彼らはアブー・ハーシムを捕え、彼に充分な証拠を与えて彼を焼き殺した。[原註8]」

　ブズルグウミードの長い治世は、一一三八年二月九日、彼の死とともに終った。ジュヴァイニーはそれを以下のごとく優雅に表現している。「ブズルグウミードは五三二年ジュマーダ第一月の二十六日（西暦一一三八年二月九日）に至るまで誤謬を統治しつつ無知の王座に坐し続けた。だがこの日、彼は破滅のかかとの下に踏みつぶされ、地獄は彼の死体を燃料として燃え盛った。[原註9]」彼がその死のたった三日前に後継者として指名しておいた彼の息子ムハンマドによって何ら事もなく後を継がれたということは、イスマーイール派指導者の性格が変化したことを意味する。ブズルグウミードが没した時、「彼らの敵は喜び、傲慢になった[原註10]」とイスマーイール派の年代記作者は伝える。しかし、彼らはすぐに彼らの期待が無駄であることを悟らされた。

新しい治世の最初の犠牲者はもうひとりのアッバース家の人物——殺されたアル・ムスタルシドの子で、その後継者である前のカリフ、アル・ラーシド——であった。父と同様に、彼もセルジューク朝の紛争に巻き込まれるようになり、スルターンによって召集された法官や法学者の会議においておごそかに廃位させられていた。その時アル・ラーシドは彼の同盟者に合流するためイラークを離れてペルシアに向かっていたが、暗殺者たちが一一三八年六月五日あるいは六日に彼を発見した時には、彼はイスファハーンにおいて病気の回復を待ちつつあった。その殺害者たちは彼個人に仕えていたホラーサーン出身者であった。一カリフの死は、アラムートでは新治世の最初の〝勝利〟を記念して、再び歓喜の一週間をもって祝われた。[原註11]

暗殺名誉録はムハンマドの治世に全部で十四の暗殺を記録している。このカリフを除いて、もっとも注目に値する犠牲者は、一一四三年にタブリーズで四人のシリア人暗殺者によって殺されたセルジューク・スルターン・ダーウードであった。その殺害者たちはモスルの支配者ザンギーによって派遣されたと言われた。彼はその領域をシリアに広げつつあり、彼にとって代るべくダーウードが派遣されるかも知れないと恐れていたというのである。北西ペルシアにおける殺人が、近くのアラムートからではなく、シリアから手配されねばならなかったということは確かに奇異である。その他の犠牲者には、サンジャルの宮廷の一将軍と彼の同僚の一人、ホラズムシャーフ家の一皇子、ジョルジア（？）とマーザンダラーンの地方君主たち、一宰相、そして、イスマーイール派教徒の殺害を正当化したり煽動していたクヒスターンとティフリスとハマダーンの法官たちが含まれる。

それはハサン・イ・サッバーフの偉大なる時代と比較して貧弱な成果であり、地方的・地域的な問題へのイスマーイール派の関心の増大を反映している。イスマーイール派年代記においてはこれらが中心を占める。そこには、帝国内の重大事件はほとんど述べられていない。その代り、奪った牛・羊・ロバその他の戦利品の目録で飾られた、隣接する君主との間の地域的な抗争に関する詳細な記述が見出される。イスマーイール派はまたルードバールとガズヴィーン間の一連の侵攻ならびに反攻において自己の地歩を維持し、一一四三年にはスルターン・マフムードによるアラムート攻撃を退けた。彼らはカスピ地方においていくつかの新しい要塞の獲得または建造に成功した。彼らはまた新たに二地域に彼らの活動を広げたとさえ伝えられる。その一は彼らが侵入して布教を続けたジョルジアであり、他はそこの君主によって彼個人のために布教団を派遣するよう要請された現在のアフガニスタンである。しかし、アフガニスタンにおいては、一一六一年その君主が没すると、伝道師と改宗者たちは共に彼の後継者によって処刑された。

特に頑強な敵が二人いた。それは、マーザンダラーンの君主と、レイの町においてイスマーイール派教徒虐殺を組織したりイスマーイール派の領域を攻撃した、セルジューク朝のレイ知事アッバースであった。両者ともイスマーイール派教徒の頭蓋骨の塔を建てたと言われている。アッバースは、一一四六年または一一四七年、バグダード訪問中に「スルターン・

サンジャルの合図のもと」――とイスマーイール派年代記作者は伝える――スルターン・マスゥードによって殺され、原註12 彼の首はホラーサーンに送られた。サンジャルとイスマーイール派がある時には――たとえば、クヒスターンにおけるイスマーイール派の一中心地にスンニー派信仰を復興しようとする試みをサンジャルが支持した時のごとく――衝突したにもかかわらず、彼らが結託していることを示すこのような指摘がいくつか見出される。クヒスターンにおいても他と同様、彼らが巻き込まれた紛争は一般に地方的・地域的なものである。アラムート以外の他のイスマーイール派の城や領地において、支配権が父から子へと伝えられ、彼らが関係する紛争がしばしば全く王朝的であるということは注目すべきである。

イスマーイール主義から熱情が失なわれたように見えた。イスマーイール権力とスンニー派君主との間の事実上の行き詰まりと暗黙の相互容認の中で、隠れイマームの名において古い秩序を廃し新たな至福千年《ミレニウム》を樹立するという偉大な闘いは、国境紛争や家畜狩りへと縮小していた。元来スンニー帝国に対する大攻勢の先鋒として予定されたその城塞は、イスラーム史上ありふれた形態である地方的・宗派的王朝の本拠となっていた。イスマーイール派は自己の造幣所さえ有し、自己の貨幣を鋳造した。実際にはフィダーイーたちは、今なお殺人を実行していた。しかし、これは彼らに限られたことではなかったし、またいずれにせよ、信徒たちの希望を燃えたたせるにはほとんど不充分であった。

彼らの中にはハサン・イ・サッバーフの輝やかしい時代――彼の初期の苦闘における献身と冒険、そして人々を鼓舞した宗教的信条――へたち戻ろうとした者も依然としていくらかはいた。彼らはアラムートの君主ムハンマドの息子で、明らかに後継者であるハサンの中に指導者を見出した。彼の関心は早くから始まった。「彼は、分別のつく年齢にほぼ近づいた時、ハサン・イ・サッバーフおよび彼自身の父祖の教えを学び検討したいという望みをいだいた。そして……彼は彼らの教義の解説に卓越するようになり……その雄弁な話しぶり……によって、彼はその人々の大部分を引きつけた。彼の父がこういう才能には全く欠けていたので、今やその息子は……父と比べると大学者のごとく見え、その結果……一般の人々は彼の指導に従うことを望んだ。彼らは彼の父からはそのような講話を聞いたことがなかったので、ここにハサン・イ・サッバーフによって約束されていたイマームが現われたと考え始めた。人々の彼への愛着が増し、彼らはその指導者として彼に従おうと急いだ。」

ムハンマドはこれを全く好まなかった。イスマーイール主義における彼の保守性の故に、「彼は、彼の父とハサン（・イ・サッバーフ）によって設定された、イマームに代って行なう布教の指揮およびムスリム慣習の外面的な遵守に関する諸原則を守ることに厳格であった。そして彼は彼の息子の行為をこれらの原則に矛盾するものと考えた。そこで彼は息子を厳しく弾劾し、人々を集めて次のように述べた。『このハサンは私の息子である。そして私はイマームではなく単に彼のダーイーのひとりにすぎない。ハサンの言葉に耳を傾け、それを信ずる者は全て異端者であり無神論者である』と。これらの理由で、彼は彼の息子をイマームであると信じていたいく人かの者をあらゆる拷問や責め苦をもって処罰し、ある時には、アラムート山上にて二百五十人を処刑し、それから彼らの死体を同じ罪で非難された他の二百五十人の背中にしばりつけて彼らを城から追放した。このようにして、彼らはその意図をくじかれ抑圧された。」[原註13] ハサンは時節を待った。そして、彼は彼の父の嫌疑を首尾よく晴らすことができた。一一六二年のムハンマドの死とともに、彼は何の反対もなくその跡を継いだ。その時、彼はおよそ三十五歳であった。

最初のうちハサンの支配は平穏無事で、特徴といえば、以前よりアラムートにおいて保持されていた聖法の厳格な施行がある程度緩和されたことだけであった。しかし、即位より二年半後のラマザーン断食月の最中に、彼は至福千年を宣言した。

ここに起こった事に関するイスマーイール派の記述は、後世の同派の文献およびいくぶん修正された形ではあるがアラムート陥落後に書かれたペルシアの年代記に保存されている。それらはある奇異な物語を伝える。五五九年のアリー殺害記念日であるラマザーン月十七日（西暦一一六四年八月八日）、おとめ座の支配とかに座の合図のもと、ハサンはアラムートの前庭の四隅に白・赤・黄・緑四色の大旗四本をつけた説教壇を西に面して建てるように命じた。彼が前もってアラムートに召集しておいた各地方の人々が前庭に集められ、説教壇に向かって、東方から来た人々は右側に、西方から来た人々は左側に、そして北方およびルードバール、ダイラムの人々が正面に並んだ。説教壇が西に面していたので、会衆はメッカに背を向けていた。イスマーイール派の一パンフレットは記す。「それから、正午近く、主（ハサン）――彼の陳述に平安あれ！――は白衣と白ターバンを身にまとい、城から降りて右側より説教壇に近づいた。そして申し分のない態度をもってそれに登った。彼は、三度、最初はダイラム人に、次に右側の人々に、つづいて、左側の人々に向かってあいさつを述べた。彼は一瞬彼は坐り、それから再び立ちあがって、彼の剣を手に取り声高らかに声明した。」彼は「現世と来世の住人たちすなわち魔族 *jinn* と人間と天使」とに向かって、新たな導きにより隠れイマームからの託宣が彼のもとに達したと告げた。「我らが時代のイマームは汝らにその祝福と憐れみとを送り、汝らを彼の特別に選ばれたる下僕と呼んだ。彼は汝らを聖法の諸規定の重荷より解き放し、汝らを『復活』に導いた。」加えて、そのイマームは、ブズルグウミードの子のムハンマドの子、ハサンを「我らが代理であり、ダーイーであり、証である」として指名し、「我が宗派は宗教的および世俗的事柄の全てにおいて彼に服し従い、彼の命令を拘束力のあるものと見なし、彼の言葉が我々の言葉であることを知らなければならない」[原註14]と告げた。演説を終えると、ハサンは説教壇から降り、祝祭のための礼拝の平伏を二度行なった。それから、テーブルがしつらえられ、彼は人々に断食を解いて宴会に加わり陽気に遊ぶように勧めた。この吉報を西に東に伝えるために使者が派遣された。クヒスターンでは、ムミナーバード要塞の司令官がアラムートの祝典を再現し、誤った方角に面した説教壇の上から、自らをハサンの代理であると宣言した。「そして、異端者の巣窟ムミナーバードにおいてこれらの醜行が暴露され、これらの悪が布告されたその日、会衆はその説教壇の階段そのものの上やその周囲で竪琴や三弦を弾き、公然と酒を飲んだ。」[原註15]シリアにおいてもその言葉は受け入れられ、信徒たちは法の終りを祝った。

法の宗教上、儀式上の冒瀆――メッカに背中を向けた会衆、断食の最中における日中の宴会――はイスラームにおいてしばしば見出され、且つまたキリスト教世界に明白な類似を有する至福千年説的・道徳律廃棄論的《アンティノミアン》傾向の頂点を示す。法はその目的を果たし、その支配は終りを告げる。諸々の秘密が明かされ、イマームの恩寵が広く行きわたる。彼は、その信者たちを彼の選ばれた個人的な下僕とすることによって、彼らを罪から守ってきた。彼は、復活を宣言することによって、彼らを死から救い、彼らを生きながら真理の認識であり神の実在の観照であるあの精神的な楽園へと導いた。「さて、この空虚な信条の本質は……哲学者たちに従って、彼らが世界を実在せぬものとして、時間を無限のものとして、そして復活を精神的なものとして述べたことにあった。そして彼らは天国と地獄を……これらの概念に精神的意味を与えるという方法において説明した。それからこれに基づいて、彼らは、復活は人間が神のもとに至り、全ての創造の神秘と真理が明かされ、服従行為が廃される――というのは、この世では全てが行為であって何の報いもないが、来たるべき世界では全てが報いであり、何の行為も存在しないから――時であると語った。これが精神的（復活）であり、ハサンによって示されたこれこそ、あらゆる宗教や信条において約束され待望された復活である。そして、その結果として人間はシャリーアによって課された義務を免除された。何故ならば、この復活の時には彼らはあらゆる意味で神の方を向き、宗教上の法の儀式および既成の礼拝の習慣を捨てなければならないからである。シャリーアにおいては、人間は一日に五回神を礼拝し、神とともにいなければならないと規定されていた。その義務は単なる形式であったが、今や復活（の日々）には、彼らは彼らの心の中において常に神とともにいて、彼らの魂の顔を絶えず神の存在する方向に向けていなければならない。すなわち、こうすることが真の祈りであるから。[原註16]」

この新たな体制はアラムートの君主の地位に一つの重大な変化をもたらした。城の前庭での説教において、彼はイマームの代理であり、その生ける証拠であると言明されている。彼は、復活（*qiyāma*）の招来者として、イスマーイール派終末論における指導的人物カーイム *Qā'im* である。ラシード・ウッディーンによれば、公式表明の後、ハサンは文書を配布し、その中で表面上彼はブズルグウミードの孫として知られたが、秘教的真実においては彼はその時代のイマームでありニザールの系統に属する前イマームの子であると述べた。一部の人々が示したごとく、ハサンはこの復活の時代にすでに意味を失なっていたニザールとの肉体的血縁関係を主張したのではなく、一種の精神的系統を主張していたとも考えられる。事実、初期のイスラーム救世主運動には、予言者の家系との精神的あるいは養子的血縁関係を主張した先例がいくつか見出される。しかし、後世のイスマーイール派伝承は、この置換がいかに行なわれたかに関しては異説を唱えるが、ハサンおよび彼の子孫がニザールの真の系統に属したという主張では一致している。ハサンその人は特に崇敬され、常にハサン・アラー・ズィクリヒッサラーム Ḥasan 'alā dhikrihi'l-salām（ハサン「彼の陳述に平安あれ！」）と記されている。

イスマーイール派の大部分は躊躇することなくこの新しい体制を受け入れた。しかし、一部に法の軛《くびき》から解放されることを拒否した者もいた。彼らに対しては、ハサンは自由を押しつけるためにもっとも厳しい処罰を用いた。「ハサンは暗に、そしてまた明確な宣言によって、法の時代にはもし、服従したり礼拝したりせずに服従と礼拝は精神的なものであるとする復活の規定に従う人がいれば、彼は罰せられ石たたきの刑に処せられて殺された、それと全く同様に、復活の時代である今日、もしある人が法の文字に服従し肉体的礼拝と儀式に固執するなら、彼は懲罰を受け石たたきの刑に処せられて殺されるべきであると主張した。[原註17]」

その反対者の中には、あるダイラム人貴族の子孫であったハサンの義弟がいた。ジュヴァイニーによれば、彼は「敬神と信心のいくらかの香気がその心の鼻腔にいまだにやって来る人々」のひとりであった。「この男はそれらの恥ずべき過ちの宣伝に耐えることができなかった。神よ彼に慈悲をたれ、彼の意志の善良さに報い給え！　五六一年ラビー第一月六日（西暦一一六六年一月九日）の日曜日に、彼はラマサル城内にて邪道への誘惑者ハサンを刺し殺し、この世から『神の燃え盛る火に向って』旅立った。[原註18]」

ハサンは彼の十九歳の息子ムハンマドによって後を継がれた。ムハンマドは彼の父およびそれ故に彼自身がニザールの子孫でありイマームであることを確認する方向に進んだ。彼は多作の著述家であったと言われ、その長い治世の間に復活の教理は発展させられ練り上げられた。しかし、外部の世界へのその影響は著しく少なかったようである。アラムートにおける復活の全エピソードが、同時代のスンニー派の歴史著述には記述されずに終り、イスマーイール派の文献がスンニー派学者の手中に入ったアラムートの破壊以後初めて知られるようになったことは重要である。

政治的にもまた、ムハンマド二世の治世は平穏無事であった。アラムートの人々は彼らの隣人たちを襲撃し続け、フィダーイーたちはバグダードにてカリフの宰相を殺した。しかしそれ以外には重要な事件はほとんど起こらなかった。ラシード・ウッディーンや他の著述家たちによって述べられたある物語は、偉大なスンニー派神学者ファフル・ウッディーン・ラーズィーに関するものである。ファフル・ウッディーンは、レイでの神学生たちへの講義において、特にイスマーイール派を論駁しののしるのを常としていた。このことを聞いたアラムートの君主はそれをやめさせようと決心し、レイにひとりのフィダーイーを送った。彼はそこで一学生として名を連らね、七ヵ月の間毎日ファフル・ウッディーンの講義に出席した。そしてついに、彼はあるむずかしい問題について相談することを口実にして、自分の部屋にひとりでいる彼の師に会う機会を見出した。そのフィダーイーは直ちに短剣を抜き放って、それでその神学者を脅迫した。「ファフル・ウッディーンは飛びのいて言った。『君は何が欲しいのだ。』そのフィダーイーは答えた。『私はあなたの名誉ある腹部を胸からへそまで切り裂きたい。何故なら、あなたは演壇から我々をののしってきたから』と。」一瞬の組打ちの後、そのフィダーイーはファフル・ウッディーンを地面に投げつけ、彼の胸の上にまたがった。恐怖に駆られた神学者は懺悔し、将来そのような攻撃をさし控えることを約束した。そのフィダーイーは納得し、ファフル・ウッディーンからのその行為を改めるという厳粛なる約束を受け入れて、三百六十五ディナール金貨の入った袋を出した。これが、そして毎年それと同額が、ファフル・ウッディーンの受諾への返礼として彼に支払われることになった。それ以来、ファフル・ウッディーンは、イスラーム諸宗派についての講義においては、イスマーイール派に対する攻撃的な表現を避けるように大いに配慮した。彼の学生のひとりがこの変化に気づき、その理由を尋ねた。教授は答えた。「イスマーイール派は説得力のあるかつ明確な論拠を有しているから、彼らをののしることは賢明ではない」[原註19]と。この物語は作り話の体裁をとっている。しかし、ファフル・ウッディーン・ラーズィーが彼の著述の中で、イスマーイール派の教義を容認していないにもかかわらず、一方では狂信的で知識不充分の悪口によって彼らを論駁しようとしたあるスンニー派神学者を非難し、イスマーイール派のテキストを正しく引用したもうひとりの学者を称賛していることは注目されうる。[原註20]もちろん、ラーズィーの主眼点は、イスマーイール派が正しいということにではなく、神学的論争は反対者の見解についての正確な知識と理性的な理解とに基づかなければならないということにある。

その間に、イスラームの東方地域においては、大きな政治的変化が起こっていた。一時統一を回復し、スンニー派イスラームの目的を再肯定していたセルジューク大スルターン国家は崩壊しつつあった。それに代って、セルジューク朝の王族あるいは将校たちによって建てられ、またトルコ民族移住の継続的な波によって中央アジアから中東へと導かれていた遊牧トルコマン部族の首長たちによって相当数建てられた新しい形態の統治権力が出現した。トルコ民族の拡大はこの時その領土的限界に達しており、セルジューク族によるトルコ帝国体制は倒壊していた。しかし、トルコ民族の浸透と植民は、すでに達成されていた征服を深めまた強めつつなお続けられた。政体の変化は何ら本質的変化をもたらさなかった。とって代った君主たちは、宗教的正統主義への確固たる結びつきを含めて、セルジューク族の政治的・軍事的・行政的慣行を維持する方が容易であると悟った。ここかしこのトルコ人が少なかった所では、ペルシア系、クルド系あるいはアラブ系の地方集団が頭をもたげ、ある程度の独立を達成した。しかし概して、トルコ系首長たちは、いかに政治的忠誠によって分割されていようとも、旧来の土着君主を排除しそれにとって代るという共通の目的を追求した。そして、このことに彼らは大いに成功したのであった。

十二世紀も終りに近い頃、新しい勢力が東方に出現した。アラル海の南に、隣国を揺り動かしつつあった変動から砂漠という遮断線によって守られた、古いそして富裕な文明の中心地、ホラズムが横たわっていた。中央アジアの大部分の地域と同様に、そこもトルコ人によって征服され植民されていた。その支配王朝は、セルジューク大スルターン、マリクシャーフによって知事としてそこへ送られたひとりのトルコ人奴隷の系統を引くものであった。これらの支配者たちは最初は大権力の臣下として、その後は独立した君主として栄え、ホラズムシャーフ、つまりホラズムの王という旧い土着の称号を採用することによって、彼らが支配したその国との同一性を顕示していた。全般的な混乱の真只中で、繁栄し良く武装されたホラズム王国は唯一の安全な避難所であった。その君主が彼の支配の恩恵を他の国々や人々に広げざるをえないと感じるまでに、それほど長くはかからなかった。一一九〇年頃、ホラズムシャーフ・テキシュはホラーサーンを占領して東イランの主となり、イスラームにおける一大勢力にのしあがった。イランのセルジューク朝最後の君主トグリル三世によって厳しく圧迫されていたバグダードのカリフ・アル・ナースィルは、テキシュに援助を懇請し、かくしてホラズム軍に西方に進軍してレイとハマダーンを征服する好機を提供した。一一九四年にセルジューク朝の最後の君主が敗北し殺されたのは、レイにおいてであった。

セルジューク族の到来以来の一世紀半の間に、彼らが創設した偉大なスルターンの地位はイスラームの権力形態における容認された一部となっていた。最後のセルジューク・スルターンの死はかくして空白状態を創り出し、勝利を得たホラズムシャーフこそが明らかにそれを満たすべき人物であった。今やテキシュは、カリフ・アル・ナースィルに書信を送り、バグダードにて彼をスルターンとして受け入れ承認するように要求した。しかし、アル・ナースィルは別の考えを持っていた。そして、カリフの同盟者からカリフの保護者になることを期待していたテキシュは、それどころか彼がカリフの敵になっていることに気がついた。

一一八〇年のアル・ナースィルの即位以来、アッバース朝カリフ国家は著しい復興を享受していた。ほぼ三世紀の間、カリフたちはスンニー派イスラームの名目上の長でありながら、実際上は軍事支配者や将軍、そして後にはスルターンの支配下にある単なる傀儡にすぎなかった。イラークにおけるセルジューク権力の衰退は好機を生み出し、アル・ナースィルは素速くそれを捕えた。彼の目的は二つあった。それは、イスラームの宗教的統一とその首長としてのカリフの精神的権威とを回復すること、ならびに、カリフの実際上の支配の下にイラークにカリフ公国――いかなる外部からの統制あるいは影響も受けない、彼の宗教政策のための基地として働く一種の教会国家——を樹立することであった。第二の狭い目的を、彼はトグリルに対する、後にはテキシュに対する政治的・軍事的活動によって追求した。そして、イスラームの復興という第一の——そしておそらく本筋の——目的は、十二イマーム・シーア派およびイスマーイール派両者への接近を含む、一連の宗教的・社会的・教育的な首唱《イニシァティヴ》によって推し進められた。この内、第二の目的については、彼は驚くべき成功を収めた。

一二一〇年九月一日、アラムート君主ムハンマド二世が、おそらく毒によって没し、彼の息子ジャラール・ウッディーン・ハサンによって後を継がれた。すでに父の存命中に、ハサンはキヤーマ *qiyāma*〔復活〕の教理と慣行に対する不満と、より広いイスラーム同胞の間に受け入れられたいという願望との徴候を示していた。ジュヴァイニーは以下のごとく述べる。

「彼の幼年時代に、彼の父は彼を後継者に指名していた。彼が成長し聡明さの兆しを見せると、彼は父の信条を退け、異端と自由思想の慣習に愛想をつかした。彼の父は、彼の感情がいかなるものかということに気づき、彼らの間には一種の敵意が生じた。そして、彼らはお互いに恐れ疑った。……彼の信仰の正統主義の故か、彼の父に対する敵意の故か、今やジャラール・ウッディーン・ハサンはムハンマドに対して陰謀を企て、バグダードのカリフおよび他の国のスルターンや支配者に秘かに使いを遣って、彼が彼の父と異なり誓って一個のムスリムであること、そして彼が統治する番がやって来たなら、彼は異端を廃しイスラームの遵守を再び導入するつもりであることを主張した。……その即位の瞬間から、ジャラール・ウッディーンはイスラーム信仰を公言し、異端に帰依した彼の人民と党派を痛烈に非難して彼らにそれを維持することを厳しく禁じ、イスラームを採用しシャリーアの慣習に従うように促した。彼はこれらの変化について報じるために、バグダードのカリフやホラズムシャーフのムハンマド、そしてイラークその他の地方君主 *maliks* や将軍たちに対し使者を派遣した。〔すでに〕彼の父の存命中に彼ら全てに彼の立場を告げることによってその方向を準備していたので、今や彼らは、彼の言葉を信じた。特にバグダードにおいては、彼のイスラームへの改宗を確認する布告が出され、あらゆる好意が彼に示された。彼との間に文通が開始され、彼はいくつかの名誉ある称号をもって呼びかけられた。……彼は新ムスリム・ジャラール・ウッディーン Jalal al-Din the Neo-Muslim として知られるようになり、彼の治世中、彼の信徒たちは新ムスリム Neo-Muslims と呼ばれた。」

心理学者ならば、また、ハサンがイスマーイール派信徒の父と意見を異にする一方、熱烈なスンニー派信徒であった母に対し強い愛着をもっていたことにも注目するに違いない。

ガズヴィーンの人々は、当然のことながら、彼らの古くからの隣人であり敵である人々によるこの改宗の真実性についていくらかの疑いを表明した。そこでジャラール・ウッディーン・ハサンは、彼の誠実さを彼らに納得させるためひじょうに苦労しなければならなかった。彼はその町の要人たちに直接近づき、彼らにアラムートへ代表団を派遣し、そこの図書館を点検して彼らが非と認めた著作を除去するように勧めた。これらの著作には、ハサン・イ・サッバーフおよびジャラール・ウッディーン・ハサン自身の父祖たちによって書かれた諸論文が含まれていた。ジュヴァイニーは次のように記す。

「ジャラール・ウッディーンはこれらの著作をガズヴィーンの人々のまさに面前で彼らの指示によって焼き払うように命じた。そして、彼は彼の父祖とあの宣教の創始者たちに対し呪いの言葉と悪口を述べた。私はガズヴィーンの要人や法官の手もとにあった一通の書状を見たことがある。それはジャラール・ウッディーン・ハサンによって口述されたものであったが、その中で彼は彼によるイスラームの採用およびシャリーアの慣習の容認、ならびに彼の父祖たちの異教と信仰からの解放について述べている。そして、ジャラール・ウッディーンはその書状の表に彼自身の筆跡で数語を書き記しており、彼ら〔父祖たち〕の宗教からの解放について言及する際に、彼の父祖たちの名前のところに来ると、彼は『神よ、彼らの墓を火によって満たしたまえ！』という呪いの言葉を付け加えている。[原註21]」

ジャラール・ウッディーンの母は、六〇九年（西暦一二一二―一三年）、聖地巡礼に出発し、バグダードにおいてひじょうな敬意と尊敬をもって遇された。不運なことに、彼女のメッカ訪問はそこのシャリーフ[訳註2]の従兄弟の殺害と時を同じくした。そのシャリーフは、彼の従兄弟とひじょうに良く似ていたので、彼自身が犠牲者として狙われたのであり、その殺害者はカリフによって彼に向けて派遣された暗殺者であると信じた。怒りに燃えて、彼はそのイラークからの巡礼団を襲って掠奪し、彼らから重い科料を取り立てたが、その多くはアラムートからやって来た婦人によって支払われた。この災難にもかかわらず、ジャラール・ウッディーンはそのムスリム同盟を維持することができた。また、彼はアッラーンおよびアゼルバイジャーンの君主と贈物や種々の援助の交換を通じてひじょうに親密になり、彼らの共通の敵である西部イランの支配者に対してその力を合わせて対抗した。この政策は彼らが共同で接近していたカリフの支持を受けた。

カリフからはまた他の種類の援助が与えられた。「イラーク、アッラーン、アゼルバイジャーンに一年半滞在した後、ジャラール・ウッディーンはアラムートに戻った。この旅行の間に、またこれらの国々に滞在中に、ムスリムであるという彼の主張はより広く受け入れられるに至り、今やイスラーム教徒たちは彼と以前より自由に交際した。彼はギーラーンの将軍たちに彼らの女性たちとの婚約を申し込んだ。」将軍たちは、当然ながら、このような恐るべき求婚者の申し出を認めるにせよ拒否するにせよ、どちらにしても気が進まなかった。そこで彼らはカリフの認可を条件とする同意によって問題を処理した。早速、一使節がアラムートからバグダードに送られ、カリフは「イスラームの法に従い」将軍たちが彼らの娘たちをジャラール・ウッディーンに与えることを認めた書状を彼に与えてその願いをかなえた。この勅令を携えて、彼は四人のギーラーンの王女たちを妻に迎え入れた。そして、その中のひとりが次のイマームを生む名誉を担った。[原註22]

ジャラール・ウッディーン・ハサンの宗教上、軍事上の、そして結婚における冒険は彼の地位の著しい強さを例証する。復活を採用した時の布告に劣らない突然の、そして徹底的な布告によって、彼はそれ〔復活〕を廃し法の支配を回復した。そして、彼はルードバールのみならずクヒスターンやシリアにおいても信徒の服従を受けた。また、彼の前任者の誰もしなかったことであるが、彼はその遊説のためにアラムートを離れ、一年半の間留守にしたが大過なかった。将校や聖職者を殺すために殺人者を派遣する代りに、彼は地方や都市を征服するために軍隊を送り、そして、村々にモスクや浴場を建てることによって、暗殺者の巣窟から結婚縁組の絆によって隣人たちと結ばれた立派な王国へと彼の領地の転換を成し遂げた。

他の地方君主たちと同様、ジャラール・ウッディーンも同盟関係を結んだり改めたりした。最初彼はホラズムシャーフを支持したらしく、ルードバールでは説教前の祈りを彼の名において朗誦させたほどであった。その後、彼は彼の忠節をカリフに移し、反逆してホラズムシャーフに仕えるに至っていたある将軍とメッカの一シャリーフを暗殺によって除去したことを含めて、種々の方法で彼を援助した。後に彼は東方に興りつつあった新たな恐るべき勢力をいち早く認めてとり入った。「彼ら（イスマーイール派信徒たち）は、世界皇帝チンギーズ・ハーンがトルキスタンを出発した時、彼がイスラームの諸国に達する前に、ジャラール・ウッディーンが彼に対して秘かに急使を派遣して書状によって彼の服従と忠誠を申し出ていたと述べている。このことは異端者たちによって主張されたものであり、その信憑性は明らかではない。しかし、世界征服王チンギーズ・ハーンがイスラームの諸国に入った時、オクサス河のこちら側の君主で使節を送って敬意を表し忠誠を示した最初の君主がジャラール・ウッディーンであったことはほとんど明白である。[原註23]」

一二二一年十一月、わずか十年の統治の後に、ジャラール・ウッディーン・ハサンは没した。「ジャラール・ウッディーンの死の原因となった病気は赤痢であった。そして、彼はその姉妹および一部の親族の黙認のもと彼の妻たちによって毒を盛られていたのではないかと怪しまれた。彼の遺言によってその王国の管理者となり、彼の息子アラー・ウッディーンの教師ともなった宰相は、この嫌疑で多数の彼の親族や彼の姉妹、妻たち、そして親友や腹心の友を処刑し、また、ある者を火あぶりにした。[原註24]」

ジャラール・ウッディーンによる儀式的慣習の復活と彼の正統主義およびカリフ国家との和解は種々解釈されてきた。ジュヴァイニーやその他のペルシア人スンニー派史家たちにとって、それらは偽りのない宗教的転向の表現であり、彼の前任者たちの邪悪な信仰と習慣を捨て去り、彼の人民を彼らがそこから大きく踏みはずしていた真のイスラームの道に引き戻したいという願望の表われであった。カリフ自身はハサンの誠意に満足していたらしく、ギーラーンにおける彼の結婚を間に入って支持したり、また巡礼途中の彼の母に名誉ある地位を与えたりして、同盟が求める限界以上の好意を示した。ガズヴィーンの疑い深い人々でさえ、ジャラール・ウッディーンの誠実さについて納得している。六世紀後のメッテルニヒ時代のウィーンにおいて、ヨーゼフ・フォン・ハンマーはそれほど容易には納得せず、自ら小さな主張を示した。「故に、そのように声高に外へ向かって宣言されたイスマーイール派からイスラーム主義へのジャラール・ウッディーンの転向と彼の不信心の教理の公然たる放棄いは、その教理を無分別に公表したために聖職者たちの呪いと君主たちの圧迫にさらされていたその教団の信用を再建し、そして教団長の権威に代って君主の肩書を自ら獲得するために為された偽善に過ぎず、またそのために深く企図された政策以外の何ものでもなかった、と言った方がより正しい。かくして、ジェスイット会は、彼らが議会による排除とヴァティカンからの解散の教書とによって脅やかされた時——すなわち、至る所で彼らの倫理と政策の諸原則に反対する内閣および国民の声が起こった時——、彼らの一部の詭弁家によって無思慮にほのめかされていた合法的な謀反ならびに大逆の原理を自ら否定し、また彼ら自身の訓言を公然と非難した。しかし、それでもなお、彼らはその訓言を教団の真の規定として秘かに遵奉した。[原註25]」

イスマーイール派信徒にとってもまた、これらの変化は説明を必要とした。つまり彼らはただ単に一地方君主に従う地域的国家の民ではなかった。もっとも外部の世界にはこれが彼らの外観として映っていたかも知れないが。ましてや彼らは単なる陰謀者と殺人者の一団ではなかった。彼らは誇るべき過去と秩序ある伝道組織を持つ一宗教の忠実な信徒であった。それ故、全ての真の信者と同様に、彼らは彼らの全き城塞を無傷に保つ必要を感じていた。このことは、そのあらゆる変化——法から復活へ、復活からスンニー主義の顕示へ、そして後には法に縛られたイスマーイール主義への復帰——に宗教的な価値と意義が与えられることを求めた。

一つの解答が二つの原理——すなわち、危険に直面した際に真の信仰を隠蔽するタキーヤ

Taqiyya の原理と、隠蔽と顕示の時代が交互に来るという古いイスマーイール派の概念――に見出された。これらの時代は外面的な法と内面的な真実の各時期に一致し、それぞれ新たな体制をもたらすひとりのイマームによって画された。十三世紀のあるイスマーイール派著述によれば、「聖なる法の外面的形態を持つそれぞれの予言者の時代は隠蔽の時代と呼ばれ、その予言者たちの法の内面的真実を所有するそれぞれのカーイム *Qā'im* の時代はキヤーマ（復活）と呼ばれる。[原註26]」新たな隠蔽の時代は一二一〇年ジャラール・ウッディーン・ハサンの即位とともに開始された。この時隠蔽されたのは、それ以前の隠蔽の各時代におけるようにイマーム自身ではなくて、彼らの伝道組織の真の性格であった。内面的な真実が隠された時、法的遵守に関していかなる外面的形態が採用されるかということは大して重要ではなかった。

ジャラール・ウッディーンが没すると、彼の一人息子で九歳の少年であったアラー・ウッディーン・ムハンマドが後を継いだ。しばらくの間は、ジャラール・ウッディーンの宰相がアラムートの事実上の支配者であり、彼はスンニー世界との協調政策を維持していたようである。しかし、反動が力を増し始めつつあった。聖なる法の遵守はイスマーイール派の領内ではもはや強制されなかったし、また、それが積極的に妨げられたという報告さえある。ジュヴァイニーおよびその他のペルシア人史家たちはこれらの変化を新しいイマームのせいにしている。「ところでアラー・ウッディーンはひとりの子供に過ぎず、何の教育も受けていなかった。というのは、彼らの虚偽の信条によれば……彼らのイマームは、幼児であろうが、青年であろうが、老人であろうが、根本的には同じであり、そして彼の述べたり行なったりする事は全て……正しくなければならなかったから……。したがって、アラー・ウッディーンがいかなる方針をとろうが、誰もそれに対して不満を表明することができなかった。また……彼らは彼が罰せられたり、忠告されたり、正しく導かれたりすることを許そうとはしなかった。……諸業務の管理は婦人たちの決定に任され、彼の父が据えた基礎はくつがえされた。……彼の父を恐れてシャリーアとイスラームを採用してはいたが、その不正な精神と陰気な心の中ではなおも彼の祖父の邪悪な信条を信じていた人々は……今や彼らが禁じられた罪悪を犯すのを妨げたり、思い止まらせたりする人が誰もいないのを見て……再び彼らの異端に復帰し……そして……彼らの力を回復した……。そこで信念をもってイスラームを受け入れていた他の人々は……恐ろしくなり……彼らがムスリムであるという事実を再び隠した……。

この子供は約五、六年間統治した後に……憂鬱病にかかった。……誰一人敢えて彼に反駁しようとしなかった。……彼の王国の内外の諸事件についての全ての報告は……彼には隠されたままであった。……どんな相談相手も……彼には……敢えて一言も発しようとはしなかった。……彼の王国内では、窃盗や街道荒しや暴行が彼の黙認のあるなしにかかわらず毎日起こった。そして彼はそのような行為は虚偽の言葉と金銭の授与とによって弁解しうると考えた。そして、これらの事があらゆる限度を越えてしまった時、彼の命や妻たちや子供たち、それに家や王国や富はあの狂気と精神錯乱に失なわれた。[原註27]」

これらの難事にもかかわらず、同派の諸業務を管理しうる有能な指導者たちが今なお存在しており、アラー・ウッディーンの治世は、知的活動および政治的活動の双方が活発に行なわれた時期であった。ムスリム君主の義務——そして栄誉——とされているものの一つに科学と学問の保護ということがあり、イスマーイール派のイマームたちもこの点においては遅れをとってはいなかった。アラムートの図書館は有名であり——強い敵意を持つジュヴァイニーでさえもそれには関心があることを認めている——、この時期には外部から多数の学者を引きつけた。これらの内で第一位の人物は哲学者・神学者であり天文学者でもあったナスィール・ウッディーン・トゥースィー（一二〇一—七四年）で、彼はそこに多年の間留まった。この時には彼は一イスマーイール派教徒として過し、実際にイスマーイール派の論文を書いた。それらは今なお、同派によって権威あるものとして受け入れられている。後に彼は自分が十二イマーム・シーア派教徒であり、イスマーイール派との交際は不本意なものであったと主張した。もしいずれかであるとするなら、彼の忠節のどちらがタキーヤであったかは不明のままである。

アラー・ウッディーンの治世の初めの数年間は、イランにおける状勢はイスマーイール派の一層の拡張に好都合であった。ホラズム帝国はモンゴルの侵入の衝撃によって粉砕されていた。そして最後のホラズムシャーフ、スルターン・ジャラール・ウッディーンが彼の崩壊した王国を再建しようと無駄な試みをしている間に、イスマーイール派は彼らの王国を拡大することに成功した。ほぼこの頃、彼らはギルドクーフ要塞に近いダームガーンの町を奪い、さらにレイを取ろうと試みたらしい。レイにおいては、一二二二年頃ホラズム人たちがイスマーイール派ダーイーたちの大虐殺を命じている。

一二二七年、スルターン・ジャラール・ウッディーンはイスマーイール派に休戦を受け入れてダームガーン市の代償に貢物を納めるよう強要した。この少し前、オルハーンというホラズム人将校が、クヒスターンのイスマーイール派居住地に対する侵入の報復として暗殺されていた。ホラズムシャーフ・ジャラール・ウッディーンの伝記作者ナサヴィーはその事件を生き生きと描いている。「三人のフィダーイーがオルハーンに襲いかかり、彼を町の外で殺した。それから彼らはアラー・ウッディーンの名を叫びながら手に手に短剣を持って町に入り、ついに（宰相）シャラフ・アル・ムルクの門前に達した。彼らは書記官の建物に入ったが、彼がその時スルターンの宮廷にいたため、彼を見出せなかった。彼らは召使いのひとりを傷つけ、鬨《とき》の声をあげて彼らの成功を広言しながら再び外へ飛び出した。一般の人々は屋根の上から彼らに石を投げつけ、ついに彼らを打ち殺した。彼らは今わの際に叫んだ。『我々は我らが主アラー・ウッディーンのための生贄である』と。」

ちょうどこの時、アラムートの使節バドル・ウッディーン・アフマドはスルターンとの会見に向かう途中であった。この事件のことを聞いて、彼が彼の接見について多少とも懸念したのは無理もないことであった。そこで彼はこの宰相に手紙を書き、彼が旅行を続けるべきか引き返すべきかについて助言を求めた。自分の命に不安を持っていた宰相は、彼〔使節〕の存在が「オルハーンにふりかかった恐ろしい運命と恐るべき死から彼を保護してくれるであろう」と期待して、そのイスマーイール派使節を喜んで迎えた。それ故、彼は使節に自分と合流するよう勧め、彼の使命に関して可能なあらゆる援助を与えることを約束した。

そこでその二人は共に旅をし、宰相はあらゆる努力を払って彼の恐るべき客人にとり入った。しかし、彼らの友情はある不幸な事件によって損なわれた。「彼らがサラーブの平原に到着し、酒宴に耽った時、酔いが回ってきていたバドル・ウッディーンが言った。『ここのあなたの軍隊の中にさえ、我々のフィダーイーがいる。彼らは、あるものはあなたの厩に、あるものはスルターンの従者長の職にというように、適切な職についており、あなたの部下として通っている』と。シャラフ・アル・ムルクは彼らに会いたいと言ってきかず、彼に通行証として自分のハンカチを与えた。そして彼らがやって来た時、バドル・ウッディーンはそこで五人のフィダーイーを呼び出した。その中のひとりの横柄なインド人がシャラフ・アル・ムルクに言った。『私はこれこれの日にこれこれの場所であなたを殺すことができた。しかし、私がそのようにしなかったのは、あなたを始末するようにという命令をまだ受け取っていなかったからである』と。シャラフ・アル・ムルクはこの言葉を聞くと、彼の外套を脱ぎ捨て、彼らの前にシャツ姿で坐って言った。『こうする理由は何か？　アラー・ウッディーンは私から何を望んでいるのか？　私の側のどんな罪や欠点のために彼は私の血を欲するのか？　私はスルターンの奴隷であると同様に彼の奴隷でもある。そしてそれ、私はあなた方の面前にいる。好きなように私を始末してくれ！』と。」この言葉がスルターンの耳に届くと、彼はシャラフ・アル・ムルクの卑屈さに激怒し、彼に直ちにその五人のフィダーイーを生きたまま火あぶりにするように命令を送った。その宰相は彼らに対する慈悲を嘆願したが無駄であった。そして、彼はスルターンの命令を実行するように強要された。「大きなたき火が彼の天幕の入口で燃やされ、五人の男たちはその中に投げ込まれた。彼らは焼かれながら叫んだ。『我々は我らが主アラー・ウッディーンのための生贄である！』と。遂に彼らの魂は、灰となって風に散って彼らの肉体を離れた。」そして、そのうえ予防措置として、スルターンは従者長を怠慢の罪で処刑した。

ナサヴィーは個人的にその余波を目撃している。「ある日バルダーアで私はシャラフ・アル・ムルクとともにいた。その時、サラーフ・ウッディーンという使節がアラムートから彼のもとへやって来て言った。『あなたは我々のフィダーイーを五人焼き殺した。もしあなたが自分の安全を貴ぶなら、彼らひとりにつき一万ディナールの血の罰金《ブラッドウィット》を支払わなければならない』と。この言葉はシャラフ・アル・ムルクを驚かせ且つ恐れさせ、そのため彼は考えることも行動することもできなくなった。彼は他の何ものにもましてその使節に寛大な贈物と申し分ない栄誉を授け、彼らがスルターンの宝庫に届けることになっていた三万ディナールの年貢を、一万ディナール減ずる一通の公的書簡を彼のために書くよう私に命じた。シャラフ・アル・ムルクはその文書に彼の印を押した。[原註28]」

ホラズムシャーフとイスマーイール派の間の協定はあまり効果的でないことが判った。スルターン・ジャラール・ウッディーンとの散発的な争いが続けられる一方、イスマーイール派はホラズム人の二つの主な敵——西方のカリフと東方のモンゴル——との友好的関係を維持した。一二二八年には、イスマーイール派の外交官バドル・ウッディーンがオクサス河を越えて東方のモンゴル宮廷まで旅をした。また、西へ向った七十人から成るイスマーイール派の隊商が、アナトリアへ向かうモンゴルの一使節が彼らとともに旅していたという理由で、ホラズム人たちにより止められ、そして虐殺された。イスマーイール派とホラズム人たちとの紛争は何年もの間続き、交戦や殺人や交渉によって時々活気づけられた。

ある時、ナサヴィーはダームガーンについて支払われるべき年貢の残額を要求しに使節のひとりとしてアラムートへ派遣された。彼は彼の使命についていささか満足の体で記述している。「アラー・ウッディーンはスルターンの他の全ての使節たちにもまして私に好意を示し、ひじょうな敬意と恩恵をもって私を遇した。彼は私を寛大に扱い、通常の二倍の量の贈物や礼服を私に与えた。彼は言った。『この方は尊敬すべき人物である。このような人に対する寛大さは決して無駄ではない』と。現金および物品において私に贈与されたものの値はほぼ三千ディナールに達し、その中には、それぞれサテンの外套と頭巾と毛皮とケープから成っていて、一つはサテンによってもう一つは中国製のクレープによって裏打ちされた二組の礼服、二百ディナールの重さの帯二本、布七十枚、鞍とくつわと引き具それに前橋をつけた馬二頭、一千ディナールの金、盛装した馬四頭、一列のバクトリアらくだ、そして私の随行員のための三十着の礼服が含まれている。[原註29]」いくぶんの誇張を差し引いたとしても、そのアラムートの君主がこの世の美事な品々を充分にあてがわれていたことは明らかである。

ホラズムシャーフとの抗争がイスマーイール派の唯一の関心事ではなかった。彼らはもっと本拠地に近いギーラーンの支配者たちと争いを始めた。彼らとの関係は、ジャラール・ウッディーン・ハサンの死後行なわれたギーラーン人王女たちの即決処刑によって、改善されたはずがない。一時、イスマーイール派はギーラーンのターリム〔タールム〕周辺にて一部の地域を獲得し領地に加えた。一方、彼らとガズヴィーンの彼らの旧敵との関係は全く平和的であった。いささか意外ではあるが、アラー・ウッディーン・ムハンマドはガズヴィーンの一シャイフの熱心な門弟であった。そして彼は毎年五百ディナール金貨の補助金を彼に送っており、シャイフはそれを飲食に費やした。ガズヴィーンの人々が、そのシャイフを異端者の金で生活していると非難した時、彼は「そのイマームたちは異端者の血と金銭を奪うことを正しいと考えている。それ故に、彼らが彼ら自身の自由意志によってそれを差し出す時、たしかにそれは二重の意味で正当である」と答えた。アラー・ウッディーンはガズヴィーンの人々に、彼がその町を容赦するのはただそのシャイフのためだけであり、「もし彼がそこにいなかったなら、私はガズヴィーンの埃までも荷かごに入れてアラムートの城へ持ってくるであろう[原註30]」と語った。

戦闘や侵略や暗殺の最中にも、イスマーイール派は布教と改宗という彼らの本来の目的を忘れてはいなかった。そしてほぼこの頃に、彼らはインドにその信仰を移植するという彼らのもっとも重要な成功の一つを成し遂げた。インドの特にグジャラート沿岸地域には、ムスターリー・イスマーイール派の「旧教説」が何世代もの間にしっかりと根をおろしていた。しかし、今やイランからの一宣教師がニザール派の「新教説」をインド亜大陸へもたらし、後にそこが彼らの宗派の主たる中心地となったのである。

ジュヴァイニーや他のペルシア人スンニー派史家たちは、アラー・ウッディーン・ムハンマドの肖像をひじょうな敵意をもって描いている。そこでは、彼は憂鬱病と精神錯乱の発作を起こしやすい酔っぱらいの変質者として現われる。彼はその晩年、すでに幼年時代にイマームの地位の後継者として指名していた、彼の長子ルクン・ウッディーン・フールシャーフと衝突した。後に彼は、この指名を取り消して他の息子のひとりを任命しようとしたが、イスマーイール派信徒たちは「彼らの教義に従ってこれを認めることを拒否し、最初の指名のみが有効であると述べた。」

この父と息子との対立は一二五五年に頂点に達した。この年にアラー・ウッディーンの狂気はさらに悪化し、そして……ルクン・ウッディーンに対する立腹は強まった。……ルクン・ウッディーンは自分の命が危いと感じ……そしてこのため、彼は、父から逃がれてシリアの諸城へ行きそれらを手に入れるか、さもなければ、財宝と貯えが充分なアラムートやマイムンディズやその他のルードバールの城のいくつかを取って……謀反を起こす計画をたてていた。……アラー・ウッディーンの王国の大臣や指導者の大部分が彼を恐れるようになっていた。というのは、誰一人として自分の生命〔の安全〕について確信を持てなかったからである。

「ルクン・ウッディーンは一つの誘いとして次のような論法を用いた。彼は言った。『私の父の悪行の故に、モンゴル軍がこの王国を攻撃しようとしているのに、私の父は何ら心配していない。私は彼と分離して、地球の表面の皇帝（モンゴルのハーン）および彼の宮廷の従者たちに使節を送り服従と忠誠を受け入れることになろう。そして今後、私は私の王国内の誰にも悪行を犯すことを許さず、（そのようにして）国土と人民が生き残ること（を保証しよう）』と。」

この窮地において、イスマーイール派の指導者たちは、彼の父の部下たちに反抗してまでも、ルクン・ウッディーンを支持することに同意した。彼らのただ一つの条件は、アラー・ウッディーンその人に対しては彼らは手をあげたくないということであった。イマームは発狂した時でさえも依然としてきわめて神聖であり、彼に触れることは反逆罪であるばかりでなく冒瀆罪でもあったのである。

イスマーイール派にとって――あるいは彼らの数人を除く全ての信徒にとって――幸運なことに、そのような恐ろしい選択は全く必要とされなかった。この協定の約一ヵ月後に、ルクン・ウッディーンは病気にかかり、為す術もなく床に臥した。彼がこのように明らかに無力であったその間に、ジュヴァイニーによれば、酔って昏睡状態にあった、彼の父アラー・ウッディーンが見知らぬ敵によって殺された。この事件は一二五五年十二月一日に起こった。アサシンの長がその本拠において暗殺されたことは狂気じみた嫌疑や告発を引き起こした。その殺人の現場近くで発見された死んだイマームの従者のいく人かが処刑され、また、彼のもっとも身近な友人たちの一団が彼に対する陰謀を実行するためにガズヴィーンから部外者をアラムートへ導いたとさえ言われた。結局、彼らは一犯人を決定した。「一週間が経過した後に、しるしと徴候の明快さがそれを決定的にした。……そして全員一致で、アラー・ウッディーンの第一の寵臣にして彼の日夜離れられない友であり、全ての秘密を打ち明ける相手であったマーザンダラーンのハサンこそが彼を殺した人物であると決定した。アラー・ウッディーンの愛妾でハサンがその殺人の事実を隠していなかった彼の妻がルクン・ウッディーンにその秘密を漏らしたとも言われた。いずれにせよ、一週間後にハサンは処刑され、彼の遺体は焼かれた。また彼の数人の子供たち、すなわち二人の娘と一人の息子も同様に焼かれた。そして、ルクン・ウッディーンが彼の父に代って統治した。[原註31]」

アラー・ウッディーン・ムハンマドの治世の晩年には、イスマーイール派は彼らのあらゆる敵の内のもっとも恐るべき敵——モンゴル族——との最終的な対決へとさらに近づいていた。一二一八年までに、東アジアに興った新しい帝国の支配者であるチンギーズ・ハーンの軍隊はヤグザルテス河に達し、ホラズムシャーフの直接の隣人となっていた。辺境の一事件が直ちに新たな西方への進攻の口実を与えた。[訳註3] 一二一九年、チンギーズ・ハーンは彼の軍隊をヤグザルテス河を越えてイスラーム諸国に導いた。一二二〇年までに、彼は古いイスラーム都市であるサマルカンドとブハーラーを取り、オクサス河に達していた。翌年彼はオクサス河を渡ってバルフ、メルヴ、ニーシャープールを取り、自ら東イラン全土の支配者となった。一二二七年におけるハーンの死は、ほんの一瞬の休止をもたらしただけであった。一二三〇年には、彼の後継者が揺らぐホラズム人の国家に新たな攻撃を加えた。そして、一二四〇年までにモンゴル族は西イランを侵略し、ジョルジア、アルメニアおよび北メソポタミアに侵入していた。

その決定的な攻撃は十三世紀の中葉にやって来た。大ハーンのモンケは彼の弟でありチンギーズ・ハーンの孫であるフラーグの指揮下に新たな遠征軍を派遣し、イスマーイール派ならびにはるかエジプトに至るまでの全てのムスリム諸国を征服するように命じた。二、三ヵ月の内に、長髪のモンゴル騎馬兵たちは大音響をたて破竹の勢いでイランを横切り、そして一二五八年一月にはバグダードの町に集まった。最後のカリフは、短時間の無益な抵抗を試みた後、命乞いをしたが無駄であった。モンゴル戦士たちは暴れ回り掠奪してその町を焼き払った。そして、二月二十日にカリフは見つけ出された数多くの彼の親族とともに処刑された。五百年の間スンニー派イスラームの名目上の首長であったアッバース家は、ここにその統治を終えたのである。

アラムートのイマームたちは、当時の他のムスリム君主たちと同様、異教のモンゴル侵入者に対するイスラームの反抗体制に決して誠実ではなかった。ホラズムシャーフとの戦闘に忙殺されていたカリフ・アル・ナースィルは、ホラズム帝国の向う側に新たな、しかも危険な敵が出現したことについては不愉快ではなかった。そして彼の同盟者イマーム・ジャラール・ウッディーン・ハサンは、そのハーンに対して最初に親善のメッセージを送った人々のひとりであった。実際には、イスマーイール派はこの新たな脅威に対して、時にはスンニー派の隣人たちとの結束を見せた。チンギーズ・ハーンが東イランを征服していた時、クヒスターンのイスマーイール派指揮官はその山塞にスンニー派の避難者を寛大に迎え入れた。あるムスリムの訪問者は、このクヒスターンのイスマーイール派指揮官について話して、こう言っている。「私は彼が学問と科学と哲学に無限の学識を有する人物であると知った。その点で、ホラーサーン地方には彼に匹敵するひとりの哲学者も賢人もいなかった。彼は貧しい他国者や旅行者をひじょうに大事にしていたし、また、彼に近づくに至ったホラーサーンのムスリムたちをその保護と庇護の下に入れるのを常としていた。このため彼のもとに集った人々の中には、ホラーサーンの最も著名な神学者がいく人か含まれていた。……そして彼は彼ら全てを尊敬と敬意をもって処遇し、彼らにひじょうな好意を示していた。この趣旨で、ホラーサーンにおける無政府状態の最初の二、三年間に、一千着の名誉服と七百頭の馬具付の馬が彼の宝庫と厩から神学者や貧しい他国者たちに与えられたと言われる。」彼がこれを為しえたということは、このイスマーイール派の基地が攻撃から免れたことを暗示している。間もなく彼の寛大さについて彼の臣下たちから苦情がアラムートにもたらされた。彼らは部外者に対してイスマーイール派の財産をあまり浪費しないような支配者を要求し、そして獲得した。シースターンの君主に仕えた歴史家ミンハージュ・イ・スィラージ・ジュズジャーニーは、交易路の再開に関する外交的使命ならびに「異教徒の侵入の結果」東イランでは稀有になっていた「衣類その他の必需品」を購入するための商旅において、クヒスターンのイスマーイール派の本拠を三回訪れている。[原註32]明らかに、クヒスターンのイスマーイール派はモンゴルの攻撃から免れたことを巧みに利用していた。

イスマーイール派とモンゴル族の間にたとえいかなる協定が存在していようと、それは長続きしなかった。アジアの新しい支配者はこの危険で好戦的な帰依者の集団の持続的な独立を黙認できなかった。また、彼らの友人や提携者の中には、イスマーイール派が示す危険について彼らに注意を促す敬虔なイスラーム教徒は不足していなかった。ガズヴィーンの法官長はハーンの面前に鎖かたびらのシャツを着て現われ、常に存在する暗殺の危険の故に彼は上衣の下にいつもこれを着用しなければならないことを説明したと言われる。

その警告は無駄にはされなかった。モンゴリアにおける大集会へやって来たイスマーイール派の使節一行が追い返され、また、イランのモンゴル軍司令官が、彼のもっとも頑強な二つの敵はカリフとイスマーイール派であるとハーンに告げた。カラコルムにおいては、イスマーイール派の密使による攻撃からハーンを守るための予防措置がとられた。フラーグが一二五六年に彼の遠征軍をイランに率いた時、イスマーイール派の諸城が彼の最初の目標であった。

彼の到着以前にも、イランのモンゴル軍はイスラーム教徒の激励を受けてルードバールおよびクヒスターンのイスマーイール派根拠地に攻撃を加えていたが、ほんの限られた成功を収めたにすぎなかった。クヒスターンへの進軍はイスマーイール派の反撃によって退けられ、一方、ギルドクーフの大要塞に対する攻撃は全く失敗に終った。イスマーイール派は彼らの城に立て籠もるかぎり、モンゴルの攻撃に対して持続的な抵抗を示すことが充分可能であったに違いない。しかし、新しいイマームは別の方法を決意した。

ルクン・ウッディーン・フールシャーフが彼の父と意見を異にしていた問題の一つは、モンゴルに対して抵抗するか協調するかという問題であった。彼は即位するとすぐにムスリムの隣人たちと和睦しようとした。「彼の父の意向にそむいて、彼はこれらの人々との友好関係の基礎を築き始めた。さらに彼は彼の全ての領地に使者を派遣して、人々にムスリムとして行動し、また道路の安全を保つように命じた。」このように自国内での彼の地位を固めた後、彼はハマダーンにいるモンゴル軍司令官ヤサウル・ノヤンのもとに一使節を派遣して、「彼が統治することになったからには、彼は服従の道を踏み固めて、忠誠の顔から不平の塵を払いおとすつもりである」と申し述べさせた。[原註33]

ヤサウルは、ルクン・ウッディーンに自らフラーグのもとに赴いて彼に服従するように忠告した。そこで、このイスマーイール派イマームは彼の弟のシャハンシャーフを送ることでそれに妥協した。この時、モンゴル軍は早まってルードバール侵入を試みた。しかし、彼らは強固な防備態勢を施していたイスマーイール派信徒たちによって撃退され、作物を荒して引きあげた。その間に、また他のモンゴル部隊が再度クヒスターンに侵入し、イスマーイール派根拠地のいくつかを占領していた。

この時、フラーグからの書信が届いた。彼はシャハンシャーフの派遣に満足を表明し、そして、ルクン・ウッディーン自身は何の罪も犯していないから、もし彼がその諸城を破壊し自らやって来て従うなら、モンゴル軍は彼の領地を安堵するであろうと告げた。イマームは妥協した。彼はいくつかの城の防備を撤去したが、アラムート、マイムンディズおよびラマサルについてはほんの申し訳程度の破壊しか行なわず、自ら出頭する前に一年間の猶予を求めた。同時に彼はギルドクーフとクヒスターンの司令官たちに、「その王の前に出頭し、彼らの忠誠と服従を表明するよう」命令を送った。これを彼らは実行した。しかし、ギルドクーフの城はいまだイスマーイール派の手中にあった。フラーグからルクン・ウッディーンに、直ちにデマーヴァンドにて彼に仕えるように要求する書信が届いた。そしてそれによれば、もし彼がそこに五日以内に到着できないなら、彼はあらかじめ彼の息子を派遣しなければならなかった。

ルクン・ウッディーンは彼の息子である七歳の少年を送った。しかし、フラーグは、おそらくこの少年が彼の実の息子ではないと考えたのであろう、彼をあまりに若すぎるという理由で送り返し、そして、ルクン・ウッディーンにシャハンシャーフの代りに別の弟を送るよう示唆した。その間、モンゴル軍はルードバールにさらに接近しつつあり、ルクン・ウッディーンの使節がフラーグのもとに到着した時には、彼はアラムートからわずか三日行程の地点にいた。モンゴル側の回答は次のごとき最後通牒であった。「もしルクン・ウッディーンがマイムンディズの城を破壊して自ら王の面前に出頭するなら、陛下の慈悲深い恩顧により彼は好意と名誉をもって受け入れられるであろう。しかし、もし彼が自分の行動の結果について熟考しないならば、(その後何が彼の上にふりかかるかは)神のみぞ知る。[原註34]」とかくするうちに、すでにモンゴル軍はルードバールに入っており、諸城塞の周囲に陣を張りつつあった。フラーグ自身はルクン・ウッディーンの居城マイムンディズの包囲を指揮した。

イスマーイール派の内部では、降服してフラーグから望みうる最良の条件を受け取るのが賢明と考えた人々と、最後まで闘う方を選んだ人々との間にいくらか意見の相違があったようである。ルクン・ウッディーン自身は明らかに前者の意見に属しており、彼が天文学者のナスィール・ウッディーン・トゥースィーのごとき助言者たちからこの方針について激励を受けていたことは疑いがない。彼〔トゥースィー〕が降服後自らモンゴルと和解し、彼らの保護下に新たな生涯のスタートを切ることができるであろうと期待したのは無理からぬことであった。星回りが不吉であるという理由でイマームに降服するように勧めたのは、このトゥースィーであったと言われている。そしてまた、条件つき降服協定を取り決めるために、ルクン・ウッディーンの最後の使節としてマイムンディズの要塞から包囲軍の陣地へ向ったのも他ならぬトゥースィーであった。フラーグはルクン・ウッディーンと彼の家族および従者を受け入れ、彼の財産を受け取ることに同意した。ジュヴァイニーが述べるところによれば、「彼は……その忠誠のしるしとして彼の財産を差し出した。これらは噂が伝えていたほど素晴らしいものではなかったが、それにもかかわらずそれらは城から運び出された。その大部分は王によって彼の各部隊に分配された[原註35]」という。

ルクン・ウッディーンはフラーグによって好意的に迎えられた。そして、フラーグは彼の個人的な気まぐれを許しさえした。彼がバクトリアらくだに興味を持つと、同種の雌らくだ百頭が彼に贈られた。しかし、その贈物は不充分であった。つまり、ルクン・ウッディーンはらくだの格闘に興味を持っていたのであり、それらの雌らくだが子を産むのを待つことはできなかったのである。そこで彼は三十頭の雄らくだを注文したという。さらにもっと印象的な贈物は彼とあるモンゴル少女との結婚の許可であった。彼は彼女と恋に落ち、そして彼女のためには喜んで彼の王国を捨てることを単に比喩としてではなく宣言した。[原註36] フラーグのルクン・ウッディーンに対する関心は明白であった。イスマーイール派は今なおいくつかの城を有しており、多くの面倒を起こすことができた。彼らに降服するように促しているイスマーイール派イマームは、モンゴルの宮廷にとって貴重な添物であった。彼の家族と一族郎党は彼個人の動産および動物とともにガズヴィーンに留められており（それに関するガズヴィーンの人々の論評は記録されていない）、彼自身はフラーグのその後の諸遠征に同行した。

ルクン・ウッディーンは自分の生計の資を稼いだ。彼の指示により、ルードバール、ギルドクーフ近辺、そしてクヒスターンの要塞のほとんどが開城し、かくしてモンゴルは包囲と攻撃の莫大な失費と不確実な運命を免れた。それらの要塞の数はざっと百と見積もられているが、これは明らかに誇張である。二ヵ所の司令官が彼らのイマームの命令を無視して降服を拒否した。彼らはおそらく彼が強迫のもとでタキーヤを実行しつつあると信じたのであろう。この二ヵ所とはルードバールの大要塞アラムートとラマサルであった。モンゴル軍は両要塞を包囲した。が、二、三日後にはアラムートの司令官が考えを変えた。「その守備隊は、事態の結末と運命の女神の気まぐれにちょっと目を向けるや、使者を送って助命を請い好意的な処遇を求めた。ルクン・ウッディーンが彼らのために間に入り、王は喜んで彼らの罪を見逃してくれた。そしてその年のズール・カッダ月の終り（西暦一二五六年十二月の初め）に、不正の温床と悪魔の巣窟の全ての居住者たちが彼らのあらゆる財産と所有物を伴って降りてきた。その三日後、軍隊が城によじ登り、これらの人々が運び去ることができなかったもの全てを押収した。彼らは直ちにさまざまの建物に火を放ち、そして破壊のほうきをもってその塵を風に向かって投げ、それらをその土台と等しい高さにした。[原註37]」ラマサルはさらに一年の間耐え続けたが、ついに一二五八年モンゴルに降った。ギルドクーフにおいては、イスマーイール派信徒たちはルクン・ウッディーンの命令を拒否してその要塞の支配権を維持することができ、最終的にはかなり後まで征服されなかった。

大部分の城が明け渡された結果、ルクン・ウッディーンはモンゴルにとって不必要なものとなった。さらに、ラマサルとギルドクーフの抵抗は彼が役に立たないことを示した。イマームの家族と従者を殺すようにという命令がガズヴィーンのモンゴル将校たちに送られた。彼自身は自分から願ってモンゴルの首都カラコルムへの長い旅に出かけた。しかし、その地ではハーンが彼を受け入れることを拒絶した。ハーンは言った。「我々の法〔ヤサ〕は良く知られているのだから、彼にそのような長い旅をさせる必要はなかった。」ルクン・ウッディーンを帰還させて、彼に残りの城が明け渡され防備を撤去されるようとり計らわせなさい。そうすれば彼は敬意を表することをあるいは許されるかも知れない、と。実際には彼はその機会を与えられなかった。ペルシアへ戻る途中、ハンガイ山系のはずれにて、彼は宴会に行くという口実で街道から誘い出され、そして殺された。「彼と彼の従者たちはめちゃくちゃに蹴られ、それから斬り殺された。そして彼と彼の血統については何の痕跡も残されれ

ず、彼と彼の一族は全く人々の口の端にのぼる物語や伝説に過ぎなくなった。」原註38

ペルシアにおけるイスマーイール派の根絶は、ジュヴァイニーが示唆するほど完全なものではなかった。同派の信徒の見るところでは、ルクン・ウッディーンの小さな息子が父の死とともにイマームとして彼の後を継ぎ、生きながらえてイマームの血統を伝えた。そしてそこからやがて十九世紀にアーガー・ハーンが現われたのである。しばらくの間、イスマーイール派は活動を続けており、一二七五年には簡単にアラムートを奪い返すことさえ可能であった。しかし、彼らの主張は見失なわれ、この時以降、彼らはペルシア語通用地域における単なる一少数宗派として存続するに過ぎなくなり、東ペルシア、アフガニスタンならびに旧ソビエト領中央アジアの各地に四散した。ルードバールにおいては、彼らは完全にその姿を消してしまった。

アラムートの破壊とイスマーイール派権力の最終的没落は、ジュヴァイニーによって以下のごとく生き生きと叙述されている。

「ハサン・イ・サッバーフの邪悪な信者たちの本拠であるアラムートというルードバールにおける異端の飼育所には……積み重なった土台の石は一つも残っていない。そしてこの新制度の隆盛を極めた住居において、永遠なる過去という芸術家は荒々しい筆跡をもってそれぞれの〔家の〕柱廊《ポルティコ》玄関の上に次の一節を書き記した。『これらは空しい廃墟と化した彼らの空《から》の家々なり』（コーラン第二十七章第五十三節）。またこれら卑劣漢たちの王国の市場において、礼拝招集係《ムアッズィン》たる運命の神は叫んだ。『邪悪の民は消え失せよ！』（コーラン第二十三章第四十三節）と。彼らの不運な女房たちは、彼らの空虚な宗教と同様、完全に滅ぼされてしまった。そして純金であるように見えた、これら狂気にして二心ある偽造者たちの金貨は不純な鉛であることが判明した。

今日、世界を照らす皇帝の光輝ある運命のおかげで、たとえいまだアサシンが片隅に消えないで残っているとしても、彼は女がするような職業に従事しているし、まだダーイーがいるところには常に死の告知者がいる。そして、全ての同志は奴隷となり果て、イスマーイール主義の宣伝者たちはイスラームの剣士たちの犠牲となった。……これら呪われた人々を恐れて青ざめ、彼らに貢物を納めてその不名誉を恥じなかったギリシア人やフランク人の王たちは、今や気持の良い眠りを楽しんでいる。そして世界の全ての住民、特に敬虔なる信徒は、彼らの邪悪な陰謀と不純な信仰より救われた。いやそれどころか、全人類が上下貴賤の別なくこの歓喜を共にしている。そして、これらの歴史と比べて、ダスターンの子ロスタムの歴史は単なる古代の一物語に過ぎなくなった。［原註39］」

「彼らの悪事によって汚されていた世界はそのようにして清められた。旅行者たちは今や恐怖や不安もなく、あるいは通行税の支払いという不自由さもなくあちこちを往来し、そして、彼ら〔イスマーイール派〕の土台をくつがえして彼らのひとりの痕跡も後に残さなかった幸運なる王の運命（が続くこと）を祈っている。実際にその行為はムスリムの傷につける香油であり、真正なる信仰の無秩序を正す治療剤であった。この世代および時代を受け継ぐ人々に、彼らが造り出した災害と彼らが人々の心の中に投じた混乱の大きさを知らしめよ。前代の王であろうと当代の君主であろうと、彼らとの合意の間柄にあった者は（自分の命を案じて）恐れおののき、また一方、彼らに敵意を持つ者は彼らの卑劣な手先を恐れて日夜牢獄の苦しみの中にあった。それはあたかも溢れんばかりに満たされてしまった盃であり、静まりかえった風のごとくであった。『これは中傷する者どもへの警告である』（コーラン第六章第百十六節）[訳註4]。そして神よ、全ての圧制者に対して同様に為し給え！」[原註40]

第五章　山の老人

ハサン・イ・サッバーフがいまだアラムート城において統治しており、彼の密使たちの言葉と武器が彼の託宣をイランの人々と諸君主にもたらしつつあった時、数人の彼の信徒が敵国を通って西方へ向かう長い危険な旅に出発した。彼らの行先はシリアであった。そして彼らの目的は、その国のイスマーイール派旧教徒に新教説を届け、つい最近小アジアからエジプトの国境に至る全ての地域をおおったばかりのセルジューク権力に対する闘いを拡大することにあった。

新教説はイランに興り、その解説者たちはイラン語圏およびイラン文化圏すなわち東西ペルシアと中央アジアにおいて最初の大きな成功を勝ちとっていた。彼らの西方への拡張の最初の試みとしては、シリアは確実な選択であった。ペルシアの西に隣接するイラークにはほとんどその機会はなかった。疑いもなく、イラークの諸都市にはイスマーイール派への共鳴者がいた。しかし、その平坦な河谷地帯はイスマーイール派の浸透・蚕食・攻撃の戦略にほとんど余地を与えなかった。シリアではしかしながら問題は異なっていた。タウロスとシナイの間の、山と谷と砂漠から成る起伏の多い景観は、自立という強い地方的伝統を持つきわめて多様性に富む住民を保護した。隣接するイラークやエジプトの河谷社会とは異なり、シリアは政治的統一をほとんど経験していなかった。分裂、つまり党派的・地域的な排他主義ならびに紛争と交替の繰り返しが一つのパターンであった。その共通の言語がアラビア語であったにもかかわらず、シリア人たちは、もっとも過激なシーア派信仰を保持するいくつかのものを含めて、多数の信仰と宗派に分かれていた。八世紀に最初のシーア派詐称者がシリアに現われた。そして、九世紀の末および十世紀の初頭までに、イスマーイール派の隠れイマームたちは、シリアを彼らの秘密の本拠の所在地とし、また彼らの権力獲得の最初の値ぶみの舞台とするために、充分な地方的支持をあてにすることができた。エジプトにおけるファーティマ朝カリフ国家の樹立とそのアジアへの拡大は、十世紀末から十一世紀にかけてシリアをイスマーイール派の断続的な支配下に置き、その国をイスマーイール派の宣伝と教授に開放した。

明らかなイスマーイール派信徒以外にも、そこには教義と見解においてイスマーイール主義にきわめて近い他の諸宗派が存在し、アラムートからの密使たちはそれらを有望な信徒の補給源とすることができた。たとえば、レバノン山系およびその隣接地帯に住むイスマーイール派の異派ドゥルーズ教徒がそうであった。彼らはつい最近主流派から離脱したばかりで、そしていまだ後世におけるような硬化した排他主義には陥っていなかった。潜在的な支持者のもう一つのグループはアラヴィー派とも呼ばれるヌサイル派であった。彼らは元来十二イマーム・シーア教徒であったが、過激主義者の思想の影響を強く受けていた。これら各派はラッタキアの東および北東の丘陵地帯に、そして当時はおそらくティベリアスやヨルダン河渓谷にも定着していた。

場所だけでなく時代も好都合であった。一〇六四年に最初のトルコマンの集団がシリアに入ったと報告されている。十一世紀の七〇年代には、初めにトルコ人の掠奪団が、続いてセルジューク正規軍がその国に侵入し、やがてファーティマ朝によって保持されていた沿岸地帯を除くシリア全土がセルジューク族の支配あるいは宗主権の下に入った。その大君主は大スルターン、マリクシャーフの弟のトゥトゥシュであった。

一〇九五年、トゥトゥシュは最高のスルターン位をめぐる兄弟間の闘争の中でペルシアにて戦死した。シリアの地域的分裂のパターンとセルジューク族の王朝内紛の伝統とが彼の王国を粉々に打ち砕くために結びついた。シリアは再び小国家に分裂し、今やセルジュークの諸侯や将校たちによって支配された。その内でもっとも重要な人物はトゥトゥシュの息子たち、すなわちリドヴァーンとドゥカークであり、彼らはそれぞれアレッポとダマスカスという反目し合う都市を保持していた。

新たな勢力、すなわち十字軍がその国に入ってきたのは、まさにこの混乱と高まる紛争の時であった。彼らは北部のアンティオキアから抵抗可能な勢力が存在していなかったシリア沿岸を素速く南下し、エデッサ、アンティオキア、トリポリ、イエルサレムを基地とする四つのラテン国家を樹立した。

セルジューク勢力のシリアへの拡大はそれとともに、東方ではすでに周知の社会的変化と緊張の多くの諸問題をもたらした。ラテン人の侵入と征服の衝撃はシリア人の苦悩と落胆を増し、そして彼らをしてなお一層救世主の期待を与える託宣を運ぶ使者を歓迎するようにさせただけであった。現行の信仰によってそのような託宣を受け入れる素地ができていた人々にとってはなおさらそうであった。カイロのファーティマ朝はいまだシリアにイスマーイール主義の旧教説を固守する信奉者を有していた。しかし、カイロ政体《レジーム》のみじめな虚弱性とトルコ人あるいはラテン人の脅威に対する抵抗の失敗とは、多くの信奉者をしてより行動的でより闘争的な、そしてそのためにより成功的に見える一派にその忠誠心を移す気にさせたに違いない。一部のシーア派教徒と大部分のスンニー派信徒は彼らの旧来からの忠誠心を忠実に守り続けていたらしい。しかし、その国の侵入者および支配者たちに対して、ひとり効果的な挑戦を与えうると思われたこの新勢力のもとに集合した者も多かった。

その出発点から、シリアにおけるアラムートの運動員たちはペルシアの同志と同様の方法を用いて同様の成果をあげようと試みた。彼らのねらいは恐怖の宣伝運動の基地として用いる要塞の奪取あるいは取得にあった。このために彼らは信者、特に山岳地帯の信者の熱狂を呼び起こし導こうとした。同時に彼らは、両者にとって限られた一時的な同盟が好都合であると思われた場合は諸君主との慎重な協力をも無視しなかった。

そのような支援にもかかわらず、そしてしばしばの成功にもかかわらず、イスマーイール派は彼らのシリアにおける仕事がペルシアにおけるよりも一層困難であることを知った。おそらく彼らが外国の環境の中で働くペルシア人であったことがその理由の一つであったろう。彼らがその最初の目的を達成し、中央シリアの、当時はジャバル・アル・バフラーとして知られ、今日ではジャバル・アンサーリーヤとして知られる山岳地帯において、一群の要塞を統合することができるようになるまでに、ほとんど半世紀に及ぶ確固たる努力が必要であった。知りうる限りでは、彼らの指導者は全てアラムートから派遣されたペルシア人であり、彼らはハサン・イ・サッバーフおよびその後継者たちの命令の下で行動していた。この地に自らを確立しようとする彼らの闘争は三つの主な段階より成る。一一一三年および一一三〇年にそれぞれ終了する最初の二段階では、彼らは先ずアレッポから、次いでダマスカスから、それらの都市の支配者の黙認のもとに行動を起こし、その隣接地域に自らを確立しようと試みた。しかし、いずれも失敗に帰し不幸な結果に終っている。そして、一一三一年に始まる第三段階において、ついに彼らは必要としていた根拠地を獲得し強化することができた。

シリアのイスマーイール派の歴史は、シリア人史家たちによって記録されたごとく、主として彼らが犯した暗殺の歴史である。その物語は、一一〇三年五月一日、ホムスの町の大モスクにおける金曜日の礼拝中に起こった、その町の支配者ジャナーフ・ウッダウラのセンセーショナルな殺害から始まる。彼の襲撃者はスーフィーを装ったペルシア人たちであり、彼らは同行のひとりのシャイフの合図で彼に襲いかかった。乱闘の中でジャナーフ・ウッダウラの将校の数人が殺され、また殺人者たちも同様に殺された。そして、重要なことはホムスにいたトルコ人の大部分がダマスカスに逃がれたことである。

ジャナーフ・ウッダウラはアレッポのセルジューク君主リドヴァーンの敵のひとりであ

り、そのためほとんどの年代記作者は一致してリドヴァーンがその殺人に関係していたことを認める。彼らのある者はさらに詳しい情報を記す。彼ら、すなわちシリアにおける呼称を用いるならハシーシーヤまたはアサシン、その指導者はアル・ハキーム・アル・ムナッジム、つまり「医者にして占星家」として知られる人物であった。彼と彼の友人たちはペルシアからやって来てアレッポに住みついた。そして、その地で彼らはリドヴァーンからその宗教を実行し宣伝することならびにその町を今後の諸活動の基地として用いることを許された。アレッポはアサシンにとって明らかな利点を有していた。その町は重要な十二イマーム派シーア教徒を住民にかかえており、さらに都合の良いことにジャバル・アル・スンマークおよびジャバル・アル・バフラーの過激派シーア教徒の住む地帯に近かった。宗教的忠節に放縦なことで知られるリドヴァーンに対して、アサシンは新たな支持分子を動員する可能性と、シリアにおける彼の競争者たちの中での彼の軍事的弱点を補う可能性とを提供した。

この「医者にして占星家」は、ジャナーフ・ウッダウラよりほんの二、三週間しか長く生きなかった。その後アサシンの指導者の地位は、もうひとりのペルシア人、金細工師のアブー・ターヒル・アル・サーイグに受け継がれた。アブー・ターヒルはリドヴァーンの支援とアレッポの自由を保持し、今やその町の南方の山中において、戦略地点を奪取せんとする一連の試みを行なった。彼は地方的援助に頼ることができたらしく、ほんの短期間ではあるが、その一部の地方を占拠したことさえあったようである。

記録されている最初の攻撃は一一〇六年のアファーミヤに対するものであった。そこの支配者ハラフ・イブン・ムラーイブはシーア派教徒であり、そしておそらくはイスマーイール派教徒であったらしい。しかし、彼はカイロに従うイスマーイール派教徒であって、アラムートの忠誠を誓うそれではなかったと思われる。彼は一〇九六年にアファーミヤをリドヴァーンから奪い、そこを盛んな広範囲に及ぶ掠奪の基地として用いることによって、その場所の適合性を立証した。アサシンはアファーミヤが彼らの要求をひじょうに良く満たすものであると断を下した。そこでアブー・ターヒルはハラフを殺して彼の城砦を奪う計画を案出した。アファーミヤの住民の一部は地方的なイスマーイール派信徒であり、彼らはサルミーン近辺出身の判官である彼らの指導者アブル・ファトフを通じてこの計画について内々承知していた。六人のアサシンの一団がその襲撃を実行するためにアレッポからやって来た。「彼らは一フランク人の馬とらばと装具を楯と甲冑とともに手に入れ、それらを持って……アレッポからアファーミヤに到着した。そして彼らはハラフに言った。……『我々はあなたに仕えるためにやって来た。我々はひとりのフランク人騎士を見つけ彼を殺したので、彼の馬とらばと装具をあなたのもとに持参した』と。ハラフは彼らを手厚くもてなし、彼らをアファーミヤ城内の城壁に接する一軒の家に住まわせた。彼らはその壁に穴をあけ、そこから入って来たアファーミヤの［イスマーイール派信徒たち］と密会した。そして彼らはハラフを殺し、アファーミヤの城を奪った。[原註1]」それは一一〇六年二月三日のことであった。その直後、アブー・ターヒル自らがそれを管理するためにアレッポから到着した。

アファーミヤに対する攻撃は、その幸先よいスタートにもかかわらず、成功しなかった。

アンティオキアの十字軍君主タンクレッドがその近隣におり、アファーミヤ攻撃の好機を捕えたのである。彼はその状況について熟知していたらしく、サルミーンのアブル・ファトフの兄弟のひとりを捕虜として伴っていた。最初、彼はアサシンから貢物を徴収するだけで町の領有は彼らに委ねたまま満足していた。しかし同年九月、彼は軍を返してその町を封鎖し、降服させた。サルミーンのアブル・ファトフは捕えられ拷問を受けて殺された。また、アブー・ターヒルと彼の仲間は捕虜となったが、身代金を払ってアレッポに戻ることを許された。

このアサシンと十字軍との最初の遭遇および一十字軍君主による彼らの注意深く準備された計画の挫折が、アサシンの注意をムスリムからキリスト教徒の目標へと転換させることにはならなかったようである。彼らの主要な闘争はいまだイスラームの支配者に対してであってその敵に対してではなかった。彼らの直接の目的はいかなる所有者からでも基地を奪取することであった。そして、彼らのより大きな目的はセルジューク権力に対してそれが現われるあらゆる所で打ちかかることにあった。

一一一三年、彼らはこれまでの内でもっとも野心的な成功を成し遂げた。それはモスルのセルジューク将軍マウドゥードのダマスカスにおける殺害である。彼は表向きはシリアのムスリムの十字軍に対する闘争を支援するためにシリアへやって来ていた東方からの遠征軍の司令官であった。アサシンにとって、そのような遠征は明らかな危険を意味した。彼らだけがそれを恐れていたわけではなかった。一一一一年、マウドゥードと彼の軍隊がアレッポに到着した時には、リドヴァーンは彼らに対して町の門を閉じ、アサシンは彼を支援するために集まった。キリスト教徒およびイスラーム教徒双方の史料に記録された当時のうわさ話は、マウドゥードの殺害がダマスカスのムスリム執権によって焚きつけられたものであることを示唆している。

アサシンにとっての東方のセルジューク勢力の脅威は、一一一三年十二月十日に彼らの後援者リドヴァーンが没すると明確なものとなった。アサシンのアレッポにおける諸活動は次第に市民の間で不評判となってきており、一一一一年には、東方から来た財産家で反イスマーイール派を公言していたひとりのペルシア人の命を狙う試みが不成功に終るや、彼らに対する民衆の怒りが爆発していた。リドヴァーンの死後、彼の息子アルプ・アルスランは最初の内は父の政策に従い、彼らにバグダードへ向う街道上の一つの城を譲りさえしている。しかし、間もなく反動がやって来た。セルジューク大スルターンのムハンマドからアルプ・アルスランに宛てられた一書簡は、彼にイスマーイール派の脅威について警告を与え、彼らを撲滅するよう促した。その町においては、市民の指導者であり市民軍の司令官であったイブン・バディーがイニシアティヴをとり、その支配者に強力な手段をとることを認めるよう説きつけた。「彼は金細工師アブー・ターヒルを逮捕して殺し、ダーイーのイスマーイールと『医者にして占星家』の兄弟およびアレッポの同派の指導者たちを殺した。彼は彼らの約二百人を逮捕し、その一部を投獄して彼らの財産を没収した。ある者はとりなしを受け、ある者は釈放された。また、ある者は城のてっぺんから放り投げられ、ある者は殺された。そして、彼らのある者は逃がれ、国中に四散した。原註2」

この退歩とこれまで永続的な城塞基地の確保に彼らが失敗していたにもかかわらず、ペルシア人によるイスマーイール派の伝道はアブー・ターヒルの在職中にはそれほどまずくはいっていなかった。彼らは地方の共鳴者たちと接触し、他の分派のイスマーイール派教徒やシリアの種々の地方的宗派に属する過激派シーア教徒を説得してアサシンに忠誠を誓わせた。彼らは、ジャバル・アル・スンマークとジャズルとウライム族（Banū 'Ulaym）の土地——すなわち、シャイザルとサルミーンの間の戦略上重要な地帯——において、重要な地方的支持に頼ることができた。彼らはシリアの他の地域に、特に東のアラムートとの彼らの連絡線に沿って、支持の諸基点を形成していた。アレッポの東のユーフラテス河流域地帯は、それ以前の時期にもそれ以後にも、過激派シーア主義の拠点として知られていたから、この時期については何ら直接の証拠はないけれども、アブー・ターヒルがその機会を見逃がさなかったことは確かであろう。注目すべきは、早くも一一一四年の春に、アファーミヤ、サルミーンその他の地域から集まった約百名のイスマーイール派信徒から成る一部隊が、シャイザルのムスリム要塞を、その君主と彼の側近たちがキリスト教徒の復活祭見物のため留守にした間に、不意打ちによって奪うことができたということである。この襲撃者たちはその直後の反撃によって打ち破られ駆逐された。

アレッポにおいてさえ、一一一三年の瓦解にもかかわらず、アサシンはいくらかの足掛かりを維持することができた。一一一九年、彼らの敵イブン・バディーがその町から追放され、マルディンへ逃がれた。そこでアサシンはユーフラテス河の渡し場で彼を待ち受け、彼をその二人の息子とともに殺した。翌年彼らはその支配者に一つの城を要求した。彼はそれを引き渡す気もなく、また拒否するのも恐れて、それを早急に破壊させるという口実を設け、その上ほんの少し前にこれを命じたばかりであると偽っていた。この破壊を指揮したその将校はその二、三年後に暗殺されている。アレッポにおけるイスマーイール派勢力の最後は一一二四年にやって来た。その時には、この町の新しい支配者が首席ダーイーの地方代理員を逮捕し、彼の信徒たちを追放した。彼らは自分の財産を売り払って立ち去った。

この時までアレッポのイスマーイール派信徒を統率したのは、首席ダーイーその人ではなく、その地方代理員であった。アブー・ターヒルの処刑後、彼の後継者バフラームは、同派の主たる活動を南部に移し、やがてダマスカスの諸事件に積極的な役割を果たすこととなった。バフラームは前任者たちと同じくペルシア人であり、一一〇一年にバグダードで処刑されたアル・アサダーバーディーの甥であった。しばらくの間、「彼は極度の隠匿と秘密の中で暮し、絶えず身をやつしていた。そのため彼は誰にも正体を気づかれずに町から町へ、城から城へと移動した。[原註3]」彼が一一二六年十一月二十六日にモスルの大モスクで起こったその町の総督ブルスキーの殺害に関係していたことはほとんど確かである。苦行僧に変装して襲いかかり彼を刺し殺した八人の暗殺者の内、少なくとも数人はシリア人であった。アレッポの歴史家カマール・ウッディーン・イブヌル・アディームは一つの奇異な物語を伝える。「彼を襲った人々は、傷つかずに逃がれた（アレッポの北方）アザーズ地方のカフル・ナースィフ出身の一青年以外は全て殺された。彼はひとりの年老いた母を持っていた。彼女は、ブルスキーが殺され、彼を襲った人々が殺されたことを聞いた時、彼女の息子が彼らのひとりであったことを知って喜び、自分のまぶたにコール墨を塗って歓喜に浸っていた。ところが、その二、三日後に彼女の息子が無事に戻って来たので、彼女は悲嘆にくれ、自分の髪をかきむしり、顔を暗くした。[原註4]」

その同じ年、つまり一一二六年から、アサシンとダマスカスのトルコ人君主トゥグテギンとの間の協力関係について最初の明確な報告が現われる。ダマスカスの年代記作者イブヌル・カラーニスィーによれば、その年の一月に「勇気と武勇をもって知られた」ホムスその他の地域からの数団のイスマーイール派教徒たちがトゥグテギンの部隊に合流し、不成功には終ったが十字軍に対し攻撃をしかけた。そして、その年も終りに近く、バフラームが、アレッポの新君主イル・ガーズィーからの一通の推薦状を携えて、公然とダマスカスに現われた。彼はダマスカスにおいて申し分なく受け入れられ、公的な保護のもとやがて権力ある地位を得た。同派の一般に認められた戦術に従って、彼は最初に一つの城を要求した。そこでトゥグテギンはイェルサレムのラテン王国との辺境にあるバーニヤースの要塞を彼に譲り渡した。しかしこれが全てという訳ではなかった。ダマスカス市内にさえも、アサシンは「宮殿」とか「伝道館」とかさまざまに言われていた一つの建物を与えられ、それは彼らの本部として役立った。このダマスカスの年代記作者はこのような結果の主たる責任を宰相のアル・マズダガーニーに帰す。彼に従えば、その宰相は、自身はイスマーイール派信徒でないにもかかわらず、彼らの計画の自発的な共犯者であり、王座の背後において悪影響を与える人物であった。つまりこの見地によれば、トゥグテギンはアサシンを不可としてはいたが、彼らに対して決定的な一撃を加える時が来るまで、戦略的な理由で彼らを黙認していたということになる。他の歴史家たちは、その宰相の役割を認めながらも、責任をはっきりとその君主に帰しており、さらに彼の行動を、バフラームがいまだアレッポにいた頃に友好関係を樹立していたイル・ガーズィーの影響を大きく蒙ったものとして述べている。

バーニヤースにおいて、バフラームは城を改築し強化して、周囲の地域への軍事的・伝道的活動に乗り出した。「あらゆる方角に彼は彼の伝道師たちを派遣した。そして、彼らはその地方の無知な人々や村々の愚かな小百姓や賤民やくずのごとき者どものひじょうに多数をそそのかした……」[原註5]とイブヌル・カラーニスィーは述べている。バーニヤースから、バフラームと彼の部下たちは広範囲にわたって攻め入り、他のいくつかの地域を奪ったようである。しかしやがて彼らは失敗の憂き目を見るに至る。ハースバイヤー地方のワーディー・ウッタイムには、アサシンの拡張に好都合の地盤を提供すると思われた、ドゥルーズ派、ヌサイル派その他の異端者が混然一体となって住んでいた。その地域の首長のひとり、バラク・イブン・ジャンダルが裏切りによって捕えられて殺され、その直後に、バフラームと彼の軍隊がそのワーディーの占拠に着手した。その地において、彼らは死んだバラク・イブン・ジャンダルの兄弟で彼の復讐を誓っていた、ダッハーク・イブン・ジャンダルの強い抵抗に遭遇した。激しい交戦において、アサシンは敗北を喫し、バフラーム自身は戦死した。

バフラームの後は、もうひとりのペルシア人イスマーイールがバーニヤースの指揮権を受け継ぎ、バフラームの政策および活動を続行した。そして、宰相のアル・マズダガーニーもその援助を継続した。しかし、直ぐに終りがやってきた。一一二八年のトゥグテギンの死とともに、アレッポにおいてリドヴァーンの死後に続いたのと同様の、イスマーイール派に対する反動が起こった。ここでもまたそのイニシァティヴは、同派の熱心な反対者であり宰相の敵のひとりであった、その町の長官ムファッリジュ・イブヌル・ハサン・イブヌル・スーフィーによってとられた。この長官ならびに軍事司令官のユースフ・イブン・フィールーズに拍車をかけられて、トゥグテギンの息子でその後継者であったブーリーは、イスマーイール派に対して打撃を与える準備をした。そして一一二九年九月四日の水曜日に、彼はそれを決行した。宰相は接見の際に彼の命令で殺され、その首は切り落とされて公衆の前にさらされた。この知らせが広まると、市民軍と群衆はアサシンを襲って殺したり掠奪したりした。「翌朝までにその町の地区と街路からバーティニー（＝イスマーイール派信徒）たちは一掃され、犬が彼らの手足や死体を前にほえ立て争っていた。[原註6]」この暴動において殺されたアサシンの数は、ある年代記作者によれば六千、別の作者によれば一万、もうひとりの作者によれば二万と記録されている。バーニヤースでは、イスマーイールは彼の地位を保ちえないと悟って、その要塞をフランク人に明け渡し、フランク人の領地に逃がれた。彼は一一三〇年の初めに没している。宰相とアサシンとによって仕組まれたというダマスカスをフランク人に明け渡す陰謀に関してしばしば繰り返される物語は、唯一のそれもあまり信頼できない史料に基づいているから、捏造された敵意ある悪口として片づけられえよう。

ブーリーと彼の補佐たちは、アサシンの報復から自らを守るために、甲冑を身に付けたり、周囲を重装備の護衛たちに取り囲ませたりして、入念な警戒態勢をとった。しかし、その甲斐もなかった。シリアの伝道組織は一時混乱していたらしく、打撃が加えられたのはアラムートの同派の本拠地からであった。一一三一年五月七日、トルコ人兵士に変装してブーリーに仕えていた二人のペルシア人が彼を襲った。彼らの名はアラムートの暗殺名誉録にあげられている。原註7 この暗殺者たちは直ちに護衛によって切り刻まれたが、ブーリー自身もその傷がもとで翌年死んだ。この大成功にもかかわらず、アサシンはダマスカスにおいて彼らの地位を回復できなかった。実際に、このように厳格な正統派の都市においては、そうする望みも彼らにはほとんど持ちえなかったのである。

この時期には、アサシンはトルコ人以外のもう一つの敵と闘いつつあった。彼らの眼には、今なおカイロにて統治するファーティマ朝カリフは横領者として映った。彼を駆逐し、そして、ニザールの直系によるイマーム権力を確立することが神聖なる義務であった。十二世紀の前半期に、エジプトではニザール支持の反乱が一度ならず勃発し、鎮圧された。そこで、カイロ政府は彼らの人民の間へのニザール派の宣伝を迎え撃つことに多くの注意を払った。カリフ・アル・アーミルは特別の勅書を発して、王位継承権への彼自身の系統の権利を擁護し、そしてニザール派の言い分を論破した。この文書の興味ある一付記には、ファーティマ朝の使者がダマスカスのアサシンたちに対してそれを読みあげた時、それがいかなる騒動を引き起こしたか、また、それにあまりに強く印象づけられた彼らのひとりがそれを彼の首長に転送し、その首長が文書の最後の空白部分に反論を付け加えたという話が述べられている。ニザール派はこの反論をダマスカスにおけるファーティマ朝支持者の一会合にて発表した。カイロの使者はそれに応えるためにカリフに援助を求め、ムスターリー派の論拠に関するより詳細な陳述書を受け取った。一一二〇年にある男がファーティマ朝政府のためにアサシンを秘かに調査していたとしてダマスカスにおいて一アサシンに殺された事件は、これらの出来事に関連して起こったものであろう。

アサシンもまたファーティマ朝の彼らの敵手に対抗してより強力で特徴的な論法を用いた。一一二一年には、エジプトの軍事長官でありニザール追放について第一に責めを負うべき人物であったアル・アフダルが、アレッポから来た三人のアサシンによって殺された。また一一三〇年には、カリフ・アル・アーミル自身がカイロにおいて十人のアサシンに襲われた。彼のニザール派に対する憎悪は良く知られており、バフラームの死後、その首と両手と指環がワーディー・ウッタイム出身者のひとりによってカイロにもたらされると、その持参人には彼から報賞金と一着の礼服が授けられたと言われる。

この時期におけるアサシンとフランク人との関係についてはほとんど知られていない。後世のムスリム史料に見出されるイスマーイール派とその敵との協調に関する物語は、おそらく、イスラームのための聖戦が近東における大部分のムスリムの心を占めた、後の一時代の心理が反映したものであろう。この時期に関してかろうじて言うことができるのは、アサシンが宗教的分裂に対する一般的な無関心をシリアのムスリムと分かちあっていたということである。この時期には、そのフィダーイーたちの短剣の犠牲になったフランク人はひとりも知られていない。しかし、アサシンの部隊は少なくとも二度は十字軍と衝突している。他方、アレッポおよびバーニヤースからのアサシンの亡命者たちはフランク人の領地にその避難所を求めた。そして、バーニヤースが放棄されなければならなかった時、それがムスリム君主にではなくフランク人君主に明け渡されたということは、おそらく単なる地理的な問題に過ぎなかったと思われる。

次の二十年間は、シリアにおいて要塞基地を確保するというアサシンの第三の、しかも成功裡に終った試みに費やされた。今度の舞台は、彼らの最初の努力の舞台であったジャバル・アル・スンマークのちょうど南西にあたるジャバル・アル・バフラーであった。彼らがそこに勢力を確立した直後、フランク人がその地帯に支配権を獲得しようと試みたが、不成功に終っている。一一三二―三三年、アル・カフフのムスリム君主は、その前年にフランク人から取り返したカドムースの山塞をアサシンに売り渡した。そしてその二、三年後に、彼の息子は王位継承をめぐる彼の従兄弟たちとの抗争の過程でアル・カフフそのものをも彼らに譲った。一一三六―三七年、ハリーバのフランク人守備隊が一団のアサシンによって追い出された。彼らはそこを一時ハマーの知事によって追い立てられたが、その後支配権を奪還することに成功している。アサシンのもっとも重要な要塞マスヤーフは、一一二七―二八年にその城を買い取っていたムンキズ族（Banū Munqidh）の任命になる知事から、一一四〇一一四一年に奪い取られたものである。その他の、ハワービー、ルサーファ、クライア、マニーカというアサシンの諸城も、その獲得の時期あるいは方法についてはほとんど知られていないが、おそらくほぼ同じ頃に得られたものと思われる。

この平穏な地固めの時期には、アサシンは外部世界に対してほとんど影響を与えておらず、その結果として諸年代記から彼らについて聞き知ることはまずない。彼らの名前についてては極くわずかしか知られていない。カドムースの購入者としてアブル・ファトフの名が、スィナーンのすぐ前の首席ダーイーとしてアブー・ムハンマドの名があげられている。また、アリー・イブン・ワファーと呼ばれるクルド系のアサシンの一指導者がヌール・ウッディーンに対するアンティオキアのレイモンドの出征に協力し、一一四九年、イナブの戦場で彼を悩ませた。この時期にはわずか二つの暗殺が記録されているだけである。一一四九年には、ワーディー・ウッタイムの首長ダッハーク・イブン・ジャンダルが、一一二八年のバフラームに対する盛んな抵抗の故に、アサシンの報復を受けた。その一、二年後に、彼らはトリポリのレイモンド伯二世をその町の城門において殺害した。――これが、彼らの手になるフランク人の最初の犠牲者である。

この時期におけるアサシンの総合的な政策については、きわめて大まかな輪郭しかとらえられない。モスルの君主ザンギーとその一族に対しては、彼らは敵意しか感じなかった。モスルの支配者たちは、常にトルコ人君主の内のもっとも有力なものの中に数えられていた。彼らはシリアとペルシアの間の交通路を押え、東方のセルジューク朝君主たちと友好関係を保ちながら、アサシンの地位に対して不断の脅威を与えていた。そして彼らのシリアに伸張しようとする周期的な傾向はアサシンの立場を一層悪化させた。このために、すでにマウウードとブルスキーが暗殺されていた。また、ザンギー朝の君主たちも一度ならず脅かされている。一一二八年に彼らがアレッポを占拠した時、彼らがイスマーイール派に対して与える危険は一層直接的なものとなった。一一四八年、ヌール・ウッディーン・イブン・ザンギーはアレッポにおける礼拝の呼びかけの中でこれまで用いられていたシーア派教徒の式文を廃止した。その町のイスマーイール派教徒や他のシーア派教徒の間に激しいが、しかし無駄な憤りを引き起こしたこの処置は、これら異端者たちに対する公然たる宣戦布告に等しかった。そのような状況下にあっては、アサシンの一分遣隊が、当時ザンギー朝に対して効果的な抵抗を示しえたシリアにおける唯一の指導者であったアンティオキアのレイモンドの側についで戦っているのを知ったとしても驚くにはあたるまい。

その間に、シリアのアサシンの全指導者の内でもっとも偉大な人物が指揮権を握っていた。その人、スィナーン・イブン・サルマーン・イブン・ムハンマドは、ラーシド・ウッディーンとしても知られ、バスラの近くのワースィト へ行く途中の街道上にあるアクル・アル・スダンという村の出身であった。彼については、錬金術師であったとか学校教師であったとか、彼自身の言によればバスラ市民の一指導者の息子であったとか、さまざまに述べられている。当時のあるシリア人著述家はスィナーンを訪問し、彼と交わした会話を記述したが、その中でスィナーンは彼の前歴や受けた教育ならびに彼のシリアへの使命の詳細について次のように語っている。

「私はバスラにおいて育てられた。私の父はそこの名士のひとりであった。この教義が私の心の中に入り込んだ時、私と兄弟たちとの間に生じた何かが、私に彼らと別れることを余儀なくさせた。そこで私は食料も馬も持たずに出て来た。私は前進して遂にアラムートにたどり着いた。その君主はキヤー・ムハンマドであり、彼にはハサンとフサインという二人の息子があった。彼は彼らと一緒に私を学校に入れ、子供の扶養と教育と衣類に欠くべからざるものについては彼らに対するのと全く同じ扱いを私にしてくれた。キヤー・ムハンマドが没し、息子のハサンがその後を継ぐまで、私はそこに留まっていた。彼は私にシリアへ行けと命じた。私はかつてバスラを旅立ったごとく出発し、ほとんど全くどの町にも近寄らなかった。彼は私にいくつかの命令と書状とを与えていた。私はモスルに入ると、大工たちのモスクで休息し、その夜はそこに泊まった。それから私はどの町にも入らずに前進し遂にラッカに到着した。私はそこにいるひとりの仲間に宛てた書状を持っていた。私がそれを彼に手渡すと、彼は私に食料を与え、アレッポまで一頭の馬を私のために借りてくれた。そこ〔アレッポ〕で私はもうひとりの仲間に会い、彼にもう一通の書状を渡した。すると彼もまた私のために一頭の馬を借りてくれ、私をカフフまで送らせた。私に対する命令はこの要塞に留まることであった。そして私は、そこの伝道組織の長シャイフ・アブー・ムハンマドがこの山で死ぬまで、そこに滞在した。彼の後は、（アラムートからの）指名がないまま、一部の仲間の合意によって、ホージャ・アリー・イブン・マスウードが継いだ。その後、シャイフ・アブー・ムハンマドの甥のアブー・マンスールとファフドの二人の幹部が共謀し、人を遣って浴室を出ようとしていた彼を刺し殺させた。指揮権は結局彼らの間の合議に委ねられることとなり、殺害者たちは逮捕され投獄された。その時、その殺害者を処刑し幹部のファフドを釈放せよという命令がアラムートから届いた。それとともに、一通の託宣と、それを仲間に読みあげるようにという命令が届けられた。」原註8

この物語の主要な点は他の史料によって確認される。スィナーンの伝説的な伝記はこれを敷衍して述べており、彼のカフフにおける待機期間を七年とする。スィナーンは明らかにハサン・アラー・ズィクリヒッサラームの部下であり、彼がシリアの信徒たちに正体を現わした年は、アラムートにおけるハサンの即位と同じく、一一六二年であった。そして継承争いに関する物語はハサンと彼の父との対立が反映したものであろう。

一一六四年八月、ハサンはアラムートにおいて復活を宣言し、他の地域のイスマーイール派信徒たちに使者を派遣してその通知を届けさせた。シリアではスィナーンがこの新しい制度を開始することとなった。ペルシアとシリアとではこの事件についての記録の仕方に奇妙な相違が見出される。ペルシアにおいては、復活の到来はイスマーイール派によって正確に記録されたが、同時代のスンニー派教徒の間では見過されたらしい。一方シリアにおいては、イスマーイール派がそれを忘れてしまったようで、スンニー派史家たちは、特定の興味と恐怖とから、彼らの耳に達した法の終末についての噂を繰り返し述べている。「私は、彼

（スィナーン）が彼らに自分たちの母や姉妹や娘たちを汚すことを許し、また彼らにラマザーン月の断食を免除した、ということを耳にした」[原註9]と、ある同時代人は伝える。

この報告やこれと同様の報告は確かに誇張されてはいるが、しかし、法の終末がシリアにおいて宣言され、それがいくぶん過度に陥ったことは明らかである。この状態は結局スィナーン自身によって止められた。カマール・ウッディーンによれば「五七二年（西暦一一七六—七七年）に、ジャバル・スンマークの人々は不正と放蕩に屈服し、自らを『純粋なる人々』と呼んだ。男も女も共に酒宴に加わり、どの男も自分の姉妹や娘を回避することなく〔交わり〕、女は男の衣服を身につけ、そして彼らのひとりはスィナーンが彼の神であると断言した」[原註10]という。彼らに対してアレッポの君主が一軍を派遣するや、彼らは山岳地帯に向い、そこで防備を固めた。スィナーンは調査をした後に責任を否認し、アレッポの人たちを説得して引き上げさせると、自ら彼らを攻撃し駆逐した。他の史料もこの時期における忘我境に陥った人々の同様の集団について述べている。これらの事件についてのあいまいな噂や報告が、アサシンの楽園の庭園に関する後世の伝統の土台を成したとも考えられるのである。

ひとたびその地位を確立するや、スィナーンの最初の仕事は彼の新しい領国を強化することであった。彼はルサーファとハワービーの要塞を改築し、さらにウライカを奪いそれを再強化することによって彼の領域を完全なものにした。あるアラブの年代記作者は伝える。
「彼は同派のためにシリアに諸要塞を建築した。そのいくつかは新しかったが、いくつかは旧来からのもので彼が策略によって手に入れた後に強化し近づきにくくしたものであった。時が彼を助けた。そして、王たちは彼の部下たちの残忍な襲撃を恐れて彼の領地を攻撃しないように注意した。彼はシリアにおいて三十余年間統治した。彼らの伝道長は、彼がその指導的地位を横領するのを恐れて、彼を殺すためにアラムートから何度も密使を派遣したが、彼らはいつもスィナーンによって殺されていた。彼は彼らの何人かをだましてその命令の遂行を思い止まらせた。原註11」このことは今まで、シリアのアサシンの指導者の中でただひとりスィナーンだけがアラムートの権威を投げ捨てて、全く独自の政策を推し進めたことを意味すると考えられて来た。この見解については、現在までシリアのイスマーイール派信徒の間に保持されてきた、彼の名が付された教義上の諸断片の中に、いくつかそれを裏書きするものが見出される。これらはアラムートやその首長あるいはニザール派イマームについては何の言及もしていないが、スィナーンその人を最高の、そして神聖なる指導者として歓呼して迎えている。

スィナーンの下でとられたアサシンの政策について我々が知りうる情報は、主として彼らがかかわり合った一連の特定の事件に関するものである。すなわち、サラディンの命を狙った二度の企てとそれに続く決定的とはならなかった彼のマスヤーフ攻撃、アレッポにおける一つの殺人事件と火災、モンフェラのコンラッドの殺害が、それである。これ以外には、ヌール・ウッディーンとサラディンに宛てられた脅迫状に関するあいまいな記述と、スペインのユダヤ人旅行家ツデラのベンジャミンによる一一六七年におけるアサシンとトリポリ王国との間の戦争状態についての言及があるのみである。

ムスリムの統一と正統主義の建設者ならびに聖戦の闘士としてのサラディンの台頭は、最初彼をしてアサシンの第一の敵の地位につかせ、必然的に彼らをして、今や彼の主たる対抗者となったモスルとアレッポのザンギー朝に対して以前よりも好意的な眼を向けさせること となった。一一八一―八二年にバグダードのカリフに宛てられた書状において、サラディンは、モスルの君主たちが異端のアサシンと同盟を結び、不信心なフランク人との彼らの和解を利用していると告発した。彼はモスルの君主たちがアサシンに城と領地とアレッポの伝館を与える約束をしたこと、およびスィナーンと十字軍双方に密使を派遣したことについて述べ、フランク人の不信仰とアサシンの異端とザンギー朝の反逆という三重の脅威に対するイスラームの擁護者としての彼自身の役割を強調している。イスマーイール派のスィナーンの伝記の著者は、後世の聖戦思想の影響を蒙って、彼の主人公を十字軍に対する闘争におけるサラディンの協力者として叙述する。

この二つの陳述は、異なる時期に関するものであるなら、事実でありえよう。サラディンによる彼の対抗者たちの間の協力の度合についての記述は、ザンギー朝の信用を落とさせるためにおそらく誇張されているであろうが、彼の多くの敵が最初、彼ら相互の間で攻撃しあうよりは、むしろ彼に攻撃を集中したのはきわめて当然であった。アサシンがキリスト教を奉ずる申し出を行なったというティルのウィリアムによって伝えられる奇異な話は、まさにスィナーンとイェルサレム王国の間に正真正銘の親交が存在したことの反映であろう。

サラディンの命を狙うアサシンの最初の試みは、彼がアレッポを攻囲していた一一七四年十二月あるいは一一七五年一月に起こった。サラディンの伝記作者たちによれば、名目上の君主であるザンギー家の子供に代ってその町を治めていたグムシュテギンは、スィナーンのもとに使者を送ってサラディン暗殺を依頼し、その返礼として、彼に領地と金を提供することを申し出たという。指名された密使たちはある寒い冬の日にその陣営に入り込んだ。しかし、彼らは彼らの隣国人であったアブー・クバイスの将軍に悟られて尋問を受けた。そこで彼らは直ちに彼を殺した。続いて起こった騒ぎの中で多数の人々が殺されたが、サラディン自身は無傷であった。翌年、スィナーンはもう一度試みようと決意した。そして、一一七六年五月二十二日、サラディンの軍隊の兵士に変装したアサシンたちは、彼がアザーズを包囲していた時、ナイフをもって彼に襲いかかった。甲冑のおかげでサラディンはほんの浅い傷を受けただけで済み、襲撃者たちは彼の将軍たちによって処理された。しかし、その争いの中で数人の将軍が命を落としている。一部の史料はこの第二回目の試みもまたグムシュテギンの教唆によるものであるとする。これらの事件の後、サラディンは入念な警戒態勢をとり、特別に建てられた木造の塔の中で眠り、また彼が個人的に知らない者は誰であろうと彼に近づくのを許さなかった。

サラディンの命を狙うこれら二つの試みを準備する上で、スィナーンがグムシュテギンと提携して行動していたということは決してありえないことではないが、しかし、グムシュテギンの勧誘がその第一の動機であったとは考えられない。それよりはるかに確実に言えることは、スィナーンは自分自身のために行動しながらグムシュテギンの援助を受け入れ、そのようにして物質的且つ戦略的な両方の便宜を手に入れたということである。同様の考えは、一一七四年にカイロのサラディンからカリフに送られた一書簡に記されている陳述にも適用される。それによれば、その年にエジプトにおいて結局不成功に終ったファーティマ朝支持派の陰謀の指導者たちがスィナーンに手紙を送り、彼らの共通の信仰を強調して彼にサラディンに対する行動を起こすよう促していたという。シリアやペルシアのニザール・イスマーイール派はカイロの末期のファーティマ朝には何の臣服の義務も負ってはおらず、彼らを横領者と見なしていた。ファーティマ朝支持者たちがシリアのアサシンに援助を求めたということはいかにもありうる。半世紀ほど前には、ファーティマ朝カリフのアル・アーミルが、彼の指揮権を受け入れるよう彼らの説得を試みた。しかし、ニザール派は拒絶し、アル・アーミル自身は彼らの短剣に倒れていた。スィナーンが、再び戦略的な理由から、エジプトの陰謀者たちに進んで協力したということはありえないことではないが、それにしても、彼がエジプトにおけるその計画の最終的な潰滅後も彼らのために動き続けたとは考えられない。スィナーンによる対サラディン行動の直接の理由としてよりそれらしきものは、現存する同時代の作家たちの著書にはないけれども、後代のある年代記作者によって伝えられた一つの物語の中に見出されるかも知れない。この記述によれば、一一七四—七五年にイラークにおける反シーア派教団ヌブゥイーヤの一万騎がアル・バーブおよびブザーアのイスマーイール派根拠地に侵入し、そこで一万三千のイスマーイール派信徒を殺戮し、多くの戦利品と捕虜を奪った。このイスマーイール派の混乱に乗じて、サラディンは彼の軍隊を彼らに向けて派遣し、サルミーン、マアラト・マスリーン、ジャバル・アル・スンマークを侵略して多くの住民を殺したという。残念なことにこの年代記作者はこれらの事件が何月に起こったかについては述べていない。しかし、もっともらしく見えることだが、もしサラディンの侵略が彼の軍隊がアレッポへの北上の途にあった時に実施されたのなら、それは彼に対するアサシンの敵意を説明するのに役立つであろう。しかしたとえこの説明がないとしても、ムスリム統一政策を掲げたムスリム・シリアにおける第一の勢力としてのサラディンの出現が、彼に危険な敵としての印を押したことは明らかである。

一一七六年八月、サラディンは報復を求めてアサシンの領域に進撃し、マスヤーフを包囲した。この時の彼の撤退の事情については種々異説がある。サラディンの書記にして歴史家のイマード・ウッディーンは、それを隣人のアサシンから調停を依頼されたハマーの君主、すなわちサラディンの叔父の仲介によるものとしており、他のアラビア語の史料の多くもこれに従っている。別の伝記作者は、フランク人がビカー渓谷を攻撃し、その結果サラディン自身がその地へ赴く必要に迫られたという一層説得力のある理由を付け加えている。カマール・ウッディーンのアレッポ史においては、アサシンの策略によって吹き込まれた恐怖の故にらしいが、ハマーの君主に仲裁を依頼し和平を求めているのはサラディンの方である。そしてイスマーイール派の説によれば、サラディンはスィナーンの神通力に恐れをなした。そこで、ハマーの君主は彼のために間に入り、彼が無事に立ち去るのを許すようスィナーンに請うた。スィナーンは撤退を認めて彼に安全通行権を与え、二人は最良の友となったという。このイスマーイール派の説明は明らかに伝説によって厚く覆われてはいるが、それは両者の間に、ある種の協定が達成されたという事実を含んでいるように思われる。たしかにマスヤーフ撤退後のサラディンへのアサシンの公然たる反対行動については何ら聞かれず、さらに彼らの共謀をほのめかすものさえ一部には存在している。

歴史家たちはアサシンに対するサラディンの寛容さを説明する――おそらくは正当化する――目的で、いくつかの物語を伝える。ある時、このスルターンはアサシンの首長に脅迫状を送ったと言われる。彼の返事は以下のようなものであった。

「我々はあなたの書状の骨子と詳細を読み、言葉と行為による我々に対する脅迫に注目した。そして神の御名にかけて、象の耳の中でぶんぶんいうはえや彫像を刺すぶよを見出すことは驚きである。あなたより以前にも他の者たちがこのようなことを言ったが、我々は彼らを滅ぼし、誰も彼らを救うことができなかった。それでもあなたは真実を棄てて虚偽に援助を与えようと願うのか。『不義をなした者は、やがてその身がいかなる運命に転じ行くかを思い知ることになろう』(コーラン第二十六章第二百二十八節)。もし実際に私の首を切り落とし、しっかりした山々から私の城を引きはぐためにあなたの命令が発せられているなら、それは間違った希望であり空しい幻想である。何故ならば、精神が病気によっては失なわれないのと同様、本質的要素は偶発的な事物によっては破壊されないからである。しかし、もし我々が感覚によってとらえられた顕教に戻り、精神によってとらえられた密教を放棄するなら、我々は神の予言者に一つの良い例を見出す。彼は言った。『いかなる予言者も私が経験したことを経験しなかった』と。あなたは彼の血統や家族や党派に何が起こったかを知っている。しかしその地位は変化せず、その主張は力を失なわず、神への称賛において一貫している。我々は抑圧されているが抑圧者ではなく、また剝奪されているが剝奪者ではない。『真実が現われる』時、『虚偽は消え失せる。まこと虚偽は消え失せるべきもの』（コーラン第十七章第二十三節[訳註1]）。あなたは我々の務めの外見と我々の宗徒の本質、すなわち彼らが一瞬の内に何を成し遂げることができるか、そして彼らがいかにして死との交わりを求めるかを知っている。『言ってやれ、……もしお前たちが真実を語っているのなら、その時死を願ったらよい、と』（コーラン第二章第八十八節[訳註2]）。通俗的なことわざは言う、『あなたはあひるを川によって脅すのか？』と。災難に対する方法を準備し、破滅に備える衣服を身に付けよ。何故なら、私はあなた自身の兵士たちの内部からあなたを打ち破り、あなた自身の居所においてあなたに報復するであろうし、あなたは自分の破滅をもくろむ者となるであろうから。そして『神にとってそれは大したことではない』（コーラン第十四章第二十三節参照[訳註3]）。あなたが我々のこの手紙を読む時、我々のことに注意し且つあなたの状態について節度を守り、そして『蜜蜂の章』の初めと『サードの章』の終りを読みなさい。[原註12]」

　カマール・ウッディーンによって、彼の兄弟を拠り所として語られる以下の物語はさらに驚くべきものである。

「私の兄弟——彼の上に神の慈悲があらんことを！——は私に次のようなことを語った。スィナーンがサラディン——彼の上に神の慈悲があらんことを！——のもとへ一使節を送り、その使節に彼の伝言を必ず内密に伝えるように命じた。サラディンは彼を調べさせ、彼には何ら危険がないと判明した時、わずか数人を残して彼のために集まりを解き、彼に伝言を伝えるよう求めた。しかし彼は言った。『私の主人は私にその伝言を（内密でないならば）伝えないようにと命じた』と。そこでサラディンは二人のマムルーク兵を除く全ての者を集会から立ち去らせ、そして言った。『あなたの伝言を述べなさい』と。彼は答えた。『私はそれを内密に伝えることだけを命じられた』と。サラディンは言った。『この二人は私のもとを離れない。もしあなたが望むならあなたの伝言を伝えなさい。もしそうでなければ帰りなさい』と。彼は言った。『何故あなたは他の者を追い払ったようにこの二人を追い払わないのか』と。サラディンは答えた。『私はこれらの者を自分の息子と見なしており、彼らと私は一体である』と。そこでその使節はこの二人のマムルーク兵の方を向いて言った。『もし私が私の主人の名においてあなた方にこのスルターンを殺すように命じたなら、あなた方はそのようにするか』と。彼らはイエスと答え、『あなたが欲するように我々に命令して下さい』と言いつつ彼らの剣を抜き放った。スルターン・サラディン——彼の上に神の慈悲のあらんことを！——は仰天し、その使節は彼らを連れて立ち去った。そこでサラディン——彼の上に神の慈悲のあらんことを！——はスィナーンと和睦し友好的な関係を結ぶ気になった。神は最善のものを知り給う。原註13」

次の殺害は、一一七七年八月三十一日に行なわれた、アレッポのザンギー朝君主アル・マリク・アル・サーリフの宰相でありヌール・ウッディーン・イブン・ザンギーの前の宰相であった、シハーブ・ウッディーン・イブヌル・アジャミーのそれであった。この宰相の二人の部下に対する不成功に終った試みと同時に為されたこの暗殺は、シリアの歴史家たちによってグムシュテギンの陰謀によるものとされている。それによると、彼は殺人者の派遣を依頼するスィナーンへの書簡にアル・マリク・アル・サーリフの署名を模造して付していたという。この物語の典拠はアサシンによる告白であり、彼らは、尋ねられた時、自分たちはただアル・マリク・アル・サーリフ自身の命令を実行していただけであると主張したというものである。伝えるところでは、その策謀はアル・マリク・アル・サーリフとスィナーンとのその後の文通を通じて明らかにされ、グムシュテギンの敵は彼の没落をもたらすためにこの好機を捕えた。この物語の真相が何であれ、この宰相の死とそれに続いて生じた不和と疑惑がサラディンに歓迎されないわけはなかった。

アレッポとスィナーンとの対立は続いた。一一七九―八〇年、アル・マリク・アル・サーリフはアサシンからアル・ハジーラを奪った。スィナーンの抗議は何ら効を奏さなかったので、彼はアレッポに運動員を送り込み、彼らに市場に火を放たせ、大きな損害を生じさせた。そして、ひとりの放火犯人も逮捕されなかったという。この事実は、彼らがその町において今なお地方的な支持を集めることができたということを示唆している。

一一九二年四月二十八日、彼らはそのもっとも大きな成功を成し遂げた。すなわち、ティルにおけるイェルサレム王モンフェラのコンラッド侯の殺害がそれである。多くの史料は、その殺人者たちがキリスト教の修道士に変装し巧妙にとり入って司教と侯爵の信任を得たことを一致して述べている。そして、機会が来た時、彼らは彼を刺し殺した。ティルにいたサラディンの公使の報告によれば、その二人のアサシンは、質問を受けた時、イングランド王がその殺人をけしかけていたことを告白したという。大部分の東方史料および一部の西方史料による証言を考慮するならば、実際にそのようなある告白が為されたことはほとんど疑いがないようである。その侯爵の消滅について〔イングランド王〕リチャードが有した明らかな利害関係と、リチャードの被保護者であるシャンパーニュのアンリ伯爵が侯爵の未亡人と結婚してラテン王国の王位を継いだ時の信じられない速さとは、この物語にある色合いを添えた。そして、それが当時広く信じられたことが容易に理解されうる。しかし、アサシンが告白した時に彼らが真実を語っていたか否かは別の問題である。ザンギー朝の歴史家イブヌル・アスィール――彼のサラディンに対する嫌悪については相当差し引いて考えられなければならないが――は、その殺人の責任を、リチャードに帰せしめる点については、ただフランク人の間に流布している一意見としてのみ述べる。彼自身はその煽動者としてサラディンの名をあげ、その仕事のためにスィナーンに支払われた金額を知ってさえいる。彼によれば、その計画はリチャードその人およびコンラッドの両者を殺すというものであったが、リチャードの殺害は不可能と判明したという。イスマーイール派の伝記は、サラディンの以前からの承認と協力を受けたスィナーンに主導権を帰している。しかしまたここにおいても、その主人公を聖戦におけるサラディンの誠実な協力者として示そうとする、著者の明白な欲求は斟酌されなければならない。彼は、この行為に対する返礼として、サラディンがカイロ、ダマスカス、ホムス、ハマー、アレッポその他の都市に伝道館を設立する権利を含む多くの特権をアサシンに認めたという信用し難い情報を付け加えている。おそらく我々はこの物語の中に、マスヤーフでの協定以後の時期にサラディンによってアサシンに与えられたある一定の報酬についての誇張された記憶を見出すであろう。一方、イマード・ウッディーンは、コンラッドは十字軍の指導者のひとりであるにもかかわらず、より恐るべきリチャードの敵のひとりであったし、また死んだ時にはサラディンと通じていたから、その殺害はサラディンにとって都合の良いものではなかった、と我々に語る。コンラッドの死はリチャードの不安を取り除き、彼を元気づけて戦争を再開させた。その四ヵ月後、彼はサラディンとの休戦協定に調印した。この協定には、サラディンの依頼により、アサシンの領地が含まれていたという。

コンラッドの殺害はスィナーンの最後の業績であった。一一九二―九三年あるいは一一九三―九四年、恐るべき山の老人その人は没し、ナスルというペルシア人によって後を継がれた。この新しい首長によってアラムートの権威は回復されたようで、モンゴルの征服以後もそれは依然として不動であったと思われる。文献史料やシリアのイスマーイール派根拠地にある碑文からは、違う年代において数人の首席ダーイーの名が知られるが、彼らのほとんどはアラムートの代理者として特別に言及されている。

アラムートの臣下として、シリアのアサシンもまたジャラール・ウッディーン・ハサン三世の新しい政策――法の復活およびバグダードのカリフとの同盟――によって影響された。一二一一年、このアラムートの君主はシリアに声明を送り、シリアの彼の信徒たちにモスクを建てて儀式的な礼拝を実行すること、酒や薬やその他の禁じられたものを避けること、断食ならびに聖なる法の全ての規定を遵守することを命じた。

その「改革」がアサシンの宗教的信条や慣習にどのように影響したかはほとんど知られていない。しかし、カリフとの同盟は確かに彼らの活動に影響を及ぼしたようである。シリアにおいては、イスラームという敵を前にして、数人のキリスト教徒が依然として倒される運命にあったにもかかわらず、ムスリムの暗殺がそれ以後一度も記録されていないということは印象的である。これらキリスト教徒の最初の者はアンティオキアのボヘモンド四世の子、レイモンドであり、彼は一二一三年にトルトサの教会の中で殺された。彼の父は復讐を切望してハワービーの要塞を包囲した。この頃には、はっきりとサラディンの後継者たちとの友好関係にあったアサシンは、アレッポの君主に援助を訴え、彼は彼らを救援するために遠征軍を派遣した。彼の部隊はフランク人たちの手によって敗北を蒙ったが、ダマスカスの彼の同僚への懇請によってもたらされた軍隊が敵に包囲を解いて撤退することを強いた。

その間に、アサシンの首長たちは彼らの評判を活用する方法を見出していた。暗殺の脅迫のもとで、彼らはイスラーム教徒およびキリスト教徒双方の君主たちに支払いを強要し、またどうやらレヴァント地方への一時的な訪問者たちからさえも厳しく取り立てたらしい。あるアラビア語史料によれば、一二二七年に首席ダーイーのマジュド・ウッディーンは、十字軍を率いてパレスティナに来ていた〔神聖ローマ〕皇帝フリードリヒ二世からの使節を迎えた。彼らはほぼ八万ディナール相当の贈物をもたらした。マジュド・ウッディーンは、ホラズム人たちの破壊のためにアラムートへの道があまりに危険過ぎるということを口実に、その贈物をシリアに留め、そして皇帝が要求した安全通行権を自ら彼に与えた。同時に、彼は念のためにアレッポの君主のもとへ一使節を派遣し、彼に皇帝の使節一行のことを報告して彼との一致行動体制を確保した。

ホラズム人による脅威はまた、同年のそれより早い時期に起こったと言われる、もう一つの事件の理由を説明するかも知れない。この物語によれば、マジュド・ウッディーンはコニヤにいたルームのセルジューク・スルターンに一使節を派遣し、そのスルターンが以前にアラムートへ送っていた二千ディナールの定期的な年貢を今後は彼のもとへ送るように要求した。スルターンはいくぶん疑ってアラムートに使者を派遣し、ジャラール・ウッディーンの意見を質した。このアラムートの君主は自分がこの金をシリアに割りあてていたことを確認し、スルターンにその通りに支払うよう指示した。そこで彼は支払ったという。

ほぼこの頃には、アサシン自身がホスピタル騎士団への進貢者になっている。アラブの年代記作者〔ムハンマド・アル・ハマウィー〕は次のように述べる。皇帝による使節団派遣の後、ホスピタル騎士団はアサシンに貢物を要求した。しかし、彼らは拒否し、「あなた方の王である皇帝が〔貢物を〕我々に与えているというのに、あなた方は我々からそれを取ろうとするのか？」と言った。そこでホスピタル騎士団は彼らを攻撃し、多くの戦利品を運び去ったという。このテキストは、ホスピタル騎士団への進貢がこの事件から始まるのか、またはすでに存在していたのかについては明らかにしていない。[原註14]

アサシンがどの程度までシリアの政治的舞台において認められる部分となり、また受け入れられる部分にさえなっていたかということに関する興味ある指摘が、彼自身中央シリアの出身者であったイブン・ワースィルによって為されている。一二四〇年、スィンジャールの法官バドル・ウッディーンは新しいスルターンの怒りを招いた。彼はシリアを通って逃がれ、アサシンに保護を求めて彼らから避難所を与えられた。当時の彼らの首長はアラムートからやって来ていたタージュ・ウッディーンというペルシア人であった。イブン・ワースィルは、この両者が個人的な知り合いであり、また友人の間柄にあったことを躊躇することなく付け加えている。このタージュ・ウッディーンの名は、六四六年ズール・カッダ月（西暦一二四九年二月あるいは三月）の日付のあるマスヤーフの碑文にもあげられている。

シリアにおけるアサシンの政治的終焉に至るまでには、わずかに彼らとサン・ルイとの交渉に関する一連の事件だけが記録さるべく残されている。サン・ルイがフランスにおいてまだ青年であった時に彼に対してアサシンが企てたという陰謀の物語は、ヨーロッパにおけるアサシンの活動に関する他の全ての物語と同様に、根拠のないものとして片づけられうる。しかし、サン・ルイの伝記作者ジョワンヴィルによる、この王のパレスティナ到着後のアサシンとの交渉についての記述は別種のものであり、信頼するに足るあらゆる徴候を帯びている。それによると、アサシンの使者がアッカのサン・ルイのもとへやって来て、「ドイツの皇帝やハンガリーの王やバビロン（エジプト）のスルターンその他が毎年行なっているごとく」彼らの首長に貢物を支払うよう彼に求めた。「〔これらの君主たちがそうするのは〕それが彼を満足させるかぎり、その間だけ彼らは生きながらえることができることを良く知っているからである。」[原註15]もし王が貢物を支払うことを望まなかったとしても、その代りに、彼ら自身がホスピタル騎士団とテンプル騎士団に支払っている貢物が免除されるなら彼らは満足したであろう。しかし、この貢物は支払われた。ジョワンヴィルはその理由を、これら二つの騎士団は、たとえひとりの頭領が殺されても直ちに適当な別のひとりがそれにとって代るのを常としていたが故に、アサシンを全く恐れなかったし、またアサシンの首長は何ら得ることのできないところで彼の部下をむだに費やすことを欲しなかったからであると説明する。結局、騎士団への進貢は続行され、サン・ルイと首席ダーイーは贈物を交換した。アラビア語を話せる修道士ブルターニュ人イヴが、アサシンの首長と会って話したのはまさにこの時であった。

アサシン権力の最後はモンゴルとエジプトのマムルーク朝スルターン、バイバルスによる二重の強襲の下にやって来た。シリアにおいてアサシンは、人々が期待するごとく、モンゴルの脅威を退けるために他のムスリムと結び、またバイバルスの好意を得ようとして彼に使節と贈物を送った。バイバルスは最初彼らに対して何ら公然たる敵意を示していなかったし、一二六六年のホスピタル騎士団との休戦協定の承認の際には、アサシンの諸城を含む多くのムスリムの都市や地方から受け取っていた貢物を放棄するように彼らに求めた。あるエジプトの史料によれば、そのアサシンの貢物は千二百ディナールと百ムッド（*mudd*）[訳註4]の小麦・大麦であったという。アサシンは抜け目なくバイバルスに使節を送り、彼らがかつてフランク人に支払っていた貢物を聖戦に使用されるべきものとして彼に差し出した。

しかし、キリスト教徒のフランク人と異教徒のモンゴル族による二重の脅威からムスリム近東を解放することをその一生の事業としていたバイバルスが、シリアのまさに心臓部にある異端者と殺人者の危険な窪地が保持し続けていた独立を黙認するとは思われなかった。すでに一二六〇年に、彼が自分の将校のひとりにアサシンの土地を領地としてあてがったことが彼の伝記作者によって報告されている。一二六五年には彼は、アサシンに進貢していた多くの君主たちによって彼らのもとにもたらされた「贈物」から、賦課金と税金を徴収するよう命じた。史料にはこれらの君主として「〔神聖ローマ〕皇帝、アルフォンソ[訳註5]、フランク人の諸王、イエーメン王[原註16]」の名があげられている。シリアにおいて弱体化し、またペルシアの同胞の破滅に気落ちしていたアサシンはこれに抵抗することができなかった。彼らはおとなしくこの処置を受け入れ、自らバイバルスに貢物を支払った。そしてやがて、倒れたアラムートの君主に代って、彼が彼らを意のままに任命したり解職したりするに至った。

一二七〇年、バイバルスは年老いた首長ナジュム・ウッディーンの態度に不満を持ち、彼を廃して代りに彼の養子でアサシンのウライカ知事であったもっと従順なサーリム・ウッディーン・ムバーラクを任命した。バイバルスの代理人としてその地位を保持した新しい首長は、バイバルスの直接支配下に入ったマスヤーフから締め出された。しかし、サーリム・ウッディーンは策略を用いてマスヤーフを占領した。バイバルスは彼を退けて囚人としてカイロに送った。その地で彼は没したが、毒殺されたものと思われる。そして、今は従順になったナジュム・ウッディーンが、彼の息子シャムス・ウッディーンと共同で、毎年支払う貢物を代償として再任された。彼ら二人の名はいずれも、ほぼこの頃の日付を有するカドムースのモスクの一碑文にあげられている。

一二七一年二月あるいは三月に、バイバルスは二人のアサシンを逮捕した。伝えるところによれば、彼らは彼を殺すために派遣されたという。彼らはウライカからトリポリのボヘモンド六世のもとへ使節として行き、彼〔ボヘモンド〕が彼らのスルターン暗殺を手配したと言われている。シャムス・ウッディーンが逮捕され、フランク人と通じていたことをとがめられた。しかし彼の父ナジュム・ウッディーンが彼の無実を弁護するに至って、その後彼は釈放された。二人の自称殺人者も釈放された。そして、二人のイスマーイール派指導者は強制されて彼らの諸城をあけ渡し、バイバルスの宮廷で暮らすことに同意した。ナジュム・ウッディーンはバイバルスに随行し、早くも一二七四年にカイロで没している。シャムス・ウッディーンは「その諸業務を整理するために」カフフに赴くことを許された。彼はその地でもう一度抵抗を組織し始めたが無駄であった。一二七一年の五月と六月には、バイバルスの副官たちがウライカとルサーファを奪い、そして十月には、自分の運動が見込みのないことを悟ったシャムス・ウッディーンがバイバルスに降服した。最初の内、彼は好意的に迎えられていた。しかしその後、バイバルスは彼の将軍のいく人かを暗殺する計画を知って、シャムス・ウッディーンとその一行をエジプトに連行した。諸城塞の封鎖は続けられた。そしてこの年にハワービーが陥落し、残りの城も全て一二七三年までに占領された。

アサシンのバイバルスへの服従により、彼らの熟練した任務は、短期間ではあったが、彼の自由に利用するところとなっていたらしい。早くも一二七一年四月に、バイバルスがトリポリ伯を暗殺によって脅かしていたことが報告されている。一二七二年のイングランドのエドワード王子に対する試みと、またおそらく一二七〇年のティルにおけるモンフォールのフィリップの殺害は、彼によって煽動されたものであった。少し後の年代記作者たちもまたマムルーク朝スルターンたちがうるさい敵を除去するためにアサシンを雇ったことについて述べており、さらに十四世紀のムーア人旅行家イブン・バトゥータさえその手配について次のように記述している。「スルターンが彼らのひとりをある敵を殺すために送りたいと思う時には、彼は彼らにその者の血の代償金を支払う。もしその殺害者がその仕事を成し遂げた後に逃げることができたなら、その金は彼のものとなる。もし彼が捕えられたなら、彼の子供たちがそれを受け取る。彼らは自分の指定された生贄を打ち倒すために毒を塗った短刀を用いる。たまに彼らの計画は失敗し、彼ら自身が殺される。[原註17]」

このような物語はおそらく伝説と邪推の所産であり、ヨーロッパの君主たちのために山の老人によって相当の値段で手配されたという殺害に関してははるか西方で語られていた物語と同様に、あまり重要ではない。十三世紀を過ぎると、シリアのアサシンによって同派のために行なわれた殺害はもはやそれ以上は確認されない。それ以後、イスマーイール主義はほとんどあるいは全く政治的重要性を持たないペルシアおよびシリアの小さな異端として沈滞した。十四世紀には、ニザール系イマームの家系に分裂が起こった。シリアとペルシアのイスマーイール派はそれぞれ別の主張者に従い、その時以降、彼らはお互いの接触を維持することを止めた。

十六世紀のオスマーン・トルコによるシリア征服後に、新しい主人たちのために準備された最初の土地と住民の調査は、「宣教団の諸城塞」(*Qilā' al-da'wa*) 地方、すなわちカドムースやカフフのごとき古くて有名な根拠地を含み、ある独特の宗派の信徒たちが住んでいる、ハマーの西方に位置する一群の村落について滞りなく記録する。そこでは、彼らはただ特別の税を支払っているという事実によってのみ区別されている。[原註18] 彼らは、その支配者や隣人たちとの、さらにはお互い同士の平常化した争いの中で報告される十九世紀の初めまで、歴史のページの上には再び現われない。十九世紀の中葉から、彼らは自ら砂漠を開墾して造った新しい居住地サラミーヤを中心とする平和な農村住民として定着していった。現在彼らはほぼ五万人を数え、その全てではないが、一部の者はアーガー・ハーンを彼らのイマームとして受け入れている。

第六章　手段と目的

イスマーイール派アサシンは暗殺を創案したわけではなかった。彼らはただそれに彼らの名を貸しただけであった。暗殺としての殺人は人類と同じ位古い。その古さは創世記の第四章に著しく象徴的に示されている。そこでは最初の殺人者と最初の犠牲者とが二人の兄弟、つまり最初の男と女の間に生まれた子供たちとして現われる。政治的な殺人は政治的権力の出現とともに、すなわち、権力が一個人に帰属し、その個人の除去が政治的変化をもたらす迅速且つ簡単な方法と見なされるようになる時に、起こる。普通そのような殺人の動機は個人的、党派的、王朝的なもの——権力所有における一個人、一党派あるいは一王朝の、他のそれによる置換——である。そしてこのような殺人は、東洋と西洋のいずれにおいても、独裁的な王国や帝国では一般化している。

こういう殺人はしばしば、殺人者はもちろんのこと他の者によっても義務であると考えられ、観念的な理由によって正当化される。つまりその犠牲者は独裁者または王位簒奪者であり、彼を殺すことは善行ではあっても罪悪ではないのである。そのような観念的な正当化は政治的あるいは宗教的用語——多くの社会においては、この両者の間にほとんど差異がない——によって表現されうる。古代のアテネでは、二人の友人ハルモディウスとアリストゲイトンが独裁者ヒッピアスの殺害を企てた。しかし、彼らはヒッピアスの共同統治者であった弟〔ヒッパルコス〕を倒したにとどまり、二人とも殺されてしまった。ヒッピアスの失脚後、彼らはアテネの市民的英雄となり、彫刻や歌によって讃えられ、彼らの子孫は種々の特権と免除を享受した。この独裁者殺し《タイラニサイド》の理想化はギリシア、ローマの政治的風潮の一要素となり、マケドニアのフィリッポス二世、ティベリウス・グラックス、ユリウス・カエサルの殺害のごとき有名な暗殺に表出した。同様の観念はユダヤ人の間にも見られ、エフド[訳註1]やイエフ[訳註2]のごとき人物に、また圧制者ホロフェルネスの天幕へ赴き眠っている彼の首を切り落とした美しきユーディットの物語にひじょうに劇的に現われている。ユーディットの書はヘレニズム支配期に書かれたもので、ギリシア語版だけに残されている。ユダヤ人はそれを偽作として退け、プロテスタント派信徒もそれに従う。しかし、それはローマ・カトリック教会の正典に含まれており、多数のキリスト教徒の画家や彫刻家に霊感を与えてきた。ユーディットはユダヤ人の宗教伝承に位置を占めていないが、彼女が示す敬虔なる殺人の観念は生き続け、イエルサレム陥落の頃に登場して対立者や妨害者の壊滅に献身した狂信者の一団、すなわちシカリイと呼ばれる有名な短剣使いたちを鼓吹したのであった。

　王殺し《レジサイド》は、事実上のそれも、観念上のそれも、イスラーム政治史の最初期から良く知られていた。イスラーム共同体の首長として予言者ムハンマドの後を継いだ四人の正統カリフの内、三人が殺されている。第二代カリフのウマルは私憤によってキリスト教徒であった奴隷に刺された。このことを知って、死の床にあったカリフは自分がイスラーム教徒のひとりによって殺されなかったことを神に感謝した。しかし、この慰めさえも彼の後継者ウスマーンとアリーには与えられなかった。彼らはいずれもイスラーム教徒のアラブ人によって――ウスマーンは一団の怒った暴動者たちによって、アリーはひとりの狂信者によって――倒されたのである。いずれの殺人の場合にも、加害者たちは自らを不正なる支配者から〔イスラーム〕共同体を解放した独裁者殺しと見なし、他に同調者を見出している。

その問題はウスマーンの死後起こったムスリムの内乱の過程において具体化した。殺されたこのカリフの一族であったシリア総督ムアーウィヤは王殺したちの処罰を要求した。しかし、カリフとしてその後を継いでいたアリーはそれに応ずることができなかったか、あるいは気が進まなかったようである。彼の支持者たちはその無為を正当化するために、彼らはいかなる罪も犯していないと主張した。つまり、ウスマーンは圧制者であったから、彼の死は処刑であり殺害ではなかったのである。[原註1] 同じ論法が、この数年後に起こったアリー自身の殺害を正当化するために、もっとも過激なハーリジュ派信徒たちによって用いられた。

イスラームの伝承は正当な反逆の原理にある程度までは承認を与える。すなわち、それは君主に対して独裁的権力を認める一方、いったんその命令が罪深いものである時には臣下の服従の義務は消滅すること、そして「創造主に反対する人物への服従はあってはならない」ことを規定する。しかし、命令の正当性を判断したり、罪深い人物に対する不服従の権利を行使したりするための手続きが一切規定されていないから、良心的な臣下が頼りとする唯一の実際的な手段は、君主に対して反逆し、そして力によって彼を圧倒するかあるいは廃するように努めることであった。一層迅速な手続きは彼を暗殺によって除去することである。この原理は、とりわけ宗派的な反逆者たちによって、その行為を正当化するためにしばしばもち出された。

　実際には、アリーの死去とムアーウィヤの即位の後は支配者の殺害はまれとなり、それが起こる時には、いつも着想において革命的であるよりは王朝的である。これに反して、シーア派は、スンニー派カリフたちの煽動によって殺されようとしているのはまさに彼らのイマームであり、また他の予言者一族の成員たちであると主張した。そして、彼らの文学には、その血が復讐を呼んだアリー一族の殉教者たちの長い名簿が含まれている。

　不当な人々や彼らの手先を殺すためにその密使を送るにあたって、イスマーイール派はかくして古いイスラームの伝統に頼ることができた。その伝統は、決して支配的ではなかったし、また長い間用いられずにいたのであるが、しかし一方では特に異論を唱える人々や過激的な宗派の中にその位置を占めていた。

　古くからの独裁者殺しの理想、すなわち不正なる支配者から世界を救うための宗教的義務は、イスマーイール派によって採用され応用されたごとき暗殺の実行に確かにあずかって力があった。しかし、そこにはそれ以上のものがあった。アサシンによるその生贄の殺害はただ単に敬神の行為というばかりではなかった。それはまた儀式的な、ほとんど秘蹟的な性格を有していたのである。ペルシアにおいてもシリアにおいても、アサシンがその全ての殺人に、常に一本の短剣を用い、[原註2]毒薬や飛び道具の方がそれよりも簡単で安全である場合もあったに違いないのに、決してそれらを用いはしなかったことは重要である。アサシンはほとんどいつも捕えられるし、実際に大体の場合は逃げることも試みていない。使命の終った後まで生き残ることは恥ずべき行為であったことを暗示するものさえ存在するのである。十二世紀のある西欧の著述家は次のように言い表わしている。「それ故、彼らの内の誰かがこの方法で死ぬことを選んだ時……彼（すなわち首長）自らいわば……〔その任務〕に捧げられる短剣を彼らに手渡すのである。原註3」

人身御供《ひとみごくう》と儀式的殺人はイスラームの法や伝承や慣習には存在していない。それにもかかわらず、この両者は人間社会においては古くて根深いものであり、予期せぬ場所に再現しかねないものである。ちょうど、忘れられた古代の舞踊儀式が、イスラームの厳粛な礼拝をものともせず、踊る托鉢僧の法悦の儀式に再現するように、古くからの死の儀式がイスラーム用語の中に新しい表現を見出している。八世紀の初めに、ムスリム著述家たちは、クーファ出身のアブー・マンスール・アル・イジュリーというひとりの男がイマームであると主張し、法の規定が象徴的な意味を有していること、ならびに字義通りの意味でそれらに従う必要はないことを教えたと我々に伝える。〔彼によれば〕天国と地獄は別々の存在ではなく、単にこの世の快楽と不幸であるにすぎなかった。彼の信奉者たちは宗教的な義務として殺人を実行した。同様の教義――と慣行――が彼と同時代の、そして同じ部族のムギーラ・イブン・サイードにも帰せられている。両グループとも官憲によって抑圧された。しかし、彼らがその信条に従って彼らの殺人儀式に用いる武器をただ一つに限ったことは重要である。一方のグループは彼らの生贄を縄で絞め殺し、またもう一方は木製の棍棒で打ち殺した。マフディーが到来した時に初めて、彼らは剣を使うことを許されるのである。原註4 この二つのグループはいずれも過激的なシーア派の中の最極端論者に属していた。後代のイスマーイール派の道徳律廃棄論および武器崇拝の双方に、彼らが示す類似性は著しいものがある。

新入会者のための秘法の管理者として、イマームについての認識を通じての救済の調達者として、また救世主の実現――つまり世界の労苦と法の軛からの解放――の約束の持参人として、イスマーイール派は、イスラームの初めやそれを越えたはるか以前に遡り且つ我々の時代にまで至る、一つの長い伝統――既成の秩序が持つ学究的・合法的宗教と鋭い対照をなしている大衆的で感情的な信仰の伝統――の一部をなすものである。

イスマーイール派以前にもこういう多くの宗派や集団が存在したが、効果的で持続的な組織を創出したのは彼らが最初である。それは時の勢いというものであった。貧しい人々や力無き人々より成るそれ以前の諸結社は分散していてとるに足らないものであり、彼らのことを歴史家に知らしめることができる唯一の手段としての文献的記載をほとんど勝ち得ることがなかった。後期カリフ国家の分裂した不安定な社会においては、人々は新しいより強力な形態の結社に慰安と保証を求めた。これらは一層数を増し広範囲にわたるようになり、その住民の下層部から中層部へ、さらに上層部にまで及んだ。そして遂にはカリフ・アル・ナースィル自身が、それらの一つに形式的に加わることによって、それらを政府の機構に編入しようとした。

これらの結社には多くの種類があった。あるものは主として都市や地区に基礎を置く地域的なもので、市民警察や軍事的機能さえ有した。またあるものは、同業組合がしばしば地域的、種族的または宗教的な集団と一致する社会においては、経済的な役割をも帯びていたようである。時にそれらは、青年および成年への到達を印す等級と儀式を有する、青年または若者たちの結社として現われる。その多くは信心家ならびに彼らによって制定された祭式に従う人々の宗教的友愛団体であった。これらに共通の特徴は、大衆的な宗教に属し且つ正統派的信仰からは疑われているような信条と慣習の採用、同志への貞節と指導者への献身から成る緊密な結束、入念に作られた象徴と儀式によって支えられる伝授と階層的な格づけの組織であった。これらの集団の大部分は、漠然と異説を唱えはしたけれど政治的には不活発であった。イスマーイール派は、その闘争的な戦術と革命的な目的をもって、こういう形態の組織を既成の秩序を打倒しそれにとって代るための持続的な試みに用いることができた。同時に、彼らはその初期の教義が持っていた哲学的洗練さというものを徐々に捨てていき、友愛諸団体の間に普及していた信仰により近い形態の宗教を採用した。ペルシアの歴史家たちによれば、イスマーイール派は一つの点において、すなわち彼らの諸城の司令官たちは在職している間はひとりの女性も自分のそばに置かなかったという点において、ほとんど修道院の規約に近い規則を採用していたという。

一つの点においてアサシンは先例がない。つまり、それは政治的武器としてのテロの計画的、組織的、且つ長期的な使用という点である。イラークの絞殺者《ストラングラー》たちは、どちらかといえば、彼らと関係があると思われるインドのサギー団と同様に、小規模で無作為な従業者であった。それ以前の政治的殺人は劇的ではあったが、個人あるいは良くても陰謀者たちの小グループの仕事であって、目的および効果のいずれにおいても限られていた。殺人と陰謀の術においては、アサシンは数しれない先輩を有している。芸として儀式として、そして義務としての殺人の精妙さにおいてさえ、彼らは先鞭をつけられていたかあるいは予示されていた。しかし、彼らが最初のテロリストであると言ってもさしつかえあるまい。あるイスマーイール派の詩人は言う。「兄弟よ！　彼我の両世界より我らが道連れとしての幸運を伴って勝利の時がやって来る時、たったひとりの徒歩の戦士によって十万以上の騎士を持つ王も恐怖に襲われるであろう[原註5]」と。

それは事実であった。何世紀もの間、シーア派は彼らのイマームのためにその熱誠と血を浪費したが、その甲斐もなかった。忘我に陥った人々より成る小グループの自己犠牲から注意深く計画された軍事作戦にまで及ぶ無数の蜂起が存在した。しかし、二、三のものを除く全てが失敗し彼らが弱すぎて打倒しえなかった国家や秩序の軍事力によって粉砕された。成功したほんの少しのものさえ、彼らが示した鬱積した感情を解き放たなかった。それどころか、その勝利者たちは、ひとたび権力の甲冑とイスラーム共同体の管理者としての地位を帯びるや、今度は自らの支持者たちに立ち向かい彼らを撲滅したのであった。

ハサン・イ・サッバーフは彼の布教がスンニー派イスラームの確固とした正統派信仰に勝つことができないこと、すなわち彼の信奉者たちにはセルジューク国家の武力に対抗したりそれを敗かすことは不可能であるということを知っていた。彼以前の他の人々は彼らの欲求不満を無計画の暴力や見込みのない反乱や陰鬱な黙従において発散していた。ハサンは訓練された献身的な小部隊が圧倒的に優勢な敵に対して効果的に打ちかかることができる新しい方法を発見した。現代のある権威者は次のように言う。「テロリズムは狭く限定された組織によって実行され、大規模な目的——その名においてテロが実施される——のための持続的な計画によって鼓吹される。原註6」これがハサンが選んだ方法——彼が創案した方法と言ってもさしつかえあるまい——であった。

ジョワンヴィルは、後のシリアのあるイスマーイール派首長について述べて次のように言う。

「山の老人はテンプル騎士団とホスピタル騎士団に貢物を支払っていた。それは彼らがアサシンを全く恐れなかったからである。何故ならば、たとえその老人がテンプル騎士団あるいはホスピタル騎士団の頭領を殺させたとしても、何ら得ることがなかったから、つまり、彼がもしそのひとりを殺したとしても、別の適当な人物がそれにとって代るのが常であることを彼はひじょうに良く知っており、そのため、彼は何も得ることのできないところでアサシンたちを失ないたくはなかったからである（上記一八五ページを見よ）原註7」と。この二つの騎士団は制度化した構造と階層と忠誠とによって統合された団体であり、そのことが彼らをして暗殺による攻撃から免れしめたのであった。個人的で一時的な忠節に基づく集権的・独裁的権力を持った、細分されたイスラーム国家をして特に暗殺に弱くさせたのは、まさにこれらの性格の欠如であった。

ハサン・イ・サッバーフは、このイスラーム君主政体の弱点を看取する上で政治的才能を示した。彼はまたテロリストの攻撃をもって、その弱点につけ入ることに非凡な行政的・軍事的才能を発揮した。

このようなテロの運動《キャンペイン》を持続させるには、二つの明白な条件、すなわち組織とイデオロギーとが必要であった。そこには、攻撃を浴びせることと免れ難い反撃を切り抜けることの両方が可能な組織がなければならなかったし、またその攻撃者たちを死の間際まで鼓舞し支えるための信条の体系――その時その場所では、それは専ら宗教でありえた――がなければならなかった。

このいずれもが見出された。改革されたイスマーイール派の宗教は、それが持つ受難と殉教の記憶や神と人との果たすべき契約とともに、それを奉ずる人々に尊厳と勇気を与え、人間の歴史上類のない献身を吹き込んだ源《みなもと》であった。自分の主人のためには死を賭し、また死を求めさえしたアサシンのこの忠誠こそが、ヨーロッパの注意を最初に引きつけ、そして彼らの名が殺人者と同義語になる以前に、その名を信義と自己犠牲のたとえ言葉に変えさせたものであった。

アサシンの仕事には、狂信的な熱意だけでなく、冷静な計画があった。そこにはいくつかの原則が認められる。城――そのあるものは強盗の首領たちのかつての巣窟であった――の奪取は彼らに安全な基地を提供したし、また旧来のタキーヤ *taqiyya* の原理を応用した秘密厳守の規則は安全と団結の両方に役立った。そして、テロリストたちの仕事は宗教的活動および政治的活動の双方によって支えられた。イスマーイール派の宣教師たちは農村と都市の住民の間に同調者を見出すかあるいは獲得し、イスマーイール派の使節たちは、恐怖または野心の故にその運動の一時的な同盟者になると思われた高位のムスリムたちのもとを訪れた。

このような同盟はアサシンに関して重要な一般的論争を引き起こす。イランとシリアにおいて記録された多数の殺人の内の相当数が、しばしば金銭の提供あるいはその他の動機によって、第三者から促されたものであったことが、それぞれある根拠から言われている。時には、その物語は実際の殺人者たちが捕えられて質問された時に申し立てた告白に基づいている。

一つの宗教的主張の献身的な奉仕者であったアサシンは、明らかに単なる短剣を持ったいつでも雇うことのできる人殺しではなかった。彼らは真のイマーム国家を樹立するという彼ら自身の政治的目標を持っており、彼らも彼らの指導者たちも他の人々の野心の手先になったとは思われない。それにもかかわらず、東方ではバルキヤールクやサンジャル、西方ではサラディンやリチャード獅子心王のごとき数々の名を巻き添えにして、執拗に語られ、そして広く知れわたった共謀の物語は何らかの説明を必要とする。

これらの物語のあるものは、それらが事実であったが故に流布した。幾多の時代と場所にまたがって、暴力的な過激主義者たちの援助を進んで受け入れた野心的な人々がいた。彼らはこれら過激主義者たちとその信条を共にしていた訳でもなかったし、また彼らの信条を気に入ってさえもいなかったと思われる。しかし、彼らは、彼らの目的がかなえられたあかつきにはこれらの危険な同盟者たちを見捨てることができるであろうという普通には誤った期待をもって、彼らを利用しうると考えた。スンニー派からファーティマ朝へとその忠誠を切り替えたり、その後、自分の同族や大君主に対抗するための援助者としてアサシンをアレッポに迎え入れたりすることをためらわなかったセルジューク君主、アレッポのリドヴァーンもそのようなひとりであった。アサシンの権力とテロとを自分自身の出世のために利用しようとしたイスファハーンとダマスカスの狡猾な宰相たちもまたそうであった。時にはその動機は、たとえばナサヴィーによって述べられている（上記一三二―一三三ページを見よ）ホラズムシャーフ・ジャラール・ウッディーンの哀れなほど脅かされた宰相の場合のごとく、野心よりもむしろ恐怖心であることもあった。宰相たちのみならず軍人やスルターンたちが脅迫されて屈従することもありえた。アサシンの熟練度と大胆不敵さについて語られるもっとも劇的な物語のいくつかは敬虔なスンニー派君主とイスマーイール派の革命論者たちとの間に存在したある暗黙の了解を正当化することをその目的としているように見える。

サンジャルやサラディンのごとき人々の動機は多少より複雑である。両者ともアサシンと和解した。しかしいずれも純粋に個人的な恐怖あるいは個人的な野心によって動かされたようではない。両者はいずれも大事業に――サンジャルはセルジューク・スルターン国家の復興と東方からの異教徒の侵入者に対するイスラームの防衛とに、またサラディンはスンニー派の統一の復活と西方からのキリスト教徒の侵入者の駆逐とに——従事していた。そしてこの二人は、彼ら自身が死んだなら彼らの王国はもろくも砕け、彼らの計画は無駄に終るという事実を知っていたに違いない。それ故に彼らが、彼らの個人的な安全を保障し、またそのことによってイスラームの復興と防衛に関する彼らの大事業を成し遂げる機会を確保するためには、究極的にはそれほど危険な敵ではないということで一時的に譲歩することが正当であると感じたとしてももっともである。

アサシン自身にとっては、その計算はひじょうに簡単であった。彼らの目的はスンニー派の秩序を粉砕し破壊することであった。もしスンニー派の指導者のだれかがそそのかされるかあるいは威嚇されて彼らを助けることになったなら、それだけでも良かった。彼らの初期の激情の時代にさえも、アサシンの指導者たちは他からの援助が手近にある時にはそれを決して軽蔑しなかったし、その後、彼らが事実上領域的な支配者になった時には、彼らはムスリム世界の同盟と敵対の入り組んだモザイクに彼らの政策を巧妙かつ容易に適合させた。

これらのことは全て、彼らの勤めが売物でないこと、あるいは全ての共謀の物語が告白によって裏書きされているものさえ事実ではないということを意味する。指導者たちは秘かに手筈を整えたかも知れなかった。しかし、彼らが実際の殺人者たちにその詳細を知らせたとは思われない。それ以上に確実と考えられるのは、使命に着手しようとするアサシンが、その場にもっともふさわしい人物を巻き添えにする、現代語法で言うなら「カヴァー・ストーリー」と呼ばれるようなものを与えられたということである。これは敵の陣営に不信と疑惑の種をまくという付加的な長所を有したのであった。カリフ・アル・ムスタルシドおよび十字軍のモンフェラのコンラッドの殺害がこの良い例である。ペルシアにおいてサンジャルに、そして十字軍の間においてリチャードにそれぞれ向けられた疑惑は、争点を混乱させ不和を生み出すという有効な目的に役立ったに違いない。加うるに、アサシンに帰せられている殺人あるいは彼らによって主張されている殺人さえも、その全てが事実彼らによって犯されたとは信じ難い。私的な、または公的な理由による殺人は、少なくとも一般的にはありふれたものであり、アサシン自身はきっと彼らが関与しなかったイデオロギーを欠いた多くの暗殺に「カヴァー（表紙）」を提供したのであろう。

アサシンは彼らの生贄を注意深く選んだ。一部のスンニー派著述家たちは、彼らが全ムスリム共同体に対して無差別の闘いを遂行したことをほのめかしている。たとえば、ハムドゥッラーフ・ムスタウフィーは言う。「バーティニーたち（すなわちイスマーイール派信徒たち）——彼らに当然の報いを受けさせたまえ！——が彼らに可能ないかなる方法においてもムスリムに害を与える機会を決して見逃がさないこと、また彼らがこの行為のために多くの報酬と豊富な報賞を受けることになると信じていることは良く知られており確かである。全く殺人をしないことおよび全く生贄を征服しないことを、彼らは大なる罪悪と見なす」原註8と。一三三〇年頃に書いたハムドゥッラーフは、すでに流布していた作り話や伝説によって染められた後世の見解を示しているのである。〔一方〕ペルシアおよびシリア両地の同時代史料は、イスマーイール派のテロが特定の目的をもって特定の人物に対して向けられたこと、そして、二、三のきわめて例外的な群衆暴力の突発を除けば、彼らとスンニー派隣人たちとの関係は全く正常であったことを示唆する。都市における少数のイスマーイール派信徒およびスンニー派の同僚たちと交渉を持つイスマーイール派の領域的支配者のいずれの場合にも、このことは真実であると思われる。

アサシンの犠牲者は二つの主要なグループに分けられる。すなわち、第一のグループは君主、将校、大臣から成り、第二のそれは法官およびその他の高位の聖職者から成る。この二つの中間のグループは都市の長官たちで、彼らもまた時々注目を受けた。ほとんど例外なく、犠牲者はスンニー派ムスリムであった。アサシンは普通は十二イマーム派その他のシーア派教徒を攻撃しなかったし、また土着のキリスト教徒やユダヤ人にはその短剣を向けなかった。シリアの十字軍将士に対してさえ攻撃はほとんど行なわれず、その大部分はスィナーンのサラディンとの協定およびハサンのカリフとの同盟に拠るものらしい。

イスマーイール派にとって、その敵はスンニー派の——政治的・軍事的な、また官僚的・宗教的な——体制であった。彼らの殺人はそれを脅かし弱め、そして最終的にそれを打倒するために計画されたものであった。そのあるものは、彼らに反対して語ったり行動したりしたスンニー派の聖職者たちを彼ら自身のモスク内で殺した場合のごとく、単に報復と警告の行為であった。その他の犠牲者は、イスマーイール派を攻撃している軍隊の司令官や彼らが手に入れたいと思っている要塞の占有者のごとく、もっと直接且つ特定の理由によって選ばれた。戦略的な動機と伝道的なそれとは、偉大なる宰相ニザーム・アル・ムルクや二人のカリフ、そしてサラディンに対する試みのごとき、重要人物の殺害において結びついている。

イスマーイール派に対する支持の性格を断定することはひじょうに困難である。その多くは地方から来ていたに違いない。イスマーイール派は諸城塞にその主な基地を有した。そして、彼らは、支持および補給を周囲の村々の住民に頼ることができた時、もっとも成功を収めた。ペルシアにおいても、シリアにおいても、イスマーイール派の密使たちは宗教的逸脱という古い伝統が存在した地域に自らを確立しようと努めた。このような伝統はひじょうに頑固であり、これらの地域の一部には現在まで残っている。新教説に関する宗教的著作のあるものは、ファーティマ朝神学の洗練された都会的な主知主義《インテレクチュアリズム》とは対照的に、農民の宗教と結合した魔術的な特色を多分に示している。

イスマーイール派への支持は農村および山岳地帯においてもっとも効果的に動員され指導されることができた。しかし、それはこのような地域に限られた訳ではなかった。明らかにイスマーイール派は都市にまたその信奉者を有した。そこでは、城から使命を帯びてやって来る人々が必要とした時には、信徒たちは慎重な援助を与えた。時には、イスファハーンやダマスカスにおけるがごとく、彼らは権力闘争に意志を表明しうるほど強力であった。

都市のイスマーイール主義支持者は社会の下層部——職人およびその下の浮動的で落ち着かない下層民——から集められたのではないかと、一般的には考えられてきた。この仮定は、このような社会的階層出身のイスマーイール派活動家たちに関して、また富裕な階層の間には、セルジューク・スンニー体制下にいくぶん不利な立場にあった人々にさえも、イスマーイール派への共鳴についての証拠が全般的に欠如していることに関して、しばしば言及がなされていることに基づく。たとえば、商人や知識階級の中にシーア派同調者がいたことについては多くの形跡がある。しかし、彼らはイスマーイール派の徹底的な破壊よりも十二イマーム派の受動的な異議の方を好んだようである。

当然のことながら、イスマーイール派の指導者や教師の多くは都会人として教育を受けている。ハサン・イ・サッバーフはレイの出身で、書記の教育を受けた。イブン・アッターシュは、シリアにおけるアラムートの最初の密使と同じく、医者であった。スィナーンは学校教師であり、彼自身の陳述によればバスラの名士の家の出であった。それでもなお、新教説は、それ以前の時期に詩人や哲学者をいざなっていたような、人を引きつける知的魅力を有したようには見えない。九世紀から十一世紀にかけて、イスマーイール主義はそのさまざまな形態においてイスラームにおける一大知的勢力であり、信者の感情ばかりでなく知性のための真剣な闘争者であった。そしてそれは、哲学者にして科学者のアヴィケンナ（九八〇―一〇三七年）のごとき偉大なる知性の共鳴――容認ではなかったが――を獲得すらしていた。十二、三世紀には、このことがもはや事実でないことは明らかである。一〇八七年以降の時期に没したナースィル・イ・ホスロー以後、イスマーイール派神学にはひとりの重要な知的人物も現われず、彼の信奉者たちさえ遠隔地の農民や山地住民に限定された。ハサン・イ・サッバーフおよび彼の後継者たちのもとで、イスマーイール派はスンニー派イスラームに対して恐るべき政治的・軍事的・社会的諸問題を提出するが、もはや知的挑戦は試みない。彼らの宗教は、奪われた人々や権力のない人々や不安定な人々の信仰と結びついて、徐々に魔術的・情緒的な性格、つまり救済論的・至福千年説的な期待を獲得していく。イスマーイール派神学は、ムスリム都市の知的生活を支配しつつあった新しい正統派信仰に代る重要なものではなくなっていたし、また再びその地位につくこともなかった。それにもかかわらず、イスマーイール派の宗教的な概念と姿勢は、隠された間接的な形態において、ペルシアおよびトルコの神秘主義と韻文に影響を及ぼし続け、またイスマーイール主義の諸要素は、十五世紀のトルコにおけるデルヴィーシュの反乱や十九世紀のペルシアにおけるバーブ教徒の乱のごとき、後世の革命的な救世主運動の勃発に認められうる。

現代の歴史家が問わざるをえないもう一つの問題がある。つまり、それが何を意味するか、ということである。宗教的な表現では、イスマーイール派の新教説は、イスラームにおいて頻発し、また他の宗教的伝統に類例――そしておそらく前例――を有する、至福千年説的・道徳律廃棄論的な一定の傾向の一つの復活と見なされうる。しかし、近代の人間が自分自身の関心の中で宗教に第一の地位を与えるのをやめた時、彼は他の時代に他の人々がかつて本当にそのようにすることができたということを信ずるのもやめて、近代の知性に快く受け入れられる関心と動機を求めて過去の大きな宗教運動について再検討し始めたのであった。

ムスリム異端の「真の」意義に関する最初の重要な理論は、近代民族主義の父ゴビノー伯爵によって送り出された。彼にとって、シーア主義はアラブ支配すなわちアラブ・イスラームの偏狭なセム族主義に対する、インド・ヨーロッパ語族のペルシア人の反発を意味した。民族の闘争および民族の自由という問題につきまとわれていた十九世紀のヨーロッパにとっては、このような解釈は筋の通った、そして実に明解なものに思われた。それによると、シーア派はペルシアを代表して、最初はアラブに対し、後にはトルコ支配に対して闘った。そしてアサシンは、十九世紀のイタリアとマケドニアのテロリスト秘密結社のごとき、闘争的で民族主義的な過激主義の一形態を意味したのである。

一方では学問の進歩が、他方ではヨーロッパの状況の変化が、二十世紀においてこの民族的または国家的な闘争の理論にいくらかの修正をもたらした。知識の増大は、一般にシーア主義が、特にイスマーイール主義が、決して専らペルシアのものであったわけではないことを示した。この宗派〔イスマーイール派〕はイラークで始まっていた。そして、ファーティマ朝カリフ国家はアラビア、北アフリカおよびエジプトにおいてもっとも大きな成功を収めていた。ハサン・イ・サッバーフの改革されたイスマーイール主義さえも、それがペルシアにおいてペルシア人たちによって始められたにもかかわらず、アラブ・シリアに広範な信奉者を勝ちとっていたし、また、中央アジアから中東に移住して来たトルコマン諸部族の間に浸透さえしていた。いずれにせよ、国籍はもはや大きな歴史的活動の充分な根拠としては認められなかった。

一九一一年以降に発表された一連の研究において、ロシアの学者ヴェ・ヴェ・バルトリドは別の解釈を提出した。彼の見解では、アサシン運動の真の意味は、都市に対する城塞の闘い、つまり、イスラームの新たな都会的社会秩序に抵抗するイランの郷村貴族社会の最後の、そして究極的には不成功に終る試みであった。イスラーム以前のペルシアは騎士社会であったが、そこへイスラームの新制度としての都市が出現した、中世ヨーロッパの豪族――そして泥棒豪族――のごとく、ペルシアの土地所有騎士たちは村落住民の支持を受けて、この外国の侵食して来る新しい秩序に対して彼らの城塞から闘争を行なった。アサシンはその闘争における一つの兵器であった。

後にロシアの学者たちはイスマーイール主義の経済的解釈に関するバルトリドの試みを修正し改良した。彼らによれば、イスマーイール派は、彼ら自身の支持者をかかえた都市それ自体に対立していたのではなく、都市の一定の支配分子、すなわちその支配者ならびに軍事的・市民的貴顕、新しい封建君主、そして公認の聖職者たちに対立したのであった。さらに、イスマーイール派は旧貴族層と単純には同等視されえなかった。彼らは旧貴族たちの城塞を受け継いだのではなく、それらを奪ったのであり、また、彼らの支持者は、いまだ領地を所有していた人々からよりは、新しい所有者――郷紳や小作農民を犠牲にして新しい支配者たちから土地および収益の下賜を受けていた、徴税請負人や役人や将校――に土地を奪われた人々から多く現われていた。ある見解は、イスマーイール主義をスンニー派イスラームの平等主義に対して自らの特権を守るために大封建君主たちによって考案された反動的なイデオロギーと見なす。他の見解はそれを、セルジューク新体制の課税に苦しんでいたさまざまのグループの要求に対する、状況に従って変化した一つの応答と見なし、かくしてそれは廃された旧支配階級および都市の不満な大衆の両者をも包み込むものであったとする。さらに別の見解は単純に、職人と都市の貧民と山岳地帯の農民に基礎を置く「民衆」運動と見なす。この見解によれば、ハサンによる復活の宣言は「民衆」勢力の勝利であり、いまだ聖法を守っていた人々に対する彼の懲罰の脅しは、秘かにイスラーム正統派信仰に忠誠を誓い、社会的平等を憎悪していた、イスマーイール派領内の封建的分子に対して向けられたものであった。[原註9]

それ以前の人種的解釈の試みの場合と同様に、これらの経済的決定論は、新しい有益な方向に研究を向けることによって、我々のイスマーイール主義に関する知識を富ませた。しかし、それ以前の神学のごとく、それらはある見地を強調して他を――特に宗教・指導・結社の社会学を――無視するという過度の独断主義に陥った。イスマーイール主義において経済的要素がどれくらい重要であったか、そしてそれは正確には何であったのかということを我々が決定しうるには、それ以前にイスラームとその諸宗派に関する我々の知識のある程度の拡大ならびに我々の研究方法のある程度の改善が必要とされることは明らかである。とかくするうちに、我々の時代における諸事件の体験と学問の進歩の双方は、経済的諸要因からあるいは心理的・社会的諸要素から同胞を解き放つことがそれほど容易ではないこと、そして、我々の直ぐ前の時代の人々にはひじょうに重要であった、急進右派と急進左派との区別がしばしばまぎらわしくなりうることを示唆するであろう。

いかなる単一の、そして単純な説明も、中世イスラームの入り組んだ社会におけるイスマーイール主義の複雑な現象を明らかにするには不充分である。イスマーイール派の宗教は長期間にわたって広範な地域に展開し、それぞれの時代と場所においてその意味するところが異なっていた。イスマーイール派諸国家は、それ自体の内部にそれぞれ差異と矛盾とをかかえた領域的な侯国であった。また、イスラーム帝国の社会的・経済的秩序は、他の中世社会のそれと同様に、さまざまな中枢や身分や階級ならびに社会的・人種的・宗教的な諸集団から成る一つの複雑で変動的な形態であった。――そして、それが出現する母体となった宗教と社会は、いまだ充分には探究されていない。

他の大きな歴史上の信条や運動と同様に、イスマーイール主義は多くの源を生み出し、多くの要求に奉仕した。あるものにとってそれは、古い秩序を再興するためであったにせよ、新しい秩序を樹立するためであったにせよ、とにかく憎むべき支配に打ちかかる一つの手段であった。またあるものにとっては、それは地上における神の意図を実現するための唯一の方法であった。個々の君主にとっては、それは外部からの干渉に対して地方的な独立を確保し維持するための方策であったり、あるいは世界的な帝国への道であったりした。また、それは単調でつらい生活に尊厳と意義とをもたらした熱情であり実践であり、あるいは解放と破壊の福音であった。さらにそれは父祖代々の真理への回帰であり、そして未来の光明への約束であった。

イスラーム史におけるアサシンの位置に関して、次の四点のことが正当な確信をもって述べられるであろう。第一は、彼らの運動は、たとえその推進力が何であったにせよ、既成の政治的・社会的・宗教的秩序に対する大いなる脅威として認められたということである。第二は、それは決して孤立した現象ではなく、深く根ざした不安によって駆りたてられ、時折革命的な暴力に激発する、民衆的で且つ目立たない長い一連の救世主運動の一つであるということである。第三は、ハサン・イ・サッバーフと彼の信徒たちは、不満な人々の漠然とした欲求や粗野な信仰や、あてのない渇望を、凝集力と統制力と目的志向力において後にも先にも匹敵するものがない一つのイデオロギーと一つの組織に造り直し向け直すことに成功したということである。第四の、おそらく究極的にもっとも重要と思われる点は、彼らの最終的な、そして総体的な失敗ということである。彼らは既成の秩序を打倒しえなかったし、またいかなる大きさの都市にせよただの一つも維持することさえできなかった。彼らの城塞の支配領域すら単なる小さな侯国となり、結局征服によって圧倒された。そして、その信徒たちは農民と商人から成る小さな平和的な共同体——多数の中の党派性の強い一少数者集団——となっていった。

それにもかかわらず、かつて彼らを駆りたてた救世主への期待と革命的な暴力の底流は流れ続け、彼らの理想と方法とは多くの模倣者を見出した。これらの人々のために、我々の時代の大きな諸変化は、新たなる怒りの理由と新たなる実現の夢と新たなる攻撃の道具とを準備してきたのである。

原註・訳註

略記

BIE	Bulletin de l'Institut égyptien（d'Egypte）
BIFAO	Bulletin de l'Institut français d'archéologie orientale
BSOAS	Bulletin of the School of Oriental〔and African〕Studies
EI(1)	Encyclopaedia of Islam, 1st edition
EI(2)	Encyclopaedia of Islam, 2nd edition
IC	Islamic Culture
JA	Journal asiatique
JAOS	Journal of the American Oriental Society
JBBRAS	Journal of the Bombay Branch of the Royal Asiatic Society
JRAS	Journal of the Royal Asiatic Society
RCASJ	Royal Central Asian Society Journal
REI	Revue des études islamiques
RHC	Recueil des historiens des Croisades
s.	ペルシア太陽暦紀年
SI	Studia Islamica
ZDMG	Zeitschrift der Deutschen Morgenländischen Gesellschaft

第一章　アサシンの発見

中世西欧文学におけるアサシンの処遇については、C. E. Nowell, 'The Old Man of the Mountain', in

Speculum, xxii（1947）, 497-519; L. Olschki, *Storia letteraria delle scoperte geografiche*, Florence 1937, 215-22. に論じられている。アサシンおよび関連諸派についての西欧における研究の概観は、B. Lewis, 'The sources for the history of the Syrian Assassins', in *Speculum*, xxvii（1952）, 475-89. に述べられている。イスマーイール派研究の参考書目としては、Asaf A. A. Fyzee, 'Materials for an Ismaili bibliography: 1920-34', in *JBBRAS*, NS. xii（1935）, 59-65, 'Additional notes for an Ismaili bibliography' '*ibid*., xii（1936）, 107-9; and 'Materials for an Ismaili bibliography: 1936-1938' '*ibid*., xvi（1940）, 99-101. があるが、より最近の論文（著書ではなく）は、J. D. Pearson, *Index Islamicus 1906-1955*, Cambridge 1958, 89-90, and *Supplement*, Cambridge 1962, 29. に列挙されている。アサシンの語の起源と使用については、英語・フランス語・イタリア語その他のヨーロッパ諸語の標準的な語原辞典、歴史辞典および *EI*（*2*）の 'Ḥashīshiyya' の項に述べられているようである。

原註1　Brocardus, *Directorium ad passagium faciendum*, in *RHC*, E, *Documents arméniens*, ii, Paris 1906, 496-7.

2　Villani, *Cronica*, ix, 290-1; Dante, *Inferno*, xix, 49-50; cit. in *Vocabulario della lingua italiana*, s. v. assassino.

3　シュトラスブルクの副総督ゲルハルト Gerhard（編集者が示す通り、おそらく Burchard の誤り）の報告。ドイツ人年代記作家 Arnold of Lübeck の *Chronicon Slavorum*, vii, 8（ed. W. Wattenbach, *Deutschlands Geschichtsquellen*, Stuttgart-Berlin 1907, ii, 240）に引用されている。

4　William of Tyre, *Historia rerum in partibus transmarinis gestarum*, xx, 31, ed. J. P. Migne, *Patrologia*, cci, Paris 1903, 810-1; cf. English translation by E. A. Babcock and A. C. Krey, *A history of deeds done beyond the sea*, ii, New York 1943, 391.

5　*Chronicon*, iv, 16, ed. Wattenbach, 178-9.

6　F. M. Chambers, 'The troubadours and the Assassins', in *Modern Language Notes*, lxiv（1949）,

245-51. オルシュキー Olschki は青年時代のダンテによって書かれたらしい十四行詩《ソネット》の中の同様の文章を書き留めている。そこにおいてこの詩人は恋する男の彼の愛人に対する献身を、山の老人に対するアサシンのそれか、あるいは神に対する司祭者のそれよりも大きなものとして述べる（*Storia*, 215）。

7　Cont. William of Tyre, xxiv, 27, ed. Migne, *Patrologia*, cci, 958-9; Matthew of Paris, *Chronica Majora*, ed. H. R. Luard, *Rerum britannicarum medii aevi scriptores*, 57, iii, London 1876, 488-9; Joinville, *Histoire de Saint Louis*, chapter lxxxix, in *Historiens et chroniqueurs du moyen âge*, ed. A. Pauphilet, Paris 1952, 307-10.

8　*The itinerary of Benjamin of Tudela*, edited and translated by M. N. Adler, Oxford 1907, text 50, translation 53-54. ベンジャミンはたしかにバグダードまでは旅行した。しかし、彼のペルシアについての記述は、おそらく二次的な伝聞によるものと考えられる。これが、彼がペルシアのイスマーイール派をシリアのそれに——この逆ではなく——従属させている理由であろう。James of Vitry については、Bongars, *Gesta Dei per Francos*, Hanover 1611, 1062. を見よ。cf. Nowell, 515.

9　*The journey of William of Rubruck to the eastern parts of the world, 1253-55*, translated and edited by W. W. Rockhill, London 1900, 118, 222; *The texts and versions of John de Plano Carpini and William de Rubruquis*, ed. C. R. Beazley, London 1903, 170, 216, 324. 他の版本は四百人のアサシンについて述べている。

10　*The book of Sir Marco Polo*, trans. and ed. Sir Henry Yule, 3rd edn. revised by Henri Cordier, i, London 1903, chapters xxiii and xxiv, 139-43.

11　Ibn Muyassar, *Annales d'Egypte*, ed. H. Massé, Cairo 1919, 68; Al-Bondārī, abridged from 'Imād al-Din, *Histoire des Seldjoucides de l'Iraq*, ed. M. Th. Houtsma, *Recueil de textes relatifs à l'histoire des Seldjoucides*, i, Leiden 1889, 195; *Kitāb al-Radd 'alā' l-mulḥidīn*, ed. Muḥ. Taqī Dānishpazhūh in *Revue de la Faculté des Lettres, Université de Tabriz*, xvii/3（1344s）, 312. マルコ・ポーロの物語のいくつかの異本には、「アサシン」の語そのものは全く現われていない。Benjamin of Tudela (text 18-19, translation 16-17) は、アサシンの首長を、'Shaykh al-hashīshīn' として述べ、「そして、彼が彼らの長老 (zaqén) である」と付記している。

12 'Mémoire sur la dynastie des Assassins...', in *Mémoires de l'Institut Royal*, iv (1818), 1-85 (= *Mémoires d'histoire et de literature orientales*, Paris 1818, 322-403).

13 J. von Hammer, *Geschichte der Assassinen aus morgenländischen Quellen*, Stuttgart 1818; English translation, *The history of the Assassins*, trans. O. C. Wood, London 1835, 1-2, 217-18.

14 'Mémoire sur les Ismaélis et les Nosairis de la Syrie, addressé à M. Silvestre de Sacy par M. Rousseau...' in *Cahier xlii, Annales de Voyages*, xiv, Paris 1809-10, 271 ff. より詳しくは Lewis, 'Sources...', 477-9. を見よ。

15 W. Monteith, 'Journal of a journey through Azerbijan and the shores of the Caspian', in *J. R. Geog. S.*, iii (1833) 15 ff.; J. Shiel, 'Itinerary from Tehràn to Alamùt and Khurramabad in May 1837', *ibid.*, viii (1838), 430-4. さらに以下を参照、L. Lockhart, 'Hasan-i-Sabbah and the Assassins' in *BSOAS*, v (1928-30), 689-96; W. Ivanow, 'Alamut', in *Geographical Journal*, lxxvii (1931), 38-45; Freya Stark, *The valleys of the Assassins*, London 1934; W. Ivanow, 'Some Ismaili strongholds in Persia', in *IC*, xii (1938), 383-92; *idem, Alamut and Lamasar*, Tehran 1960; P. Willey, *The castles of the Assassins*, London 1963; L. Lockhart and M. G. S. Hodgson, article 'Alamut', in *EI* (*2*); Manučehr Sutūdah, 'Qal 'a-i Alamūt', in *Farhang-i Īrān zamīn*, iii (1334s), 5-21.

16 *Annales des Voyages*, xiv (1818), 279; cit. St Guyard, *Un grand maître des Assassins*... repr. from *JA*, Paris 1877, 57-8.

17 J. B. Fraser, *Narrative of a journey into Khorassan*, London 1825, 376-7.

18 これらの事件については、一九六四年四月にロンドン大学に提出された、Zawahir Noorally の文学修士学位論文 *The first Agha Khan and the British 1838-1868*... に詳しく説明されている。一八六七年にボンベイで発表されたアーヌルドの判決は、A. S. Picklay, *History of the Ismailis*, Bombay 1940,

113-70. に再録された。

19　E. Griffini, 'Die jüngste ambrosianische Sammlung arabischer Handschriften', in *ZDMG*, 69 (1915), 63 f.

20　W. Ivanow, 'Notes sur l'"Ummu'l-Kitab" des Ismaëliens de l'Asie Centrale', in *REI* (1932), 418 f.; V. Minorsky, article 'Shughnān' in *EI* (*1*); A. Bobrinskoy, *Sekta Isma'iliya v russkikh i bukharskikh predelakh*, Moscow 1902. 旧ソビエトのパミール地方調査報告の概観は、A. E. Bertel's, 'Otčet o rabote pamirskoy ekspeditsii...' in *Izvestya Akad. Nauk Tadzhikskoy SSR*, 1962, 11-16. を見よ。

訳註

1　William, Archbishop of Tyre、普通、ギョーム・ドゥ・ティル Guillaume de Tyr（?—一一八六）として知られる。

2　St Louis、フランスのカペー朝第九代の王、ルイ九世（在位一二二六—七〇）のこと。

3　King Richard Coeur de Lion、イングランド王国プランタジネット朝第二代の王、リチャード一世（在位一一八九—九九）の異名。

4　William of Nassau、ネーデルランド連邦共和国初代統領ウィレム一世（在位一五七九—八四）。一五八四年七月十日デルフト市にて暗殺された。

5　この暗殺は一五八九年八月に行なわれた。

6　バビントン事件などの旧教徒による女王暗殺計画のことか。

7　一七九三年にルイ十六世を処刑した革命党員を指す。

8　ハサン・アリー・シャーフ（在位一八一七—八一）。

9　カージャール朝第二代シャーフ、ファトフ・アリー（在位一七九七—一八三四）。

10　カージャール朝第三代ムハンマド・シャーフ（在位一八三四—四八）。

第二章　イスマーイール派

アサシンに関する最近のそして最高の著述は、M. G. S. Hodgson, *The order of Assassins*, The Hague 1955. である。この著述は、主として一〇九四年以後の時期に関するものではあるが、それ以前の時期に関する記述をもいくらか含んでいる。この宗派の宗教的発展に関する短い叙述は、W. Ivanow, *Brief survey of the evolution of Ismailism*, Leiden 1952. において為されている。イヴァノフ氏はイスマーイール派の宗教・文学・歴史の諸相を専門的に扱った多くの著書および論文を発表している。特にインドに関するイスマーイール派の歴史と解説は、J. N. Hollister, *The Shīʻa of India*, London 1953. において述べられている。A. S. Picklay, *History of the Ismailis*, Bombay 1940. は、イスマーイール派信徒である著者によってイスマーイール派の読者のために書かれた通俗的な解説書である。現代のアラビア語著作としては、シリアのイスマーイール派著述家 Muṣṭafā Ghālib による二つの総合的著作、すなわち歴史書である *Taʼrīkh al-daʻwa al-Ismāʻīliyya*, Damascus n. d. と人名辞典である *Aʻlām al-Ismāʻīliyya*, Beirut 1964.、ならびにエジプトの（非イスマーイール派）学者 Muḥammad Kāmil Ḥusayn による概説 *Ṭāʼifat al-Ismāʻīliyya*, Cairo 1959. がある。同派の初期の歴史に関しては、B. Lewis, *The origins of Ismāʻīlism*, Cambridge 1940; W. Ivanow, *Ismaili tradition concerning the rise of the Fatimids*, London-Calcutta 1942, *idem*, *Studies in early Persian Ismailism*, Bombay 1955; W. Madelung, 'Fatimiden und Bahrainqarmaten', in *Der Islam*, xxxiv (1958), 34-88; *idem*, 'Das Imamat in der frühen ismailitischen Lehre', *ibid*., xxxvii (1961), 43-135; P. J. Vatikiotis, *The Fatimid theory of state*, Lahore 1957. および Pearson によってあげられている Ivanow や Corbin や S. M. Stern の多くの論文において考察されてきた。ナースィル・イ・ホスロー Nāṣir-i Khusraw については多くの研究がある。A. E. Bertel's *Nasir-i Khosrov i Ismailizm*, Moscow 1959. は、彼〔ナースィル・イ・ホスロー〕の時代のイスマーイール主義の歴史的背景および意義に関する広範な考察を含む。アッバース朝カリフ、アル・ムスタズヒル al-Mustaẓhir のために一〇九四—九五年に書かれた、ガザーリー Ghazālī のイスマーイール派に対する大論争著述は、I. Goldziher,

Streitschrift des Gazālī gegen die Bātinijja-Sekte, Leiden 1916. において分析された。ガザーリーのもう一つの反イスマーイール派小論文は、Ahmed Ateş, 'Gazâlî'nin belini kıran delilller'i. Kitâb Ḳavāṣim al-Bāṭinīya', in *Ilâhiyat Fakültesi Dergisi* (Ankara), i-ii (1954), 23-54. において校訂され、トルコ語に翻訳された。この両著とも、彼〔ガザーリー〕の時代のイスマーイール派の新しい教義に対して向けられたものである。ガザーリーのイスマーイール主義に対する姿勢は、W. Montgomery Watt, *Muslim intellectual; a study of al-Ghazali*, Edinburgh 1963, 74-86. において論ぜられている。

イスラームの宗教および歴史という、より大きな枠組の中におけるイスマーイール派の位置に関しては、次のものがあげられよう。H. Laoust, *Les schismes dans l'Islam*, Paris 1965; M. Guidi, 'Storia della religione dell'Islam', in P. Tacchi-Venturi, *Storia delle religioni*, ii, Turin 1936; A. Bausani, *Persia religiosa*, Milan 1959; W. Montgomery Watt, *Islam and the integration of society*, London 1961; B. Lewis, *The Arabs in history*, revised edn., London 1966; *L'Elaboration de l'Islam*, Paris 1961. および *The Cambridge Medieval History*, iv/1, new edn., Cambridge 1966. において該当する章。

原註1　H. Hamdani, 'Some unknown Ismā'īli authors and their works', in *JRAS* (1933), 365.

訳註1　'Epistles of the Sincere Brethren'、アラビア語の「ラサーイル・イフワーン・アル・サファー *Rasā'il Ikhwān al-Ṣafā'*」の訳。十世紀後半、ブワイ朝治下のバスラにて結成された宗教哲学者の政治結社〝イフワーン・アル・サファー〟つまり〝誠実同胞団〟の論文集。

2　Nasir-i ḳhusraw、正しくは、Abū Mu'īn al-Dīn Nasir-i khusraw（一〇〇三／〇四―六〇／六一）、イスマーイール派の代表的著作家。現在のアフガニスタン北部のバルフ地方の出身。著書には、「信仰の道 *Wajh-i Dīn*」、「詩集 *Dīwān*」、「旅行記 *Safar-nāma*」などがある。

3　Commander of the Armies、アラビア語、"Amīr al-Juyūsh" の訳。

ハサン・イ・サッバーフ Ḥasan-i Ṣabbāḥ（アラビア語形では Al-Ḥasan ibn al-Ṣabbāḥ）についてのもっとも優れた記述は、*The order of Assassins* および *EI*（2）所収のより簡略な Ḥasan-i Ṣabbāḥ の項目におけるホジソン Hodgson のそれである。より初期の記述は、すでに掲げたイスマーイール主義に関する概説書および E. G. Browne, *A literary history of Persia from Firdawsi to Sa'di*, London 1906, 201 ff. に見られる。ハサン・イ・サッバーフのセルジューク族に対する闘争は、Ibrahim Kafesoğlu によるマリクシャーフ Malikshāh 時代のセルジューク帝国に関するトルコ語の著述（*Sultan Melikşah devrinde büyük Selçuklu imparatorluğu*, Istanbul 1953）において、当時の諸事件のより大きな枠組の中で検討されている。イスマーイール派に関する最新の平易な説明は、Jawad al-Muscati, *Hasan bin Sabbah*, English translation by A. H. Hamdani, 2nd edn., Karachi 1958. に与えられている。

ハサン・イ・サッバーフは現代イランおよびアラブの学者たちの注意をもひきつけてきた。Prof. Naṣrullah Falsafī はその著 *Čand Maqāla*, Tehran 1342s., 403-44. にいくつかの文書の版本とともに彼の経歴についての説明を含めたし、また、Karīm Kishāvarz は幾分通俗的だが実証的な伝記 *Ḥasan-i Ṣabbāḥ*, Tehran 1344s. を出版した。アラビア語では、シリアのイスマーイール派作家による二著述、'Ārif Tāmir, *'Alā abwāb Alamūt*, Harīṣa〔1959〕. および Muṣṭafā Ghālib, *Al-Thā'ir al-Ḥimyarī al-Ḥasan ibn al-Ṣabbāḥ*, Beirut 1966. がある。前者は歴史小説であり、後者は通俗的な伝記である。

ハサンの生涯についてのもっとも重要な唯一の史料は、*Sarguzasht-i Sayyidnā*（我が主人の回想）として知られる彼の自叙伝であるが、これまでひとつの写本も見出されていない。しかし、この書は、アラムートからの戦利品、そしておそらく他のイスマーイール派要塞や図書館からの戦利品にも近づきえた、モンゴル期のペルシア人史家たちの手に入った。それは、主として奪ったイスマーイール派原典に基づきハサン・イ・サッバーフおよびその後継者たちに関する詳細な記述を行なった、当時の三人のペルシア人史家によって利用されたり、部分的に引用された。その最初のそしてもっとも有名な人物がアター・マリク・ジュヴァ

イニー 'Atā Malik Juvaynī（一二二六—八三）で、彼の歴史は、Mīrzā Muḥammad Qazvīnī によって出版され（*Ta'rīkh-i Jahān-gushā*, 3 vols., London, 1912-37.）、また J. A. Boyle によって英訳された（*The history of the world-conqueror*, 2 vols., Manchester 1958.）。イスマーイール派の歴史は、この版本の第三巻および英訳本の第三巻にある。同書のイスマーイール派に関する部分は、Charles Defrémery によって一ペルシア語写本からフランス語に訳された（*JA*, 5e série, viii, 1856, 353-87; xv, 1860, 130-210.）。ジュヴァイニーは、陥落したアラムート要塞の図書館から彼がいかにしてイスマーイール派の年代記を発見し、興味あると考えたものを複写したか、そして、その後それらをどのようにして破棄したかを述べる。彼は、称賛と非難を逆転すること、ならびに正統的な歴史家にふさわしい異端宗派への敬虔なるのろいを付け加えることに留意した以外は、彼の史料に厳密に従っているようである。

第二の主要な典拠は、それより少し後の歴史家ラシード・ウッディーン Rashīd al-Dīn（一二四七頃—一三一八）で、彼は、明らかにジュヴァイニーによって用いられたのと同一の原典に直接・間接に基づく長いイスマーイール派の記述を彼の世界史に含めた。しかし、ラシード・ウッディーンが、現存するジュヴァイニーのテキストに見出される情報よりも多くの情報を入手し得たことは明白である。幾分の遺漏はあるが、ラシード・ウッディーンはジュヴァイニー以上にイスマーイール派の原典テキストに厳密に従っているようであり、また、彼の先輩によって省略された多くの詳細を書き留めている。ラシード・ウッディーンのイスマーイール派の歴史は、しばらくの間写本で知られ、Browne、Ivanow、Hodgson その他の学者によって利用された。ペルシア語のテキストは一九五八年に出版され（*Faṣlī az Jāmi' al-tavārīkh…tārīkh-i firqa-i rafīqān va Ismā'īliyyīn-i Alamūt*, ed. Muḥammad Dabīr Siyāqī, Tehran 1337s.）、次いで一九六〇年に別の版本が出版された（*Jāmi' al-tavārīkh; qismat-i Ismā'īliyyān…* ed. Muḥammad Taqī Dānishpazhūh and Muḥ. Mudarrisī, Zanjānī, Tehran 1338s.）。ここでは後者の版本を参照する。ラシード・ウッディーンに関する初期の議論については、R. Levy, 'The account of the Isma'īli doctrines in the *Jami' al-tawārīkh* of Rashīd al-Dīn Fadlallah', in *JRAS* (1930), 509-36. および H. Bowen, 'The *sargudhasht-i sayyidnā*, the "Tale of the Three Schoolfellows", and the *wasaya* of the Niẓām al-Mulk', *ibid.*,

(1931), 771-82. を見よ。研究者たちは、ジュヴァイニーのみが見、そして破棄した史料を、ラシード・ウッディーンがいかにしてより多くより厳密に引用しえたかという問題の解決に頭を悩ませてきた。Bowen は、ラシード・ウッディーンはジュヴァイニーが作りその後捨てたより初期のそしてより多く〔の情報〕を含んだ草稿を用いたのであろうと考えていた (cf. Hodgson, *Assassins*, 73 n. 34.)。このジレンマは不自然に見える。つまり、アラムートの他にもイスマーイール派の城はあったのであり、それらのあるものが同派の歴史のコピーを収める図書館を有していたという仮定は理に適っている。かくしてラシード・ウッディーンは、彼が明らかに利用したジュヴァイニーの著作に加えて、ジュヴァイニーが用いた書物の一部のコピーにも直接近づきえたに違いない。

一九六四年、ラシード・ウッディーンと同時代の人アブル・カーシム・カーシャーニー Abu'l-Qāsim Kāshānī による第三の異本が発見された。そのテキストは Muh. Taqī Dānishpazhūh によって出版された (*Tārīkh-i Ismā'īliyya*, Tabriz 1343s.)。カーシャーニーのテキストはラシード・ウッディーンのそれにひじょうに類似しており、おそらく後者と何らかの関係を有する。しかし、それはいくつかの点においてラシード・ウッディーンとは異なり、さらにラシード・ウッディーンおよびジュヴァイニーの両者に見出されない詳細を含んでいる。

自叙伝の他に、ハサン・イ・サッバーフはまた神学的著作をも書いていたようである。これらはいずれも、その原形のままでは現存していない。しかし、その断片は、後のイスマーイール派文学 (これについては、W. Ivanow, *Ismaili literature: a bibliographical survey*, 2nd edn., Tehran 1963. を見よ) の中に、多少修正された形で残っている。また、一つの重要な文章が、十二世紀のスンニー派神学者アル・シャフラスターニー al-Shahrastānī によってアラビア語に翻案されて引用されている (*Al-Milal wa'l-nihal*, ed. W. Cureton, London 1846, 150-2; ed. A. Fahmī Muḥammad, i, Cairo 1948, 339 ff; English trans. Hodgson, *Assassins*, 325-8.)。

その信憑性が論じられている二つの文書が後のペルシア語作品の中にあげられており、それらはスルターン・マリク・シャーフとハサン・イ・サッバーフとの間の往復書簡であると称される。第一の書簡では、スルターンは、新しい宗教を始めたこと、一部の無知な山地住民を欺いたこと、そして正統なイスラームのアッバース朝カリフを拒絶し凌辱したことについてハサンを責め、彼はこのような邪悪な方法を捨ててイスラームに復帰すべきであり、これを怠るなら彼の城は完全に破壊され、彼と彼の信奉者は滅ぼされるであろう〔と述べる〕。丁寧なそして優雅に表現された返答において、ハサンはきわめて自叙伝風に、彼の信仰を真のイスラームとして擁護し、アッバース朝は横領者・悪人であり、真のカリフはファーティマ朝イマームである〔と主張する〕。そして、彼はアッバース朝の虚偽の主張やニザーム・アル・ムルク Nizām al-Mulk の陰謀や幾多の迫害者による悪行に注意するようスルターンに警告して、彼に彼らに対して行動を起こすよう促し、もし彼がそれを為さなければ、他のより正当な君主が出現して彼の代りにそれを為すであろう〔と述べる〕。これらのテキストは、少し違った形で、Mehmed Şerefuddin〔Yaltkaya〕によって *Darülfünun Ilahiyat Fakültesi Mecmuası* (Istanbul), vii/4 (1926), 38-44. に、そしてさらにそれとは別に、Nasrullah Falsafī によって *Iṭṭilā'āt-i Māhāna* (Tehran), 3/27, Khurdād 1329s., 12-16 (reprinted in *idem, Cand maqāla*, Tehran 1342s., 415-25) に発表された。これらの書簡の信憑性は、この両編者およびより慎重ではあるが Osman Turan (*Selçuklular tarihi ve Türk-Islam medeniyeti*, Ankara 1965, 227-30.) によって容認されている。しかし Kafesoğlu (*Sultan Melikşah*..., 134-5, nn.) はこれを否定する。ハサンのものとされる書簡を、一方では彼の生涯に関する既知の諸事実と、他方では現存するイスマーイール派書状の実例と比較してみるなら、Kafesoğlu の疑問は一層強められるように思える。

この後のペルシア人史家によって書かれたアラムートのハサン・イ・サッバーフおよび彼の後継者たちについての記事は、主としてジュヴァイニーとラシード・ウッディーンに基づき、それにいくらかの明らかに伝説的起源の記述を加えたものである。しかし他の情報源が存在する。すなわち、同時代のならびにほぼ同時代のセルジューク帝国の年代記から、イスマーイール派に関するきわめて重要な情報が集められうる。それらはアラビア語およびペルシア語両者の著作を含み、総合史および地方史の両方を扱っている。そのもっとも優れたものの一つは、著名なアラブの歴史家イブヌル・アスィール Ibn al-Athīr（一一六〇―一二三四）の歴史 (*Al-Kāmil fi'l-ta'rīkh*, 14 vols., ed. C. J. Tornberg, Leiden-Upsala, 1851-76; reprinted Cairo,

9 vols., 1348 ff. ここでは両方のテキストが参照される）であり、それは、多くの関連する情報の他に、明らかに *Sarguzasht* とは別個のハサン・イ・サッバーフの短い伝記を含む。この伝記の原典は不明であるが、そのより詳細な版が、後のあるエジプトの年代記作家によって保持されている（Maqrīzī, *al-Muqaffā*, Ms. Pertev Pasha 496, Istanbul）。この時期の歴史家の概略については、Claude Cahen, 'The historiography of the Seljuqid period', in B. Lewis and P. M. Holt, edd., *Historians of the Middle East*, London 1962, 59-78. を見よ。文献史料の他にも、増大しつつある多数の考古学的証拠がある。イランにおけるイスマーイール派の城塞遺跡に関する著述は、上記第一章の原註15および以下の第三章の原註22にあげられている。

原註1 Rashīd al-Dīn, 97; Kāshānī, 120. ジュヴァイニー（187/667）は、他の史料がハサンが子供の時に連れてこられたとするレイを彼の出生地として記す。この相違はジュヴァイニーによる不用意な要約のためと思われる。イブヌル・ジャウズィー Ibn al-Jawzī（一二〇一年没）によれば、ハサンは元々メルヴの出身で、青年時代にはそこの知事 *ra'īs* アブドゥル・ラザーク・イブン・バフラーム 'Abd al-Razzāq ibn Bahrām に秘書として仕えていたという（*Al-Muntaẓam*, ix, Hyderabad 1359, 121; *idem*, *Talbīs Iblīs*, Cairo 1928, 110; English translation by D. S. Margoliouth, 'The Devil's Delusion', in *IC*, ix, 1935, 555.）。ハサンからマリクシャーフに宛てたと称される書簡において、彼〔ハサン〕は彼の父がシャーフィイー派スンニー教徒であり、彼もそのように育てられたと述べている。これは、この書簡の信憑性に疑問を投げかけるいくつかの項目の内の一つである。Hodgson, 43; Falsafī, 406. を見よ。

2 Juvaynī, 188-9/667-8; Rashīd al-Dīn, 97-9; Kāshānī, 120-3; Hodgson, 44-5. イブン・アッターシュ Ibn 'Aṭṭāsh については、*EI* (2) s. v. (by B. Lewis) を見よ。

3 Rashīd al-Dīn, 110-2. 三人の同門生の物語については、以下を参照せよ。E. G. Browne, 'Yet more light on 'Umar-i Khayyām', in *JRAS* (1899), 409-16; H. Bowen, article cited above; Browne, *Lit. hist.*, 190-3; M. Th. Houtsma, *Recueil de textes relatifs à l'histoire des Seldjoucides*, ii, Leiden 1889, preface, pp. xiv-xv, n. 2; Hodgson, 137-8. Falsafī（406-10）はこの物語の信憑性を擁護してい

る。最近出たエジプトの史料（Ibn al-Dawādārī, *Kanz al-durar*, vi, ed. Ṣalāḥ al-Dīn al-Munajjid, Cairo 1961, 494）は、ハサン・イ・サッバーフがガザーリーの学友であったと述べているが、これは誤解によるものであろう。

4　Ibn al-Athīr, *anno* 494, x, 215-6/viii, 201; cf. *idem, anno* 427, ix, 304-5/viii, 11, and *anno* 487, x, 161/viii, 172-3. イブヌル・アスィールによれば、ハサンは商人に変装してエジプトまで旅したという。さらに、Maqrīzī, *Muqaffā*, s. v. al-Ḥasan ibn al-Ṣabbāḥ. を見よ。

5　ハサン自身によるエジプト往還旅行の記述が、ジュヴァイニー（189-91/668-9）、ラシード・ウッディーン（99-103）、カーシャーニー（122-5）の三書の基礎となっている。Cf. Hodgson, 45-7（ハサンのエジプト滞在期間についての誤りは、同著者による *EI* (2) の項目においては訂正されている）; Falsafī, 411-2. ハサンが個人的にファーティマ朝カリフに会わなかったこと、そして、それ故に、イブヌル・アスィールによるその会見および彼の後継者についてのカリフの故意に不明瞭な指名に関する物語が事実でないことは、ハサン自身の記述から明白である（Asaf A. A. Fyzee, *Al-Hidāyatu'l-Āmirīya*, London-Calcutta 1938, 15. を見よ）。ハサンのマリクシャーフへの典拠の疑わしい書簡には、軍事長官がアッバース朝カリフによって彼に対立するように煽動され、イマーム自らの手によって彼は敵の策謀から救われたという奇異な主張が含まれている。

6　Juvaynī, 190/669.

7　Ibn al-Faqīh, *Mukhtaṣar Kitāb al-Buldān*, ed. M. J. de Goeje, Leiden 1885, 283; cit. V. Minorsky, *La domination des Dailamites*, Paris 1932, 5.

8　Ibn al-Athīr, *anno* 494, x, 215/viii, 201.

9　Juvaynī, 193/669-70.

10　Juvaynī, 193-5/669-71; Rashīd al-Dīn, 103-5; Kāshānī, 125-8; Ibn al-Athīr, *anno* 494, x. 216/viii, 201-2; Hodgson, 48-50; Falsafī, 413-4.

11　Rashīd al-Dīn, 134; カーシャーニー（154）とジュヴァイニー（216/683）は異説を記す。ジュヴァイニーが、*da'vat*（布教）を *bid'at*（異端の新機軸）に改めているのは特徴的である。

12 Juvaynī, 199/673-4; cf. Rashīd al-Dīn, 107; Kāshānī, 130.

13 Juvaynī, 208-9/679; Rashīd al-Dīn, 115-16; Kāshānī, 136-7.

14 Juvaynī, 200/674; Rashīd al-Dīn, 107-8; Kāshānī, 130-1; Ibn al-Athīr, *anno* 494, x, 217/viii, 202; Hodgson, 74.

15 Ibn al-Athīr, *anno* 494, x, 217/viii, 202; Hodgson, 76.

16 Ibn al-Jawzī, *Al-Muntazam*, ix, Hyderabad 1359 A. H., 120-1; *idem, Talbīs Iblīs*, Cairo 1928, 110 (English translation by D. S. Margoliouth in *IC*, ix, 1935, 555); Ibn al-Athīr, *anno* 494, x, 213/viii, 200-1; Hodgson, 47-8.

17 Juvaynī, 201-2/674-5; cf. Rashīd al-Dīn, 108-9; Kāshānī, 131; Hodgson, 74-5.

18 Rashīd al-Dīn, 110; cf. Juvaynī, 204/676-7 (and the editor's note on pp. 406-7 of the text); Kāshānī, 132-3; Ibn al-Athīr, *anno* 485, x, 137-8/viii, 161-2; M. Th. Houtsma, 'The death of Nizam al-Mulk and its consequences', in *Journal of Indian History*, iii (1924), 147-60; Hodgson, 75.

19 Muḥ. Taqī Dānishpazhūh によって *Revue de la Faculté des Lettres, Université de Tabriz*, xvii/3, 1344s., 329. に発表されたペルシア語テキスト。これとその後の発表において、Dr. Dānishpazhūh はイスマーイール派に関する主として論争的な一群の興味ある史料を出版している。

20 W. Ivanow, 'An Ismaili poem in praise of fidawis', in *JBBRAS*, xiv (1938), 63-72.

21 W. Ivanow, 'The organization of the Fatimid propaganda', in *JBBRAS*, xv (1939), 1-35. また同著者の出版になる Khaki Khorasani の *Divan* (Bombay 1933, 11) および *Haft bab of Abu Ishaq Quhistani* (Bombay 1959, 011-14) の序文における彼の所見を参照せよ。さらに *EI* (2) の 'dā'ī' (by H. G. S. Hodgson) および 'da'wa' (by M. Canard) の項目を見よ。これらの位階については、Naṣīr al-Dīn Ṭūsī, *The Rawdatu'l-Taslim, commonly called Tasawwurat*, ed. and translated by W. Ivanow, Bombay 1950, text 96-7, translation 143-4. に論じられている。いくらか前の資料に基づく現

代イスマーイール派についての説明は、Mian Bhai Mulla Abdul Husain, *Gulzari Daudi for the Bohras of India*, Ahmedabad n. d.〔? 1920〕を見よ。

22 Juvaynī, 207-8/678-9; Rashīd al-Dīn, 116-20; Kāshānī, 137-41; Hodgson, 76 n. and 86-7. ギルドクーフの城については、W. Ivanow, 'Some Ismaili strongholds in Persia', in *IC*, xii (1938), 392-6. およびManučehr Sutūdah, 'Qal'a-i Girdkūh', in *Mihr*, viii (1331s), 339-43 and 484-90. を見よ。

23 イスファハーンにおけるイスマーイール派の興亡には、アラムートの年代記はほとんど注意を向けていなかったらしい。ジュヴァイニーはこのことについて何も述べていないし、ラシード・ウッディーン (120f.) とカーシャーニー (142f.) は、他の非イスマーイール派史料に基づいたと思われる短い記述を残すのみである。この挿話的な事件は以下のごとき当時の総合的な文献に論じられている。Ibn ar-Rāwandī, *Rāhat-uṣ-Ṣudūr*, ed. Muḥ. Iqbāl, London 1921, 155-61; Zahīr al-Dīn Nīshāpūrī, *Saljūqnāme*, Tehran 1332s., 39-42; Ibn al-Jawzī, *Muntazam*, ix, 150-1; Al-Bundārī, abridged from 'Imād al-Dīn, *Histoire des Seldjoucides de l'Iraq*, ed. M. Th. Houtsma, Leiden 1889, 90-2; Ibn al-Athīr, *anno* 494, x, 215-17/viii, 201-4; *anno* 500, x, 299-302/viii, 242-3, etc. 現代の研究としては、Hodgson, 85-6, 88-9, 95-6; Lewis, 'Ibn 'Aṭṭāsh' in *EI* (2) s. v.; Muḥ. Mihryār, 'Shāhdiz Kujāst?', in *Revue de la Faculté des Lettres d'Isfahan*, i (1343/1965), 87-157. がある。

24 Ibn al-Athīr, *anno* 494, x, 220/viii, 203.

25 Ibn al-Athīr, *anno* 497, x, 260/viii, 223.

26 Ibn al-Athīr, *anno* 494, x, 221/viii, 204.

27 Ibn al-Athīr, *anno* 500, x, 299/viii, 242. イブヌル・アスィールはこの攻囲についてのもっとも詳細な記述を残す。

28 Ibn al-Qalānisī, *History of Damascus*, ed. H. F. Amedroz, Beirut 1908, 153; French translation by R. Le Tourneau, *Damas de 1075 à 1154*, Damascus 1952, 68-9.

29 Juvaynī, 211/680; cf. Rashīd al-Dīn, 124-5; Kāshānī, 135-6; Ibn al-Qalānisī, 162 (= Le Tourneau,

83-4); al-Bundārī, 98-100; Ibn al-Athīr, *anno* 503, x, 335/viii, 259; Hodgson, 97.

30 Juvaynī, 207/678.

31 Juvaynī, 212/681; Rashīd al-Dīn, 126-32; Kāshānī, 141 ff.; Ibn al-Athīr, *anno* 511, x, 369-70/ix, 278.

32 Al-Bundārī, 147.

33 Juvaynī, 213-5/681-2; cf. Rashīd al-Dīn, 123; Kāshānī, 144. あるシリアのイスマーイール派作家は、この短剣とメッセージの物語をサラディン Saladin に関するものとして述べる。

34 Ibn al-Qalānisī, 203; English translation by H. A. R. Gibb, *The Damascus chronicle of the Crusades*, London 1932, 163.

35 Rashīd al-Dīn, 133, 137; cf. Kāshānī, 153, 156.

36 Ibn Muyassar, *Annales d'Egypte*, 65-6; cf. *ibid*. 68-9; Ibn al-Ṣayrafī, *Al-Ishāra ilā man nāla' lwizāra*, ed. Ali Mukhlis, in *BIFAO*, xxv (1925), 49; S. M. Stern, 'The epistle of the Fatimid Caliph al-Āmir (al-Hidāya al-Āmiriyya) -its date and purpose', in *JRAS*, (1950), 20-31; Hodgson, 108-9.

37 Juvaynī, 215/682-3; cf. Rashīd al-Dīn, 133-4; Kāshānī, 153-4.

38 Ibn al-Athīr, *anno* 494, x, 216/viii, 201; Maqrīzī, *Muqaffā*, s. v. al-Ḥasan ibn al-Ṣabbāḥ.

39 Juvaynī, 210/680; cf. Rashīd al-Dīn, 124; Kāshānī, 145. ラシード・ウッディーンは三十八年間と記す。

40 *ibid.*

41 この自叙伝については、上記の本章に註として付された書籍解題を見よ。四章から成ると言われる彼の論文の概略は、十二世紀の異端学作家アル・シャフラスターニー al-Shahrastānī により、前掲の彼の著述 *Al-Milal wa'lnihal* にアラビア語で載せられている。その英訳は Hodgson, 325-8. にある。

訳註1 ハサン・イ・サッバーフの父の名は、'Alī b. al-Ṣabbāḥ al-Ḥimyarī.

2　十一—十二世紀のイランの詩人であり科学者・哲学者としても知られるオマル・ハイヤーム 'Umar Khayyām の四行詩集『ルバイヤート Rubā'iyāt』は、一八五九年、エドワード・フィッツジェラルド Edward FitzGerald（一八〇九—八三）による英訳本出版によって初めてヨーロッパに知られるようになった。その序文において、フィッツジェラルドは、十五世紀イランの歴史家ミールホンド Mīrkhwānd に拠ってこの物語を載せている。

3　ギルドクーフ Girdkūh（〝円い山〟という意味）は、ダームガーンの南ではなく、その西方約二十キロメートル地点にある独立の岩山である。現在、その名のごとく周囲のきりたった円筒状を呈するこの岩山の頂上には、明らかにイスマーイール派の手が加えられたと思われる要塞の遺構が見出される。

4　イスファハーンにおけるイスマーイール派の活動、特にシャーフディズ城についての最新の研究として、Minasian, C. O., 'shah Diz of Isma'ili Fame, its siege and Destruction', London 1971. をあげなければなるまい。

第四章　ペルシアにおける布教

ハサン・イ・サッバーフの生涯に関する史料として先に述べられたものの多くは、また彼の死とモンゴルの征服の間の時期におけるペルシアのイスマーイール派の歴史についても適用される。我々の主要な史料はやはりジュヴァイニーとラシード・ウッディーンとカーシャーニーによって引用されているアラムートの年代記である。ニザール・イスマーイール派の現存する文献は主として宗教的内容のものであるが、歴史的に重要な引用節をもいくらか保持している。これらを補う情報は、セルジューク、ホラズム、モンゴル時代に関するアラビア語ならびにペルシア語の総合史的な文献その他から集められよう。今のところこれらの著述のほとんどはヨーロッパ語に翻訳されていない。ボイル教授によるジュヴァイニーの訳の他には、次のものがあげられる。Ch. Defrémery, 'Histoire des Seldjoucides'〔the *Tārīkh-i Guzīda* of Ḥamdullah Mustawfī〕, in *JA*, xi (1848), 417-62; xii (1848), 259-79, 334-70; H. G. Raverty, *Ṭabaḳāt-i-Nāṣirī*〔by Minhāj-i Sirāj

Juzjānī〕, 2 vols., London 1881; O. Houdas, *Histoire du Sultan Djelal ed-Din Mankobirti* 〔by Muḥammad al-Nasawī〕, Paris 1895; E. G. Browne, *History of Tabaristan* 〔by Ibn Isfandiyār〕, London 1905. 五四二年（西暦一一四七—四八年）、五四八年（一一五三—五四年）、五五一年（一一五六—五七年）、五五五年（一一六〇—六一年）に鋳られたイスマーイール派造幣所の一群の貨幣については、P. Casanova, 'Monnaie des Assassins de Perse', in *Revue Numismatique*, 3e série, xi (1893), 343-52. において考察されている。また、小さなイスマーイール派金貨一個がイスタンブールの古代文化博物館（E 175）に保存されている。

イスマーイール派の歴史に関する基礎的な専攻論文はホジソン教授のそれであり、そこでは他の研究者、特にW・イヴァノフによる初期の研究について論じられている。*EI* (*2*) の 'Alamūt', 'Buzurg-ummīd' 等の諸項目により簡潔な説明が見出されよう。Mme L. V. Stroyeva, '"Den' voskresenya iz mertvıkh" i ego sotsial'naya sushčnost", in *Kratkiye Soobshčeniya Instituta Vostokovedeniya*, xxxviii (1960), 19-25; 'Poslednii Khorezmshah i Ismailitı Alamuta', in *Issledovaniya po istorii kul'turı narodov vostoka: sbornik v čest' Akademika I. A. Orbeli*, Moscow-Leningrad 1960, 451-63. では、イスマーイール派の歴史における特殊な側面が論じられている。また、イスマーイール派ならびに彼らの地方史における位置に関するいくらかの記述が、H. L. Rabino di Borgomale, 'Les dynasties locales du Gîlân et du Daylam', in *JA*, ccxxxvii (1949), 301 ff, especially 314-6. に見出される。

セルジューク朝およびその後継者たちに関する研究としては、K. M. Setton (editor-in-chief), *A history of the Crusades*, vol. i, ed. M. W. Baldwin, Philadelphia 1955, chapter 5, and vol. ii, edd. R. L. Wolff and H. W. Hazard, 1962, chapters 19 and 21. における Claude Cahen のそれと、*EI* (*1*) および *EI* (*2*) の関連項目があげられよう。トルコ、ペルシアおよびアラブの学者による詳細な研究としては以下のものがある。Osman Turan, *Selçuklular tarihi ve Türk-Islâm medeniyeti*, Ankara 1965; Mehmed Altay Köymen, *Büyük Selçuklu Imparatorluğu tarihi*, ii, *Ikinci Imparatorluk devri*, Ankara 1954; Ḥusayn Amīn, *Ta'rīkh al-'Irāq fi'l'aṣr al-Saljūqī*, Baghdad 1965; Ibrahim Kafesoğlu, *Harezmaşhler devleti tarihi*, Ankara

1956; ‘Abbās Eghbāl, *Tārīkh-i mufaṣṣal-i Īrān...*, i, Tehran 1341s.

原註 1 Ibn al-Athīr, *anno* 520, x, 445/viii, 319; cf. Ibn Funduq Bayhaqī, *Tārīkh-i Bayhaq*, ed. Aḥmad Bahmanyār, Tehran, n. d., 271, 276; Köymen, 151-6; Hodgson, 101-2.

2 Ibn al-Athīr, *anno* 521, x, 456/viii, 325; cf. Khwāndmaīr, *Dastūr al-vuzarā*, Tehran 1317, 198; Nāṣir al-Dīn Munshī Kirmānī, *Nasā’im al-ashār*, ed. Jalāl al-Dīn Muhaddith, Tehran 1959, 64-9; ‘Abbās Eghbāl, *Vizārat dar* ‘ahd-i salāṭīn-i buzurg-i Saljūqi, Tehran 1338s., 254-60.

3 Rashīd al-Dīn, 138; Kāshānī, 158. マイムンディズ Maymūndiz の破壊についてはジュヴァイニーは述べていない。その遺跡についての詳細な記述は、Willey, *The castles of the Assassins*, 158ff. を見よ。

4 *Tārīkh-i Sīstān*, ed. Bahār, Tehran 1935, 391.

5 Rashīd al-Dīn, 140; Kāshānī, 159.

6 Juvaynī, 220-1/685; cf. Rashīd al-Dīn, 141-2; Kāshānī, 164-5; Hodgson, 104.

7 Rashīd al-Dīn, 142; Kāshāni, 165; Hodgson, 103.

8 Rashīd al-Dīn, 141; Kāshānī, 160-4（非常に詳細な記事）; Hodgson, 103.

9 Juvaynī, 221/685.

10 Rashīd al-Dīn, 146; Kāshānī, 168.

11 Rashīd al-Dīn, 146-7; Kāshānī, 168-9; Ibn al-Athīr, *anno* 532, xi, 40-1/viii, 362; Köymen, 304; Kafesoĝlu, 26; Hodgson, 143-4.

12 Rashīd al-Dīn, 155; Kāshānī, 176; Ibn al-Athīr, *anno* 541, xi, 76-7/ix, 15; Hodgson, 145-6.

13 Juvaynī, 222-4/686-7; cf. Rashīd al-Dīn, 162-4; Kāshānī, 183-4.

14 Abū Ishāq Quhistānī, *Haft bāb*, ed. and trans. by W. Ivanow, Bombay 1959, 41; cf. W. Ivanow, *Kalām-i Pīr*, Bombay 1935, 60-1 and 115-7; Juvaynī, 226-30/688-91; Rashīd al-Dīn, 164 ff.; Kāshānī, 184 ff.; *Haft bāb-i Bābā Sayyidna* (ed. Ivanow in *Two early Ismaili treatises*, Bombay 1933,

English translation, with commentary, in Hodgson, *Assassins*, 279-324）および Ṭūsī, *Rawḍat al-taslīm*（index）における他のイスマーイール派関係の記事。また、Hodgson, 148-57; Bausani, *Persia religiosa*, 211-2; H. Corbin and Moh. Mo'in, edd., Nasir-i Khosrow, *Kitab-e Jami' al-hikmatain*, Tehran-Paris 1953, introduction, 22-5; Stroyeva,' Den' voskresenya...', *loc. cit*.（上記の書籍解題にあげられている）における諸考察参照。

15 Juvaynī, 230/691; cf. Rashīd al-Dīn, 166; Kāshānī, 186.

16 Juvaynī, 237-8/695-6; cf. Rashīd al-Dīn, 168-9; Kāshānī, 188. 同様の教義が八世紀の絞殺者諸派に帰せられている。上記四一―四二頁および一八八頁を見よ。

17 Rashīd al-Dīn, 169; cf. Juvaynī, 238/696; Kāshānī' 188（ハサンに対する敬虔なイスマーイール派信徒の賛辞の抜粋を伴う）。

18 Juvaynī, 239/697; cf. Rashīd al-Dīn, 169-70; Kāshānī, 191; Hodgson, 157-9.

19 Rashīd al-Dīn, 170-3; cf. Kāshānī, 192-4; Hodgson, 183.

20 P. Kraus, 'Les "Controverses" de Fakhr al-Dīn Rāzī', in *BIE*, xix（1936-37）, 206 ff.（English version in *IC*, xii, 1938, 146 ff.）.

21 Juvaynī, 241-4/698-701; cf. Rashīd al-Dīn, 174 ff,; Kāshānī, 198 ff.; Hodgson, 217 ff.

22 Juvaynī, 247/702-3; Kāshānī, 199; Hodgson, 224-5.

23 Juvaynī, 248/703; cf. Rashīd al-Dīn, 177-8; Kāshānī, 200-1.

24 Juvaynī, 249/703-4; cf. Rashīd al-Dīn, 178; Kāshānī, 201.

25 Hammer, *History of the Assassins*, 154-5.

26 Naṣīr al-Dīn Ṭūsī, *Rawḍat al-taslīm*, text, 49, translation, 67-8; cf. Hodgson, 229-31.

27 Juvaynī, 249-53/704-7; cf. Rashīd al-Dīn, 179 ff.; Kāshānī, 201 ff.

28 Mohammed eu-Nesawi〔Nasawī〕, *Histoire du Sultan Djelal ed-Din Mankobirti*, ed. O. Houdas, Paris 1891, 132-4; French translation, Paris 1895, 220-3; Nearly contemporary Persian translation,

ed. by Prof. Mujtabā Minovi, Sīrat-e Jelāloddīn, Tehran 1965, 163-6.

29 Nasawī, Arabic text, 214-5; French translation, 358-9; Persian text, 232-3.

30 Rashīd al-Dīn 181; cf. Kāshānī, 205; Hodgson, 257.

31 Juvaynī, 253-6/707-9; cf. Rashīd al-Dīn, 182-4; Kāshānī, 205-6.

32 Minhāj-i Sirāj Juzjānī, *Ṭabaqāt-i Nāṣirī*, ed. Abdul Hai Habibi, 2nd edn., i, Kabul 1964, 182-3; English trans. H. G. Raverty, ii, 1197-98.

33 Juvaynī, 260/712-3; cf. Rashīd al-Dīn, 185-6; Kāshānī, 207.

34 Juvaynī, 265/716; cf. Rashīd al-Dīn, 189; Kāshānī, 209.

35 Juvaynī, 267/717; cf. Rashīd al-Dīn, 190; Kāshānī, 210.

36 Rashīd al-Dīn, 192. カーシャーニー（213）は彼女をトルコ人と呼んでいる。ジュヴァイニー（274/722）はさらに進んで、彼女を下層階級のトルコ人とする。この点についてはボイル教授の訳本七二二頁の註を見よ。らくだの物語についてもジュヴァイニーとカーシャーニーの説は一致しており、ラシード・ウッディーン（213）のそれとはわずかに異なる。

37 Juvaynī 136/636-7.

38 Juvaynī, 277/724-5; cf. Rashīd al-Dīn, 194; Kāshānī, 215.

39 Juvaynī, 139-42/639-40.

40 Juvaynī, 278/725; cf. Rashīd al-Dīn, 194-5; Kāshānī, 215. 最後の引用節はコーラン第六章第百十六節からのものである。

訳註1　マイムンディズ Maymūndiz 城の位置については今のところ決定的な説はない。第四章の原註3からは、原著者が、アラムートの西北に位置するいわゆるシャムスケラーエ Shams-Kelāye の要塞をマイムンディズとするウィリー P. Willey の説に従っていることがわかる。しかし一方、イスマーイール派研究の権威故イヴァノフ博士 W. Ivanow は、アラムート渓谷の最奥に位置するいわゆるネヴィザル

シャーフ Nevizar-shāh 城がそれにあたるのではないかという見解を提出している（W. Ivanow, *Alamut and Lamasar*, Tehran 1960, pp. 75-81.）。また、訳者が参加した北海道大学イラン中世史跡学術調査隊の観察によれば、岩山の側面の自然の洞穴群に人工の手を加えたシャムスケラーエの要塞は到底多数の人々が長期間にわたってそこで生活できる様なものではないと思われた。それ故、このシャムスケラーエの要塞が、イスマーイール派最後のイマームが居城としていたマイムンディズ城ではないということは少なくとも言えるであろう。

2　シャリーフ sharīf（複数 ashrāf）とは元来高貴の生れを意味するアラビア語であるが、イスラームにおいてはムハンマドの子孫、特にアリー家、アッバース家等に属する人々の称号として用いられた。ただし、地域・時代・宗派によってその適用は幾分異なる。ここにメッカの支配者として現われたシャリーフは、おそらくアリーの系統に属する人物であったと思われる。

3　この辺境の一事件とは一二一八年に起こったいわゆるオトラール事件を指す。それは、ホラズムシャーフとの恒常的な通商関係の樹立を意図してチンギーズ・ハーンが派遣した四百五十名のムスリム商人から成る隊商が、シル河流域のオトラール Otrār においてそこの司令官の手で掠奪され虐殺された事件で、これを直接の契機としてチンギーズ・ハーンは西征を決意したと言われる。

4　コーランの第六章第百十六節には、この引用文に類似するような章句は見出されない。

第五章　山の老人

シリアのアサシンの歴史に関しては多くが書かれている。最近の総合的な記述はホジソン Hodgson の *Assassins* の該当する部分、および史料への充分な言及が為されている B. Lewis, 'The Ismā'īlites and the Assassins', Chapter 4 of K. M. Setton (editor-in-chief), *A history of the Crusades*, i, ed. M. W. Baldwin, *The first hundred years*, Philadelphia 1955, 99-132. に見出されるであろう。それ以前の著述は B. Lewis, 'The sources for the history of the Syrian Assassins', in *Speculum*, xxvii (1952), 475-89. にお

いて概観されている。古い研究の中では、Ch. Defrémery による二つの論文 ‘Nouvelles recherches sur les Ismaéliens ou Bathiniens de Syrie’, in *JA*, 5e série, iii (1854), 373-421. および v (1855), 5-76. がいまなお注目に値する。極く最近の著作としては、B. Lewis, ‘Saladin and the Assassins’, in *BSOAS*, xv (1953), 239-45; J. J. Saunders, *Aspects of the Crusades*, Christchurch, New Zealand, 1962, Chapter iii (‘The role of the Assassins), 22-7. ならびに Nasseh Ahmad Mirza の未発表の学位論文 *The Syrian Ismāʿīlīs at the time of the Crusades*, Ph. D. Durham, 1963. がある。

近年、シリアのイスマーイール派著述家たちがテキストと研究の両方を発表し始めた。これまでその諸テキストは全て主として教義上の内容を持つものであって、直接の歴史的関心についてはほとんど何も提供していない。いくらかの情報が、部分的に伝説的な資料に基づいている最新の人名辞典 Muṣṭafā Ghālib, *Aʿlām al-Ismāʿīliyya*, Beirut 1964. および ʿĀrif Tāmir によってアラビア語の雑誌に発表された、一部に初期の証言を含むいくつかの論文 ‘Sinān Rāshid al-Din aw Shaykh al-jabal’, in *Al-Adīb*, May 1953, 43-5: ‘Al-Amīr Mazyad al-Hillī al-Asadī, Shāʿir Sinān Shaykh al-jabal’, in *Al-Adīb*, August 1953, 53-6; ‘Al-Shāʿir al-Maghmūr: al-Amīr Mazyad al-Ḥillī al-Asadī’, in *Al-Ḥikma*, January 1954, 49-55; ‘Al-Firqa al-Ismāʿīliyya al-Bāṭiniyya al-Sūriyya’, in *Al-Ḥikma*, February 1954, 37-40; ‘Al-Fatra al-mansiyya min taʾrīkh al-Ismāʿīliyyīn al-Sūriyyin’, in *Al-Ḥikma*, July 1954, 10-13: ‘Ṣafaḥāt aghfalahā al-taʾrīkh ʿan al-firqa al-Ismāʿīliyya al-Sūriyya’, in *Al-Hikma*, September 1954, 39-41; ‘Furūʿ al-shajara al-Ismāʿīliyya al-imāmiyya’, in *Al-Mashriq*, (1957), 581-612（アラムートの君主ジャラール・ウッディーン・ハサンからシリアのイスマーイール派に宛てられた一書簡のテキストを含む——601-3). から集められうる。ターミル氏はまた、ひじょうに多くのテキストばかりでなく、英語による一論文ならびに ‘Bahram b. Musa: the supreme Ismaʿili agent’, in *Ismaili News* (Uganda), 21 March 1954. ならびにアラビア語の歴史小説 *Sinān wa-Ṣalāḥ al-Dīn*, Beirut 1956. も発表している。

これまでに明らかにされたことから判断すると、シリアのイスマーイール派は、ジュヴァイニーその他のペルシア人史家たちによって引用されたアラムートの年代記に匹敵する史書を全く持たなかったようである。シリアの首長の中でもっとも重要な人物スィナーンのイスマーイール派による一伝記は、後代に書かれた聖徒伝的内容をもつものであり、わずかの歴史的価値しか有していない。そのテキストはS. Guyardによって'Un grand maître des Assassins au temps de Saladin', in *JA*, 7e série, ix (1877), 324-489. としてフランス語訳とともに出版され、またMehmed Şerefüddin〔Yaltkaya〕によって*Darülfünun Ilahiyat Fakültesi Mecmuası*, ii/7 (Istanbul 1928), 45-71. として再出版された。イスマーイール派の起源に関するいくらかの証言が、Kamāl al-Dīn Ibn al-'Adīm の未出版のアレッポ人名辞典に含まれるスィナーンの言行録に引用されている。このテキストは、訳および註とともに、B. Lewis, 'Kamāl al-Dīn's biography of Rāshid al-Dīn Sinān', in *Arabica*, xiii (1966) に発表されている。

　残存する少数のこのような断片的な資料ならびに地方の碑文（これについてはM. van Berchem', Epigraphie des Assassins de Syrie', in *JA*, 9e série, ix (1897), 453-501. を見よ）以外に、シリアのアサシンについて研究する歴史家たちは、当時のシリアの歴史を記述する総合的な諸史料に頼らなければならない。

原註
1 B. Lewis, 'Three biographies from Kamāl al-Dīn', in *Mélanges Fuad Köprülü*, Istanbul 1953, 336. のアラビア語テキスト。
2 Kamāl al-Dīn Ibn al-'Adīm, *Zubdat al-ḥalab min ta'rīkh Ḥalab*, ed. Sāmī Dahān, ii, Damascus 1954, 532-3.
3 Ibn al-Qalānisī, *History of Damascus*, ed. H. F. Amedroz, Beirut 1908, 215; English translation by H. A. R. Gibb, *The Damascus chronicle of the Crusades*, London 1932, 179.
4 Kamāl al-Dīn, *Zubda*, ii, 235.
5 Ibn al-Qalānisī, 221; English trans., 187-8.
6 Ibn al-Qalānisī, 223; English trans., 193.
7 Rashīd al-Dīn, 145: Kāshānī, 167. この両者はその殺害の日付をイスラーム暦五二四年とする。シリアの諸史料は一致して、ブーリーが五二五年に襲われ、五二六年に死んだとする。ある報告によれば、その襲撃者たちは毒を塗った短剣を用いたという。毒を使用したということは同時代の諸史料によっては確認されないから、まずありえない。

8　B. Lewis, 'Kamāl al-Dīn's biography of Rāshid al-Dīn Sinān', 231-2.

9　B. Lewis, 'Kamāl al-Dīn's biography…', 230.

10　Kamāl al-Dīn, *Zubda*, Ms. Paris, Arabe 1666, fol. 193b ff.

11　Lewis, 'Kamāl al-Dīn's biography…', 231.

12　*ibid.*, 10-11.「蜜蜂の章」の最初および「サード Ṣād の章」の最後とは、コーランの章節のことである。そこには次のように記されている。「神の命令は必ずやって来る。それを急いで求めてはならぬ。彼に讃えあれ、彼は、彼らが（彼と）同列にならべる者どもから超越して、いや高くおわします」（第十六章第一節）。「しばらくすればお前たちは必ずやその真実を知るであろう」（第三十八章第八十八節）。

13　*ibid.*, 12-13.

14　Muḥammad al-Ḥamawī, *Al-Ta'rīkh al-Manṣūrī*, ed. P. A. Gryaznevič, Moscow 1960, fols. 164a and b, 166b-167a, 170b.

15　Joinville, chapter lxxxix, 307.

16　Maqrīzī, *Kitāb al-Sulūk*, ed. M. M. Ziyāda, i, Cairo 1943, 543; French translation E. Quatremére, *Histoire des sultans mamlouks*, i/2, Paris 1837, 245; 'Aynī, in *RHC, historiens orientaux*, ii/a, Paris 1887, 223. さらに Defrémery, 'Nouvelles recherches …', 50-1. を見よ。

17　Ibn Baṭṭūṭa, *Voyages*, ed. and French trans. by Ch. Defrémery and B. R. Sanguinetti, i, Paris 1853, 166-7; cf. English translation by H. A. R. Gibb, *The travels of Ibn Battuta*, i, Cambridge 1958, 106.

18　ハマー州のマスヤーフ地区およびトリポリ州の *Qilā' al-da'wa*（宣教団の諸城塞）と呼ばれるいくつかの地区のグループの登記簿参照。後者のグループはハワービー、カフフ、ウライカ、カドムース、マニーカより成っている。これらの登記簿の研究は進行中である。より最近の歴史については、N. N. Lewis, 'The Isma'ilis of Syria today', in *RCASJ*, xxxix (1952), 69-77. を見よ。

訳註1　このコーランよりの引用節は、一般に用いられているテキストによれば、第十七章第八十一節（カイロ版）あるいは同章第八十三節（フリューゲル版）に該当する。

2　フリューゲル版では第二章第八十八節であるが、カイロ版では同章の第九十四節となっている。

3　フリューゲル版では第十四章第二十三節、カイロ版では同章の第二十節。

4　*mudd* とは中近東において用いられる穀粒の量を示すいわゆる乾量の単位で、イランのマン *man* とほぼ同じ。しかしその値は地域によってかなり異なり、一キログラム程度から二〇キログラム以上までさまざまである。シリアやパレスティナ方面では大体五―八キログラムにあたる。

5　Alfonso、スペインのカスティリャ王国のアルフォンソ十世（在位一二五二―一二八四年）のことか。

第六章　手段と目的

イスマーイール派の手段、目的および意義についてのある程度の検討は、すでにあげられた諸著述、特に Hodgson と Bertel's の著述に見出されるであろう。より簡潔な性格描写は、D. S. Margoliouth ('Assassins' in *Hastings Encyclopaedia of Religion and Ethics*) による論文ならびにもっと最近では R. Gelpke ('Der Geheimbund von Alamut-Legende und Wirklichkeit', in *Antaios*, viii, 1966, 269-93) による論文において与えられている。また、イスマーイール主義の宗教的発展の重要な一局面が Henry Corbin, 'De la gnose antique à la gnose ismaélienne', in *Convegno di scienze morali storiche e filologiche* 1956: *Oriente ed Occidente nel medio evo*, Rome 1957, 105-46. において論じられている。

権威および専制政治の問題に関するムスリムの諸見解は、Ann K. S. Lambton 女史 ('The problem of the unrighteous ruler', in *International Islamic Colloquium*, Lahore 1960, 61-3; *eadem*, 'Quis custodiet custodes: some reflections on the Persian theory of government', in *SI*, v. 1956, 125-48; vi, 1956, 125-46; 'Justice in the medieval Persian theory of kingship', in *SI*, xvii, 1962, 91-119）および H. A. R. Gibb (*Studies on the civilization of Islam*, London 1962, 141 ff.）および G. E. von Grunebaum (*Islam: essays in the nature and growth of a cultural tradition*, London 1955, 127-40, and *Medieval Islam*, 2nd edn., Chicago 1953, 142-69）によって検討されてきた。暗殺そのものについては何の研究もないようである。しかし、九世紀のバグダードのある著述家が著名な人々の殺害と暗殺の歴史を書いているのは注目されるであろう（Muḥammad ibn Ḥabīb, *Asmī'al-mughtālīn min al-ashrāf*, ed. 'Abd al-Salām Hārūn, in *Nawādir al-makhṭūṭāt*, 6-7, Cairo 1954-55)。犯罪ならびに刑罰としての殺害に関するムスリム法は、J. Schacht, article 'Ḳatl' in *EI* (*1*) において検討されている。

ムスリム救世主主義に関するもっとも新しい論考は Emanuel Sarkisyanz (*Russland und der Messianismus des Orients*, Tübingen 1955, 223 ff.）のそれである。それ以前の考察としては次のようなものがある。J. Darmesteter, *Le Mahdi*, Paris 1885; E. Blochet, *Le Messianisme dans l'hétérodoxie musulmane*, Paris 1903; D. S. Margoliouth, 'Mahdī', in *Hastings Encyclopaedia of Religion and Ethics*; C. Snouck Hurgronje, 'Der Mahdi', in *Verspreide Geschriften*, i, Bonn 1923, 147-81; D. B. MacDonald, 'Al-Mahdī', in *EI* (*1*).

イスラームにおける人々の結社——同業組合《ギルド》、民兵団《トレイン・バンド》、教団など——は広範な著述の主題を形づくってきた。その中から、異なった局面を扱った以下の二、三の例をあげるだけで充分に違いない。Cl. Cahen, 'Mouvements populaires et autonomisme urbain dans l'Asie musulmane du moyen âge', in *Arabica*, v (1958), 225-50; vi (1959), 25-56, 223-65; H. J. Kissling, 'Die islamischen Derwischorden', in *Zeitschrift für Religions-und Geistesgeschichte*, xii (1960), 1-16; *EI* (*2*), articles "Ayyār' (by F. Taeschner), 'Darwīsh' (by D. B. MacDonald) and 'Futuwwa' (by C. Cahen and F. Taeschner).

原註1　イスラームの最初の内乱に関するこの解釈を支える証言については、Laura Veccia Vaglieri 'Il conflitto 'Alī-Mu'āwiya e la secessione kharigita...', in *Annali dell' Istituto Universitario Orientale di Napoli*, n. s. iv (1952), 1-94. を見よ。

2　一つの明白な例外については、Hodgson, 114, n. 43. を見よ。

3　上記一一頁を見よ。

4　G. van Vloten, 'Worgers in Isram', in *Feestbundel van Taal-Letter-, Geschied- en Aardrijkskundige Bijdragen...aan Dr P. J. Veth...*, Leiden 1894, 57-63; I. Friedlaender, 'The heterodoxies of the Shi'ites', in *JAOS*, xxviii (1907), 62-4; xxix (1908), 92-5; Laoust, *Schismes*, 33-4.

5　W. Ivanow, 'An Ismaili poem in praise of Fidawis', in *JBBRAS*, xiv (1938), 71.

6　J. B. S. Hardman, 'Terrorism', in *Encyclopaedia of the Social Sciences*.

7　Joinville, Chapter lxxxix, 307.

8　Ḥamdullāh Mustawfī, *Tārīkh-i Guzīda*, ed. E. G. Browne, London-Leiden 1910, 455-6; French trans. by Ch. Defrémery, in *JA*, 4e sér., xii (1848), 275.

9　これらの種々の経済的解釈は、A. E. Bertel's, *Nasir-i Khosrov i Ismailizm.* の特にロシア語の文献があげられている一四二頁以下で批判的に吟味されている。もっと最近の見解はすでに述べられたMme Stroyeva の論文に示されている。バルトリド Barthold はドイツで発表された一論文 'Die persische Su'ūbīja und die moderne Wissenschaft', in *Zeitschrift für Assyriologie*, xxvi (1911), 249-66. で彼の諸見解を簡単に述べている。

訳註1　Ehud、モアブ人の王エグロンを謀殺してイスラエルを解放した（旧約聖書士師記第三章第十二—三十節参照）。

2　Jehu（ca. 842-815 B. C.）、ヨラム王殺害の後、イスラエルの王位につき二十八年間統治した（旧約聖書列王記下第九—十章参照）。

二〇〇三年版によせて

本書は一九六七年に出版されて以来、初版刊行時には備わっていなかった現代的意義を獲得してきた。それはおそらく、本書がたどってきた出版の歴史に示されている。本書の英訳版は英米両国において数度にわたり重版され、一九七二年にはマキシム・ロディンソンによる長く読み応えのある序文付きでフランス語版がパリで刊行された。アラビア語版には、三つの異なる翻訳があるが、うち一つは私の知らないうちに無断で出版されたものだ。イランでは二度、最初は王政時代に、次は共和制になってから、非公式のペルシア語版が出版されている。その後、日本語、スペイン語、トルコ語、イタリア語、ドイツ語、ヘブライ語による翻訳が相次いで刊行された。

本書が扱う題材への関心、ひいては本書に対する関心がどのように移り変わってきたかは、おそらく外国語版の翻訳者と出版社が付け加えた副題にもっともよく表れている。なお、英語のオリジナル版のタイトルは単に『暗殺教団　イスラームの過激宗派』というものだった。それがフランス語版——最初の外国語版——では、副題が「中世イスラム社会におけるテロリズムと政治」に変更された。イタリア語版ではオリジナル版の副題が流用されたものの、「史上初のテロリスト集団」という文句が追加されている——ちなみに、その表明は間違っているのだが。さらにドイツ語版には、『暗殺教団　イスラーム過激派における宗教的殺人の伝統』というタイトルが付けられた。

このような変更が加えられたのは、ひとえに本書が扱った暗殺教団（アサシン）の進展および活動と、現代の中東に——いまや西欧諸国にも——影響を及ぼしているテロ活動の類似性を指摘するためにほかならない。たしかに、中世のアサシンと現代のそれには顕著な類似性がある。例えば、シリアとイランのつながり、計画的なテロ行為、テロ首謀者に対する絶対の服従、自爆をも厭わず、大義のために天国で報われることを期待して任務を果たすといった点だ。さらに、両者とも国外の敵——前者は十字軍、後者は米国人とイスラエル人——を攻撃した点を指摘する者もいる。

たしかにそうした類似性はあるのかもしれない。だが、その場合、アサシンによる暗殺行為の実態を捉えているというより、むしろ誤解に基づいている。中世以降の西欧社会に流布している見解によれば、アサシンの憎悪と攻撃は主として十字軍に向けられていたことになるが、端的に言ってこれは間違っている。彼らの犠牲者が名を連ねた長いリストの中に十字軍兵の名はごく僅かしか見当たらず、その数少ない兵士たちですら、イスラーム教徒間の何らかの策略に巻き込まれた犠牲者に分類できる。実は暗殺されたのは大多数がイスラム教徒であり、攻撃の矛先は国外の敵ではなく（基本的に部外者と見なされていた）、当時のイスラム社会で権勢を誇っていた有力者と支配的な思想に向けられていた。現代のテロリスト集団の中には、たしかにイスラエル人や西欧人に狙いを定めるものもいる。しかし、それ以外の者たち、結局のところ、より重視すべきテロリスト集団は、標的をイスラーム社会の現体制――彼らにとっては背信的な体制――に定め、自分たちの新秩序による体制交代を目的に置いている。こうした点は、エジプト大統領のアンワル・サダトを暗殺したテロリストの声明の中にはっきりと表れている。暗殺グループの首謀者が誇らしげに「ファラオを殺した」と宣言したとき、彼は明らかに、イスラエルと和平を結んだサダト大統領を非難していたのではなく、不敬虔な独裁者の原型（新約聖書のみならずコーランにおいても）として非難していたのである。

さらに、方法や手順の点でも興味深い類似や相違は見受けられる。中世のアサシンが選んだ標的は、ほぼ例外なく既存の秩序を司る統治者や指導者、すなわち、王族、将軍、大臣、高位聖職者らであった。現代のアサシンと異なり、彼らが襲撃したのは位の高い権力者のみに限られ、任務遂行の過程で一般人を負傷させることなど決してなかった。また、用いたのはもっぱら短剣という、任務を負った刺客のみが扱える武器に限られた。重要なのは、当時でも利用可能であった弓矢や火器、毒といったより安全な武器を使用しなかった点である。それはすなわち、彼らが最も手強く厳重に守りを固めた標的、そして最も難易度の高い攻撃方法を選んだことを意味するからだ。アサシンは敵を襲撃しながらも、自らは逃亡を試みようとも身を守る手段を取ろうともしない。それどころか、殉教せずば恥とも見られていたのである。この点において、そしてこの点のみにおいて、中世のアサシンは真に今日の自爆テロの先駆けと見なせるのかもしれない。しかし重要な点で、自爆テロの実行者は本来の信仰と教義の実践から抜本的に逸脱している。イスラーム教は常に自殺を重大な罪として譴責してきたからである。自殺は天国へ至るための権利を、たとえそれがどれだけ強力な権利だったとしても剝奪し、地獄で永遠の罰を受けるべく運命づける行為である。自殺者は地獄で際限なく自殺を繰り返すという苦痛を受けることになるのだ。その点、圧倒的に力の勝る敵に立ち向かうことで自らの命を投げ出すことと、自ら命を断ち切ることの間には、明確な区別がなされている。つまり前者は、それが正式な聖戦だと認められる限り天国への切符となるのに対し、後者は地獄への切符となる。かつては致命的だったこの区別を曖昧にしてしまったのは、自爆テロを実行させるために新たな理論の枠組みを作った二〇世紀のイスラーム教神学者らの仕業である。

そもそもイスラーム教は、キリスト教やユダヤ教と同じく倫理的な宗教であり、その教義や戒律にテロや脅迫といった行為が存在する余地はまったくない。たとえ聖戦を宗教的義務と定めているとしても、その戦闘方法に関しては法律で事細かに規則が定められている。例えば、戦争の開始と終結、非戦闘員の待遇、無差別兵器の使用禁止等の事柄についての規則などだ。にもかかわらず、いまや、とりわけイスラーム教徒の中に、宗教の名の下に殺人を実行する集団が存在し、あるいはそれがゆえに、中世の暗殺教団を研究する意義があると言えるのかもしれない。その理由は、当然のことながら、イスラーム人が暗殺に対し全般的にどのような態度を示すのかを紹介するためではなく、ある特定の集団がいかにして過激かつ暴力的に、政教一元の基本的なイスラーム結社に転換し、自分たちの目的の達成のために利用しようとしたかを示す一例として紹介したいがためである。イランに出現し、シリアとレバノンの山岳地帯に広まっていった中世の暗殺教団の物語からは、多くを学ぶことができる。そして学び取れるすべての教訓の中で最も重要な教えは、彼らが最終的には完全な失敗に終わったということだろう。

バーナード・ルイス
ニュージャージー州プリンストン
二〇〇二年六月

訳者あとがき

一九七〇年八月二十五日、私はアラムート山上から眼下に展開する雄大な景観をあきもせずにながめていた。わずかばかりの水を集めて流れ下る一本の細い渓谷が十キロメートルほど南のアラムート河に向かってくねくねと見え隠れしつつ延びており、その向こうにはタリカンの山並みがそれをさえぎるように横たわっている。直ぐ下には、緑の畑や木々に囲まれ、子供たちの声がにぎやかにこだまするガゾル・ハンの村があった。アラムートの岩山の背後、すなわち北側には、四千メートル級の峰をもつホウデガン連峰がそそり立ち、抱きかかえるような形でその尾根をこの岩山の左右に伸ばしている。そして、その山腹には細い道が縦横に走り、村人達が羊や山羊を追い、またラバやロバを駆って行き来するのが終日見られた。これらの活気溢れる生活の息吹きと、処々に点在するほんの少しの緑とが、周囲の押し黙りがちな土色の景観を何と生き生きと蘇らせていることか。

だが、眼をいったんこの岩山の頂上部に転ずるなら、そこにはただ沈黙の支配する世界があるのみである。アラムート城は、高さ二百メートル、東西軸六、七百メートルの細長い独立した岩山の背部に建てられているが、その石積みの城壁や建物は今は全く崩壊し、単なる土の塊と紛うばかりで見るかげもない。これが今から約八百年前に西アジア一帯を震え上がらせたあのアサシンの主城なのだろうか。

私が日本からはるばる運んできたアラムート城に対するイメージは、ロバの背に揺られてエルブルズの奥深く人跡の途絶えたとある渓谷にたどり着くや、突然かつての勇姿の面影をいまなおとどめた大城塞が堂々と現われる、といったものであった。しかし、我々は岩山の直ぐそばまで難儀しながらもジープでやって来たし、そこまではガズヴィーン市内からほんの六時間ばかりの道のりに過ぎなかったのである。岩山の直下には、豊かで活気あるガゾル・ハンの村があり、村人たちはその生活圏をホウデガンの山頂までも広げていた。そしてアラムートの城塞はと見れば、その遺構のほとんどは東西軸六、七百メートルの岩山の西端、長さ百五十メートル、幅は広い所で精々二十メートルの狭い部分に集中しており、すでに調査を完了していたラマサル城と比べると、規模は極めて小さい。わずかに、岩山の南側面に穿たれた長さ百メートル以上にも及ぶ導水路が我々を驚かせただけで、かつてはせた勇名は想像すべくもないように見えた。その上、周囲の明るく生気溢れた光景には、その廃墟はいささかそぐわない感があった。

しかし、二週間にわたる調査の間に、最初のこのような印象はもろくも崩れ去っていった。

まさに夜が明けんとする時、渓谷をはい登る濃いミルクのような霧の直中にそれは忽然と現われる。じりじりと照りつける太陽の下、人々が午睡をむさぼる頃には、数羽の大鷲がゆっくりと舞うペルシアン・ブルーの空に、その褐色の輪郭はいやが上にも際立つ。西日に真赤に映える横顔に、夜の到来を告げる山犬たちの遠吠えをひびかせ、降りそそぐような満天の星の下に黒々と浮ぶその姿。時にそれは実にやさしい表情を見せ、また時には厳しいたたずまいを見せる。アラムートの岩山と生活を共にする内に、それが持つ千変万化の趣きに魅せられていく自分をどうすることもできなかった。我々の間には、いつしか「アラムート百景」という語が定着しつつあった。緑につつまれたガゾル・ハンの村、そそり立つホウデガンの峰々、そしてその山腹に点のように散らばる羊と山羊の群など、これら周囲の光景とあいまって、時につれて移り変るその姿には、我々を引きつけてやまない美しさと同時に、人々を圧する威厳さえも感じられたのである。そして、城の廃墟は、まるで太古よりこの岩山の一部ででもあったかのように、その中に溶け込んでいた。

　村人たちはこの岩山と城とを誇りに思い、またそれに対して一種の畏敬の念さえ感じていたようだ。我々が、岩山の上に残す調査器材の夜間の見張り役を募ったところ、遂にひとりの村人もそれに応じなかったのは、単に夜の恐怖のためだけではあるまい。彼らにこのような念を起こさせるに充分な何かがそこにはあった。この岩山自体が備えている人々を引きつけ威圧する風格というものが、その大きな部分を占めていることは想像に難くない。ここにハサン・イ・サッバーフがこの城を本拠に選んだ理由の一つが見出されるのではあるまいか。

　かくして、調査の終り頃には、私はまさにこの城こそがアサシンの本城たるにふさわしいことを確信するに至っていた。その後も多くの山城を見たが、規模の点でアラムート城に優るものは随分あったにせよ、城としての魅力と風格という点では、ただギルドクーフ城のみがそれと並びうるものであった。

アラムート城とその周囲のすばらしい景観は、強烈な印象として今も私の脳裡から去ろうとはしない。

訳者は、一九七〇年七—九月、七二年八—十一月の二回にわたり、北海道大学イラン中世史跡学術調査隊の一員として、イラン国内に残るイスマーイール派の山城遺跡調査に従事した。右の拙文はその時に記した日記をもとに書き直したものである。

ところで、これまでわが国において発表されたイスマーイール派についての研究としては、わずかに、岩村忍氏の「ムラーヒダとモンゴル」（『西南アジア研究』11号、一九六三年、一—八ページ）および『暗殺者教国——中央アジアを震撼したある回教国の歴史』（筑摩書房グリーンベルト・シリーズ、一九六四年）と、本田実信氏の「モンゴル人とイスマイーリー派」（『イスラム世界』二号、一九六四年、一—十六ページ）および「異端派イスラムの暗殺者教国について」（『伝統と現代』14号、一九七二年、一一二—一二四ページ）が見出されるのみである。両氏がいずれも中央アジア史あるいはモンゴル史の研究家であり、モンゴルの西征という歴史的事件を追って行く内に、イスマーイール派の存在に注目するようになったということは、わが国のイスマーイール派研究の発端として非常に特徴的であると言えよう。しかし、純然たるイスマーイール派の活動の研究という点から見た場合には、この両氏の研究もいまだ啓蒙の域を脱し切ってはいなかった。このような状況を乗り越えるかのように、イスマーイール派の山城遺跡調査の構想をうち出したのは、他ならぬ本田実信氏であった。その構想は一九七〇年に遂に実を結び、調査隊の派遣となって現われたわけである。イスマーイール派の山城調査は、わが国ではもちろん初めての試みであり、幾多の困難を伴ったが、本田氏の精力的な努力によって順調におし進められている。第二次調査の終了までに、すでにダイラム、クーミス、クヒスターン、そしてイスファハーンと、イランにおけるイスマーイール派の主要な根拠地が踏査され、合わせて三十以上の山城について種々の資料が得られた（この調査の目的、および第一次調査の概要については、本田実信、「イラン中世史跡学術調査を終えて」、『学術月報』24―4、一九七一年七月、を見よ）。その成果は近々報告書としてまとめられる予定であるが、それがわが国における本格的なイスマーイール派研究の開始を告げるきっかけとなることが望まれる。そして本訳業がそのほんの一端でも担うことができたなら訳者にとって望外の喜びである。

* * *

本書の著者バーナード・ルイス氏は、現在ロンドン大学のアジア・アフリカ研究学院（SOAS: the School of Oriental and African Studies）における中近東史の教授の任にあり、いわずと知れたヨーロッパ・イスラーム学界の重鎮である。その名は、特に一九五〇年に出版された *The Arabs in History* (London 1950, revised edn., 1966) によって世界的に知れわたっている（林武・山上元孝訳『アラブの歴史』、みすず書房、一九六七年）。しかし、著者がイスマーイール派運動の歴史に関して非常な意を注いできたことは意外と知られていない。彼は一九四〇年にすでに *The Origins of Ismā'īlism* (Cambridge 1940) を著しており、前掲の『アラブの歴史』においてもイスマーイール派について相当のスペースをあてている。本書 *The Assassins, a Radical Sect in Islam* (London 1967) は、この研究方向が一応の結晶をみたものであろう。

本書は六つの章から成っているが、注目すべきは第一章と第六章である。第二―五章のイスマーイール派の史実に関しては、現在最も詳細にして最も秀れた研究とされる Hodgson, M. G. S., *The Order of Assassins* (The Hague 1955) などに多くを拠っているから、若干の点を除いては特に目新しいものはないように思われる。しかし、余計な詳細を省いて判り易く整理されたこの部分は、イスマーイール派の歴史を概観する上できわめて重宝なものとなっている。他方、第一章のヨーロッパにおけるアサシン研究あるいは認識の歴史、および第六章のイスマーイール派運動の歴史的意義の追究に関しては、著者独自の見解が展開されており、しかもそれが専門的な深みを持ちながらも決して難解に陥ることなく、むしろ読者の興味をそそるような構成や筆致で語られる。この部分によって、本書は一般の読者にも広く読まれうる内容を持つものとなったと言えるのではあるまいか。無論、研究者にとっても本書は現時点における研究のまとめとして、また格好の入門書あるいは概説書として充分用を成す。特に巻末に付された原註は、イスマーイール派研究に関する非常に詳細なビブリオグラフィーとして利用できるものである。

以上のような点から、本書がポピュラリティーを充分持ちうるものであると確信するが、浅学菲才の訳者の手になるこの訳文がどの程度まで原著者の意図を伝ええたか、はなはだ疑問である。大方の御教示、御批判を仰ぐ次第である。

最後にあたり、本書の出版に仲介の労をとって下さった今野敏彦氏、怠慢な訳者をはげまし遂に出版にまでこぎつけられた新泉社編集部の方々、ならびに翻訳期間中校務をなおざりにしがちだった訳者を寛恕され常に親身な助言を与えて下さった宇野惇氏を始めとする東海大学文学部文明学科の同僚諸氏に対し、心から感謝の意を表したい。

一九七三年五月五日　　訳者

追記

なお、本年四月末、原著者のバーナード・ルイス教授が日本学術振興会の招きで来日され、東京はじめ各地で講演会やイスラーム研究者との交歓会が催された。私は東洋文庫での講演後に、本郷にて会食する機会を得たので、『暗殺教団』の訳者の栄誉を謝し、刊行まもないことを告げると、教授は喜ばれ、訳についてのアドバイスを得ることができた。ヨーロッパ諸語はもとよりアラビア語・トルコ語・ペルシア語を駆使され、ユーモアを随所に織り込んで語られる、スケールの大きい学識豊かな教授のお話には、私は多大の感銘を受けた。本訳書の刊行間近の教授の来日には、訳者として何か縁というものを感じ、お目にかかれたことを大変うれしく思ったことを記しておきたい。

解説

青木 健

0. はじめに

本書の英語原著は、ロンドン大学教授、プリンストン大学教授を務めたイスラーム史学者バーナード・ルイス（一九一六年～二〇一八年）が、一九六七年に出版した *The Assassins: a Radical Sect in Islam*, London, 1967 に遡る。それを、東海大学教授でティムール朝史家だった加藤和秀氏（一九四一年～二〇〇六年）が日本語訳し、『暗殺教団――イスラームの過激派』（新泉社、一九七三年）として出版された。本書は、この日本語訳の再版に当たる。英語原著から起算すれば、二〇二一年現在で、五四年前の古典的書物である。

本書の記述範囲は、概ね一一世紀～一三世紀におけるイスラームの一派イスマーイール派の分派ニザーリー派のイラン及びシリアでの活動である。時代的にも地理的にも、焦点はかなり絞られている。主題に至っては、イスラーム研究者にとってさえ馴染みの薄い少数派セクトの動向である。一一世紀～一三世紀のイスマーイール派信徒数を把握するのは不可能だが、現代のイスラーム教徒の数で換算すれば、全イスラーム教徒の一パーセントに過ぎない。ニザーリー派は、その中の更に一部分である。

本書の著者ルイスは、ユダヤ系と云うバックグラウンドを持ちながらイスラーム研究に従事した点、及び一〇〇歳を越す長寿も相俟って見解の変遷が激しく、毀誉褒貶相半ばする。少なくとも後半生では、著書『イスラム世界はなぜ没落したか？――西洋近代と中東』（日本語訳は二〇〇三年、臼杵陽（監訳）、今松泰・福田義昭（訳）日本評論社）に見られるように、イスラームに対して極めて否定的なスタンスを取っていた。無論、後半生での見解が、五一歳で出版した本書に反映されているとは考えられないものの、著者の個人史の中で本書を理解する方法もあり得る。本解説ではこの方法は採らないが、二〇〇三年の英語再版に付したルイス本人の「ペーパーバック版への序文」(Bernard Lewis, *The Assassins*, New York: Basic Books, 2003, pp. x-xiii) は、本書を著者の個人史上に位置付けるに当たっての有益な資料である。

解説は、英語原著たると日本語訳たるとを問わず、読者にとって本文の理解を促進する為にある。折角の名著も、歳月を経た末に誤読されたのでは、再版の意味がない。解説者は、本書の理解にとっては、どうしても下記の三項目が言及されなくてはならないと思う。

①イスマーイール派の全体像及びその中でのニザーリー派の説明

②原著出版後五四年間の研究の進展

③日本語で参照可能なイスマーイール派関連の書物

以下では、これらについて、順次述べていきたい。

1. イスマーイール派の全体像

イスマーイール派は、言うまでも無くイスラームの中の一分派である。しかし、イスマーイール派の分岐は激しく、地下活動をこととしていたが故に記録も残らず、記録を残したにしても秘密主義の故に門外不出であったりと、研究条件は劣悪である。以下では、最も標準的と考えられる Farhad Daftary, "Ismaʻilism iii. Ismaʻili History," *Encyclopaedia Iranica*, 2007 に依拠しつつ、三段階に分けて、イスマーイール派の流れを追ってみよう。

第1期：勃興期（八世紀半ば〜九世紀）……西暦八世紀半ばのアラビア半島で、シーア派の第六代イマーム（最高指導者）、ジャアファル・アッサーディクの二人の息子の間で、シーア派イマーム継承を巡って見解が分かれた。このうち、年長の息子イスマーイールの支持者が（後の）シーア派イスマーイール派を結成し、年少の息子ムーサーの支持者が（後の）シーア派一二イマーム派の母体となった。シーア派自体がイスラームの中の少数派であったが、それが更に二つに分裂したのである。

前者は、イラクで反アッバース朝の地下活動を展開しつつ、イスラーム以前の異教的要素――グノーシス主義、マニ教、東方キリスト教など――を取り込んで、徐々に独特のイスマーイール派思想を形成したとされる。しかし、何分にも「地下活動」であるから、実際に何をやっていたのかは判然としない。後者の方は、比較的穏健で、スンナ派のアッバース朝政権の下で雌伏していた。シーア派一二イマーム派が歴史の表面に出現するのは、サファヴィー朝時代（一五〇一年～一七三六年）になってからである。シーア派イスマーイール派（以下、イスマーイール派と略）の動静が多少なりとも判明するのは、九世紀に入って、イスマーイール派本部がシリアのサラミーヤに設置され、各地に宣教員（ダーイー）が派遣されるようになって以降である。この宣教は或る程度成功し、イラク南部ではハムダーン・カルマト（八九九年没？）によるカルマト派の乱（～一一世紀）として、アッバース朝政権に対する軍事蜂起にまで至った。尤も、「乱」といわれるくらいなので、ハムダーン・カルマトの試みは、結局は失敗したのだが。

第2期：黄金期（一〇世紀～一一世紀）……そもそもの起源からしてそうだったが、誰がイマームかを巡って分裂するのがシーア派全体を通してのお家芸である。イスマーイール派はこれを忠実に実践し、カルマト派とは別の教義を信じる一派は、チュニジアで武装蜂起し、こちらでは成功した。いつの間にか北アフリカに出現したイスマーイール四代の末裔（と自称する）ウバイドゥッラーは、九〇九年に全イスラーム教徒の指導者たるカリフ位への就任を宣言し、史上初のイスマーイール派国家ファーティマ朝（九〇九年～一一七一年）を建国した。イスマーイール派にとっては誇らしくも、アッバース家のスンナ派カリフに対抗するもう一つのカリフ国家の誕生であった。

このイスマーイール派国家は、イスラーム少数派の中の少数派教義を国教に掲げるにも拘らず、意外にも首尾よく勢力を拡大した。九六九年にはエジプト攻略に成功し、新たに建設したカイロ市に王朝首都を移して、エジプトを中心とした国家に変貌を遂げた。九七〇年には、イスマーイール派の教義研究機関としてアズハル大学を開学している。つまり、エジプトの首都カイロも、現在はスンナ派イスラームの最高学府となっているアズハル大学も、その起源はイスマーイール派国家ファーティマ朝にある。

思想的側面に目を移せば、この頃、知識人の間に流行していた新プラトン主義哲学をイスマーイール派の教義に導入し、宣教員を介して全イスラーム世界に布教して回った。グノーシス主義の上に新プラトン主義哲学を接続したこの教義はなかなかよく出来ていたので、当時のイスラーム教徒知識人の間に爆発的に普及し、シリア、イラン、インド、パミール高原など、ファーティマ朝の領域外に続々とイスマーイール派支部（アラビア語でジャズィーラ＝島と称した）が成立した。

この頃が、イスマーイール派の黄金時代である。研究者によっては、イスラーム哲学の大成者イブン・スィーナー（九八〇年～一〇三七年）も、イスラーム分派学の神学者シャフラスターニー（一〇七六年～一一五三年）も、その正体は尽《ことごと》くイスマーイール派宣教員だったことにしてしまう。解説者も、一九九〇年代の大学の講義の中でそう習った。イスマーイール派には「信仰秘匿（アラビア語でタキーヤ）」と云う信条があり、イスマーイール派が少数の地域では地下細胞のようにして活動するから、このような説が成立する余地がある。だが、この当時の代表的知識人で、疑問の余地なくイスマーイール派信者だったのは、イラク南部で活動した「イフワーン・アッサファー」集団（一〇世紀）や、パミール高原に布教したペルシア語詩人ナースィル・ホスロー（一〇六一年没）など、ごく一部に限られる。

第3期：凋落期（一二世紀～現代）……大局的に見れば、このイスマーイール派の成功は、ファーティマ朝の国力と新プラトン主義的教義の魅力によって支えられていた。しかし、イスマーイール派はやっぱりイスマーイール派である。ファーティマ朝のカリフ位を巡って次々に内紛を惹起し、その結果、次々に分派を派生させて自壊していった。

最初に、ファーティマ朝第六代カリフ・ハーキム（一〇二一年没？）の現人神宣言と云う奇行によって、ドゥルーズ派が分派する。彼らは、ハーキムの宣言を真に受けて彼を神格化し、輪廻転生を教義に織り込みながら、現在までシリア・レバノン・イスラエルなどで存続している。こうなると、イスマーイール派どころか最早イスラームですらなさそうで、ドゥルーズ教とも呼ばれる。なお、ハーキム本人は、カイロ郊外の砂漠の中で失踪してしまった。

次に一〇九四年に、ファーティマ朝第八代カリフの継承問題を巡って、イスマーイール派はムスタァリー派とニザーリー派に分裂した。勝利したムスタァリー派はファーティマ朝の実権を握ったものの、当のファーティマ朝自体が、セルジューク・トルコの攻勢、十字軍の侵攻などによって頓《とみ》に衰え、一一七一年には滅亡してしまう。その後のムスタァリー派は、相変わらず内紛を繰り返しながら、イエメンへ逃避行を続け、最終的にインド西海岸グジャラート州一帯に定住した。彼らの残党は、ヒンディー語でボーフラー派と呼ばれ、現在まで存続している。

ファーティマ朝内部での政争に敗れたニザーリー派は、イラン以東の各ジャズィーラの支持を獲得し、本拠地をイラン北部の山岳地帯アラムートに遷して、なおも彼らが信じるところのイスマーイール派教義の宣教に専念した。彼らは秘境で秘教主義を採ったので、周囲の一般イスラーム教徒の眼から見てさえ、その実態は摑めず、一一世紀〜一三世紀にイランで起こった暗殺事件の責任者として記述されることが多かった。多分、幾らかは本当で、幾らかは冤罪である。

ただ、イランで秘密結社化し、猖獗を極めたイスマーイール派ニザーリー派も、一三世紀にモンゴル軍がイランに侵攻すると次々にジャズィーラを失い、急激に終息していった。一二五六年には、本拠地だったアラムート要塞が陥落し、信者たちはスンナ派に改宗するか、或いはパミール高原やインド西海岸グジャラート州に亡命していった。彼らは、ヒンディー語でホージャ派と呼ばれ、奇しくも一一世紀に袂を分かったムスタァリー派改めボーフラー派と同じ地域に定住している（ついでながら、グジャラート州にはイランから亡命したゾロアスター教徒たちも定住しており、イランの少数派宗教の吹き溜まりの観を呈している）。近代以降、彼らの指導者は代々アーガー・ハーンの称号を名乗り、イスマーイール——ひいては預言者ムハンマド——の正統後継者と称して、イスマーイール派ニザーリー派信者の間で絶大な権威を享受している。

イスマーイール派の中のニザーリー派……ここまで、簡単にイスマーイール派の全体像を素描してきた。その発端を八世紀半ばとし、その終局をファーティマ朝滅亡（一一七一年）或いはアラムート要塞陥落（一二五六年）とするならば、イスマーイール派は約四〇〇年〜

五〇〇年の歴史を持つ。

而して、本書は、このイスマーイール派全史の中で、最終盤に当たる一一世紀～一三世紀のニザーリー派に焦点を当てる。その意図は、本書の題名『暗殺教団』から明瞭である。原著者は、イスマーイール派の全体像を描こうと意図したのではなく、政治権力を失って凋落傾向にあったイスマーイール派のイラン支部――つまりニザーリー派――の実態不明の活動を、「暗殺教団」というエキゾチズムの観点から語ろうとしているのである。人によっては、これをオリエンタリズムと呼ぶ。

2. 原著出版後の研究の進展

如上のように、本書の英語原著は、今から五四年前に出版された。イスラーム研究の急速な進展に照らせば、確実に二世代は前の著作であり、時代的制約から免れていない。この間、イスマーイール派研究は、史料面で急速に拡充された。その一端は、現代のイスマーイール派ニザーリー派の最高指導者たるアーガー・ハーン四世（一九三六年～）が一九七七年に設立したロンドン・イスマーイール派研究所が出版した *Ismaili and Other Arabic Manuscripts: A Descriptive Catalogue of Manuscripts in the Library of the Institute of Ismaili Studies*, Delia Cortese, London: I. B. Tauris, 2000（『イスマーイール派及びその他のアラビア語写本――イスマーイール派研究所図書館所蔵写本カタログ』）に見ることができる。

解説者としては、勃興期のイスマーイール派と古代末期オリエントの思想――特にグノーシス主義やマニ教――の関係に興味があるので、ドイツ・テュービンゲン大学のハインツ・ハルム（一九四二年～）のグジャラートにおける写本発見を第一の成果として推したい。因みに、彼の著作 *Kosmologie und Heilslehre der frühen Ismāʿīlīya: Eine Studie zur islamischen Gnosis*, Wiesbaden, 1978（『初期イスマーイール派の宇宙論と神聖教義――イスラーム的グノーシスの研究』）や *Die islamische Gnosis: Die extreme Schia und die ʿAlawiten*, Zürich, 1982（『イスラーム的グノーシス――極端シーア派とアラウィー派』）は素敵に面白い。

また、ロンドン・イスマーイール派研究所の研究部長であるファルハード・ダフタリー（一九三八年～）は、一九九四年に *The Assassin Legends: Myths of the Ismaʿilis*, London: I. B. Tauris（『暗殺教団伝説――イスマーイール派の神話』）を出版し、暗殺者教団と云う発想自体が「伝説」に過ぎないと主張した。本人がイスマーイール派ニザーリー派の信者だけに、若干護教的である。このダフタリーが一九九〇年に出版した *The Ismāʿīlīs: Their History and Doctrines*, Cambridge University Press（『イスマーイール派：歴史と教義』）は、現在のところ最も包括的なイスマーイール派全史だと思うのだが、全七七二ページもあって、通読するのに一苦労である。

これら後発の研究によって大きく乗り越えられた本書の問題点は、二つに集約される。第一に、ルイスは、イスマーイール派ニザーリー派に対する神話的な理解を脱すると宣言して本書を執筆したものの、結局のところ神話を再生産しており、ニザーリー派を「狂信的テロリスト」とする視点から出ていない。現在では、イラン（とシリア）のニザーリー派支持者の大部分は敬虔な信者であって、常時セルジューク・トルコや十字軍の要人の暗殺を企んでいた狂信者ではなかったと考えられている。

第二に、思想研究者である解説者から見ると、本書はニザーリー派の政治的・軍事的側面の記述に頁を割くあまり、思想的・教義的な側面についての記述が不足しているように感じられる。一時期のイスマーイール派があれだけの支持者を獲得し、一〇世紀を「シーア派の世紀」とした背景には、この思想の魅力があったと解説者は思う。一三世紀以降地下に潜伏したニザーリー派の残党が、その後のイラン思想史に大きな影響を及ぼしたとの――立証されていない――仮説も存在するほどである。大体、イスラーム思想研究者は、正体不明の魅力的な思想が出現すると、その源泉を「謎のイスマーイール派」に求める傾向がある。

3．日本語で参照可能なイスマーイール派関連の書物

日本のイスラーム思想研究者の中では、イスマーイール派学者は比較的多い。と言っても、そもそもの母数が少ないので、片手で数えられる程度だが。彼らの日本語著作の中で、一般に入手可能なもの八点を下記に掲げる。

【書籍】

・岩村忍　一九六四年：『暗殺者教国』、筑摩書房。（二〇〇一年、ちくま学芸文庫で再版）

・アンリ・コルバン　一九七四年：『イスラーム哲学史』、黒田壽郎・柏木英彦（訳）、岩波書店。
・菊地達也　二〇〇五年：『イスマーイール派の神話と哲学――イスラーム少数派の思想史的研究』、岩波書店。
・――　二〇〇九年：『イスラーム教「異端」と「正統」の思想史』、講談社選書メチエ。

【論文】

・井筒俊彦　一九八六年：「イスマイル派「暗殺団」――アラムート城砦のミュトスと思想」、『思想』七四五号、pp. 1-24、七四六号、pp. 137-159（二〇一五年、『井筒俊彦全集第九巻　コスモスとアンチコスモス』、慶應義塾大学出版会、pp. 186-265 に再録）。
・野元晋　二〇〇四年：「初期イスマーイール派の神の言葉論――スィジスターニーの「神の［創出の］命令の認識について」」、『西洋精神史における言語観の変遷』、慶應義塾大学言語文化研究所、pp. 275-314。
・――　二〇〇六年：「イスマーイール派思想家ラーズィーの言語思想――ラーズィー『飾りの書』より「アラビア語優越論」部分訳」、『西洋精神史における言語と言語観――継承と創造』、慶應義塾大学言語文化研究所、pp. 209-242。
・徳原靖浩　二〇一一年：「ナーセル・ホスロウにおけるイスマーイール派思想――宇宙論と聖典解釈を中心に」、『イスラームにおける知の構造と変容――思想史・科学史・社会史の視点から』、早稲田大学イスラーム地域研究機構、pp. 237-261。

上記の【書籍】のうち、［岩村一九六四年］は、本書の原著以前の著作であり、本書の補完とはなり得ない。［コルバン一九七四年］は、第二章Bの「イスマーイール派」の章が、イスマーイール派の秘教主義への最適の入門書である。［菊地二〇〇五年］は、著者の博士論文に基づく書籍で、ファーティマ朝のイスマーイール派宣教員だったハミードゥッディーン・アル・キルマーニー（一〇二一年没？）の思想研究である。［菊地二〇〇九年］は、上述の著者が一般向けに著したイスラームの分派概説である。これらの中で、イスマーイール派に興味を持った読者が、本書の次に読まれるとしたら、［コルバン一九七四年］［菊地二〇〇九年］が適切であると思う。

上記の【論文】のうち、［井筒一九八六年］は、イスマーイール派ニザーリー派を記号論的トポロジーの観点から解説した論文である。［野元二〇〇四年］は、スィースターンのイスマーイール派宣教員だったアブー・ヤァクーブ・アッスィジスターニー（九七一年没）のアラビア語著作の研究である。［野元二〇〇六年］は、イランにおけるイスマーイール派大宣教員だったアブー・ハーティム・アフマド・アッラーズィー（九三五年没）のアラビア語著作の部分訳である。［徳原二〇一一年］は、上述のナースィル・ホスローのペルシア語著作とその思想内容に関する概説である。

4. おわりに

イスマーイール派には、スンナ派や一二イマーム派にはない独特の魅力がある。イスラーム期の西アジア世界の中で、常に少数派の中の少数派に留まったにもかかわらず、ひっそりとイスラーム以前の異教思想を継承したようであり、何時の間にか新プラトン主義哲学を導入して華やかな哲学を形成してしまったかと思えば、何かを間違って強大な帝国を建国し、その後では一種の荒涼美の中で滅んでいった。その歴史をオリエンタリズムという視点から俯瞰すると、悪魔的な蠱惑がある。本書は、一般に知られることの少ないイスマーイール派イスラームに関する日本語書物として、イスマーイール派の暗い恍惚を味わうには、いまなお貴重な一冊である。

（あおき・たけし　静岡文化芸術大学教授、イラン学）

ワ行

ヤ行

ラ行

マ行

ナ行

ハ行

タ行

サ行

カ行

索引

ア行

本書の原本は、一九七三年に新泉社より『暗殺教団　イスラームの過激派』として刊行されました。

本書は、令和三年一月一八日に著作権法第六七条の二第一項の規定に基づく申請を行い、同項の適用を受けて刊行されたものです。

バーナード・ルイス

1916-2018年。ロンドン大学東洋アフリカ研究学院卒業。イギリス外務省勤務ののち，ロンドン大学教授，プリンストン大学教授。同大学名誉教授。専攻はイスラーム・中東史。

加藤和秀（かとう　かずひで）

1941-2006年。北海道大学大学院文学研究科博士課程単位取得中退。著書に『ティームール朝成立史の研究』などがある

講談社学術文庫

定価はカバーに表示してあります。

暗殺教団《あんさつきょうだん》「アサシン」の伝説《でんせつ》と実像《じつぞう》

バーナード・ルイス／加藤和秀《かとうかずひで》訳

2021年３月10日　第１刷発行

発行者　渡瀬昌彦
発行所　株式会社講談社
東京都文京区音羽 2-12-21 〒112-8001
電話　編集（03）5395-3512
販売（03）5395-4415
業務（03）5395-3615
装　幀　蟹江征治
印　刷　株式会社廣済堂
製　本　株式会社国宝社
本文データ制作　講談社デジタル製作

2021　Printed in Japan

ISBN978-4-06-522778-7

「講談社学術文庫」の刊行に当たって

これは、学術をポケットに入れることをモットーとして生まれた文庫である。学術は少年の心を養い、成年の心を満たす。その学術がポケットにはいる形で、万人のものになることは、生涯教育をうたう現代の理想である。

こうした考え方は、学術を巨大な城のように見る世間の常識に反するかもしれない。また、一部の人たちからは、学術の権威をおとすものと非難されるかもしれない。しかし、それはいずれも学術の新しい在り方を解しないものといわざるをえない。

学術は、まず魔術への挑戦から始まった。やがて、いわゆる常識をつぎつぎに改めていった。学術の権威は、幾百年、幾千年にわたる、苦しい戦いの成果である。こうしてきずきあげられた城が、一見して近づきがたいものにうつるのは、そのためである。しかし、学術の権威を、その形の上だけで判断してはならない。その生成のあとをかえりみれば、その根は常に人々の生活の中にあった。学術が大きな力たりうるのはそのためであって、生活をはなれた学術は、どこにもない。

開かれた社会といわれる現代にとって、これはまったく自明である。生活と学術との間に、もし距離があるとすれば、何をおいてもこれを埋めねばならない。もしこの距離が形の上の迷信からきているとすれば、その迷信をうち破らねばならぬ。

学術文庫は、内外の迷信を打破し、学術のために新しい天地をひらく意図をもって生まれた。文庫という小さい形と、学術という壮大な城とが、完全に両立するためには、なおいくらかの時を必要とするであろう。しかし、学術をポケットにした社会が、人間の生活にとってより豊かな社会であることは、たしかである。そうした社会の実現のために、文庫の世界に新しいジャンルを加えることができれば幸いである。

一九七六年六月

野間省一